Taijiquan

Markus Maria Wagner

Taijiquan

Klassische Schriften,
Praxiskonzepte und Beziehungen
zum Daoismus

Das vorliegende Buch ist sorgfältig erarbeitet worden. Dennoch erfolgen alle Angaben ohne Gewähr. Weder Autor noch Verlag können für eventuelle Nachteile oder Schäden, die aus den im Buch gemachten praktischen oder theoretischen Hinweisen resultieren, Haftung übernehmen.

Markus Maria Wagner: Taijiquan - Klassische Schriften, Praxiskonzepte und Beziehungen zum Daoismus

Copyright © 2014 by LOTUS-PRESS
Zerhusener Str. 31a
49393 Lohne
Germany

www.lotus-press.com

All rights reserved.

Satz: Andreas Seebeck

Alle Rechte, insbesondere das Recht der Vervielfältigung jeglicher Art, auch durch elektronische Medien und die Übersetzung in andere Sprachen, sind vorbehalten. Keine Reproduktion – auch nicht teilweise – ohne Zustimmung des Verlages. Alle Rechte liegen direkt beim Autor

ISBN-13: 978-3-945430-22-4

Inhalt

Vorwort 11

Dank 13

Einleitung in das Thema und kurzer Abriss bisheriger Forschungsstränge 15

1. Taijiquan 26
    1.1. Taijiquan – die Kampfkunst 27
    1.2. Der Name Taijiquan - die populäre Sicht 34

2. Die klassischen Taijiquan-Schriften 37
    2.1. „Taijiquan Jing" / Taijiquan Abhandlung (1): Jing, Qi, Shen und Yi 38
    2.2. „Taijiquan Jing" / Taijiquan Abhandlung (2): „13 Positionen" 50
        2.2.1. Die fünf Wandlungsenergien/fünf Richtungen 53
        2.2.2. Die acht Trigramme (Bagua) des Yijing 55
        2.2.3. Zhang Sanfeng 58
    2.3. "Taijiquan-Lun" / Taijiquan-Klassiker 69
        2.3.1. Wuji und Taiji 78
        2.3.2. Die Yin-Yang Lehre und das Taiji 101
        2.3.3. Gradualismus 107
        2.3.4. Persönliche Übertragungslinie 110
        2.3.5. Nachgeben (Jang) 112
        2.3.6. Spirituelle Erleuchtung (Shenming) 115
    2.4. „Darstellung und Einsichten in die dreizehn Positionen" 117
        2.4.1. Embryonalatmung, Schildkrötenatmung, Bend the Bow 119
        2.4.2. Verfeinerung (Lian) 124
    2.5. „Lied der Dreizehn Positionen" - Shisan Shi Ge 129
    2.6. „Sechs Schlüsselelemente der Praxis von Taijiquan" ... 132
    2.7. Li I-Yü:" Lied von der Zirkulation des Qi" 134

2.8. (Yang/Wu) „Taijiquan 40 Kapitel"..................136
2.9. Weitere Texte..150

3. Begrifflichkeiten aus der Praxis............................**154**

3.1. Vorbemerkungen zur Inneren Alchemie Neidan 156
3.2. Der weiße Kranich zeigt seine Flügel........................158
3.3. Das Jade-Mädchen am Webstuhl..............................161
3.4. Sieben Sterne / Der Große Wagen............................167
3.5. „Neun Paläste" 178
3.6. Qian und Kun...186
3.7. 108 Formbewegungen..194
3.8. Xuan Xuan Dao, Der goldene Hahn, Wolkenhände, Die Pipa spielen, Die goldene Glocke aufhängen, Einfache Peitsche, Xu Xuanping...197
3.9. Taijiquan-Prinzipien 1: Weichheit (Rou), Nachgeben (Zou), Folgen (Sui), Kleben (Nian), Hören (Ting), Stille, Mitte (Zhong Ding)...212
3.10 Taijiquan-Prinzipien 2: Aligning/Ausrichtung.............216
3.11. Taijiquan-Prinzipien 3: Diener- und Lenkergefäß, Embryonalatmung, die Elsterbrücke, Dantian , Ming-Men, Die drei Tore, Der kleine himmlische Kreislauf.....................220

4. Abschluss und Fazit..**227**

Endnoten..**232**

Bibliographie..**267**

Der Autor..**280**

Auch von Lotus-Press..**282**

止動無動
動止無止
兩既不成
一何有爾

少璋書於香港

„Aktivität (Bewegung) endend entsteht Stille (Nicht-Bewegung)
Stille (Nicht-Bewegung) bewegend entsteht wiederum Aktivität (Bewegung)
Gefangen im Extrem von Stille oder Aktivität
Wie kannst Du die Einheit gewahren?"

Kalligraphie von Versen aus Sengcans Xinxin Ming.
Archiv Markus Wagner

Vorwort

Die Arbeit zu dieser Untersuchung begann mit einem Vortrag, den ich 2013 bei der Jahrestagung der Deutschen Vereingung für Religionswissenschaft „Empirie und Theorie - Religionswissenschaft zwischen Gegenstandsorientierung und systematischer Reflexion" im Rahmen des von Prof. Horst Junginger geleiteten Panels „Martial Arts und Religion" hielt.

Schon beim Abfassen des damaligen Vortrags unter dem Titel „Taijiquan – eine Kampfkunst, viele Traditionen?" stellte sich heraus, dass eine Untersuchung der Entstehungsgeschichte des Taijiquan weit über den für einen Vortrag gesteckten Rahmen hinausgehen und allein die Frage nach den immer wieder postulierten daoistischen Einflüssen auf die Kampfkunst Taijiquan mehr als genug Stoff für eine eigene Arbeit bieten würde.

Inzwischen sind meine Studien zu der vorliegenden Arbeit angewachsen und ich kann und will bei Weitem nicht in Anspruch nehmen, das Thema hiermit erschöpfend behandelt zu haben. Ich betrachte meine Ausführungen als Einleitung in die Materie und als Inspiration und Impulsgeber für weitergehende Forschungen.

Dank

Ich danke Prof. Dr. Horst Junginger für den ersten Anstoß, die religiöse Komponente des Taijiquan einmal isoliert ins Zentrum der Aufmerksamkeit zu stellen sowie für seine souveräne und informelle Leitung des Panels.

Ich danke meinem Taijiquan-Lehrer Dr. Gerald Hofer für ein gutes Stück gemeinsamen Weges vom Anfänger bis zum fortgeschrittenen Anfänger und für verschiedene Hinweise zum Thema.

Bedanken möchte ich mich ferner bei Emeritus Prof. Dr. Lau, Wai Shing für vielfältige großzügige Unterstützung bei der Erforschung der Praxis und Theorie des Taijiquan, für seine unübertreffliche Gastfreundschaft in Manchester und Hongkong, für gelegentliche Übersetzungshilfen und viele angeregte Diskussionen.

Emeritus Prof. Dr. Christoph Elsas darf ich danken für die stete Ermutigung, meine akademische Produktion auszuweiten und für vielfältige Unterstützung meines Forschungsweges.

Mein Dank für unverzichtbare Hilfen bei der Fertigstellung des Manuskripts geht an Britta Neumann.

Die Herkunft des Taijiquan ist geheimnisumwittert und liegt größtenteils im Dunkel (Xuan) der Geschichte verborgen.
Yuen Yuen Institut, Sam Dip Tam, Tsuen Wan
Archiv Markus Wagner

Einleitung in das Thema und kurzer Abriss bisheriger Forschungsstränge

> No shape, no shadow
> Entire body transparent and empty
> Forget your surroundings and be natural
> Like a stone chime suspended from West Mountain
> Tigers roaring, monkeys screetching,
> Clear fountain, peaceful water.
> Turbulent river, stormy ocean,
> With your whole being, develop your life[1]

Taijiquan und die anderen „Inneren Kampfkünste" Chinas (Taijiquan, *Baguazhang*, *Xingyiquan/Xinyi Liuhe Quan* und die Ableger *Yiquan* und *Dachenquan*, gelegentlich auch *Liu He Ba Fa*) werden sowohl in der öffentlichen Wahrnehmung als auch von Praktizierenden der jeweiligen Künste regelmäßig mit dem Daoismus in Verbindung gebracht - allerdings mit unterschiedlichen, großenteils sehr vagen Vorstellungen davon, was es bedeute, Taijiquan sei „daoistisch". Üblich sind hierbei schwach oder überhaupt nicht begründete kategorische Aussagen wie „Taijiquan ist Dao in Aktion".[2]

Ich möchte hier zur Einstimmung einige Aussagen aus neueren Veröffentlichungen zusammen tragen, um die Regelmäßigkeit und die Beiläufigkeit zu verdeutlichen, mit der verbreitet ein daoistischer Einfluss auf das Taijiquan behauptet wird:

Alfred Huang:

"Die Inneren Kampfkünste stammen von Zhang Sanfeng aus der Sung-Dynastie ab (...)" "Die Legenden sind schön, aber die Forschung zeigt, dass es sich in der Realität anders verhält" „*Diese Fehler zu benennen soll in keiner Weise den essentiellen Beitrag der Daoisten schmälern.*"[3]

Yiu Kwong:

„Die Philosophie des Taijiquan hat ihre Grundlage in CHOU-I, Lao Tzu's TAO TE CHING and Hui Nan's LIU TSO TAN CHING."[4]

Jeane Fowler's und Keith Ewers' erklärtes Ziel ist es, zu zeigen, dass die Praxis des Taijiquan nicht von ihrem daoistischen Kontext getrennt werden könne.[5]

Dan Docherty:

„Diese Kunst enthält alle Elemente daoistischer Praxis einschließlich physiologischer Alchemie, ritueller Initiation, mündlicher Übermittlung und Traditionen, daoistischer Terminologie sowie ein theoretisches und symbolisches Element, das zu großen Teilen, wenn auch nicht ausschließlich aus daoistischer Philosophie und Religion entlehnt ist."[6]

Doc-Fai Wong und Jane Hallander:

„Es gab eine weitere Person in der Tang Dynastie welche ein Taiji-Lehrer gewesen sein soll. Sein Name war Li Baozi. Er nannte sein Taijiquan Lange Faust oder Vorhimmlische Faust. Das heutige Taiji ist auf Zhang Sanfeng zurückzuführen, einen daoistischen Priester (...)".[7]

Darstellungen von Zhang Sanfeng

Roland Habersetzer behauptet geradezu eine Identität von Qigong, Taijiquan und Innerer Alchemie bzw. die Allgegenwart Letzterer in den erstgenannten Disziplinen.[8]

Waysun Liao:

„Die Kunst des Taiji entstand aus einer Philosophie, die in der Yin/Yang Theorie gründet. Um 1200 wurde die Taiji Theorie in den Taiji Klassikern I als ein Weg der Disziplin und Meditation für das menschliche Leben beschrieben. Zu dieser Zeit formte Erfolg in der Entwicklung innerer Energie mittels daoistischer Meditation die Grundlage für die meditative Bewegung Taiji. Über hunderte von Jahren fingen Schüler an, das richtige Verfahren umzukehren. Sie begannen, Bewegungen zu kopieren ohne Meditation oder innere Energieentwicklung zu praktizieren. Deshalb schrieb Wu Yuxiang ca.

1850 eine Abhandlung um Schüler darin zu unterrichten, dass man, um Taiji korrekt zu üben, die innere Energie antreiben muss um so durch diese den Körper zu bewegen." [9]

Soweit die Zitationen zu Einstimmung.

Auch explizit mit dem angeblich daoistischen Grundcharakter des Taijiquan befasste Arbeiten enttäuschen oft, indem sie lediglich Anekdoten und formelhafte Zuschreibungen wiederholen, statt zu einer systematischen Klärung beizutragen.[10]

Solche Vagheiten verdanken sich unter anderem auch dem unscharfen Daoismus-Bild, das der immer noch präsenten - obwohl längst in ihrer Striktheit obsoleten - Unterscheidung zwischen „philosophischem" und „religiösem" Daoismus[11] geschuldet ist, bzw. ganz allgemein der Tatsache, dass weder die Theorie und fortgeschrittenen Aspekte der Praxis des Taijiquan noch der Daoismus der Mehrzahl der Praktizierenden mehr als oberflächlich bekannt sind. Zwar ist es in Fachkreisen inzwischen nicht mehr üblich, den Daoismus auf Laozi, Zhuangzi und evtl. noch Liezi zu reduzieren, sondern es wird zunehmend auch auf die 2000-jährige Geschichte der daoistischen Religion rekurriert. Trotzdem gilt wohl nach wie vor, was Russell Kirkland vor eineinhalb Jahrzehnten über die Vertrautheit mit der daoistischen Geschichte bemerkt: „Among the world's Religions, Daoism is undoubtedly the most incompletely known and most poorly understood".[12]

Der Daoismus ist eine Religion, die sich aus verschiedenen Quellen speist, und bei deren Entstehung und weiterer Entwicklung über die Jahrhunderte hinweg neben (und vor) den bekannten Philosophen Laozi und Zhuangzi auch die Schamanen (*Wu*),[13] Magier (*Fangshi*), Alchemisten (alle Vorgenannten waren auch als Lebensverlängerer und teilweise pharmazeutisch aktiv) sowie die Philosophen des *Yijing* und der *Yin/Yang*-Schule eine oft unterschätzte Rolle gespielt haben.[14] Es ist richtig, dass weder das *Yijing* noch das *Yin/Yang*-Denken „daoistisch", sondern vom Daoismus zu unterscheidende eigene Strömungen sind. Dennoch ist darauf hinzuweisen, dass der Daoismus sich schwerpunktmäßig aus diesen Quellen gespeist und seine Form gewonnen hat und deren Grundbausteine den Daoismus wie ein roter Faden durchziehen.[15]

Alchemisten

Die akademische Forschung (allen voran Douglas Wile, Barbara Davis und Dan Vercammen) hat inzwischen reichlich Belege dahin gehend geliefert, dass Taijiquan *nicht* in erster Linie als daoistische Praxis, sondern, wie bereits der Name („*...quan*": „Faustkampfkunst") unmissverständlich bezeichnet, als eine Kampfkunst entstanden sei. Inwieweit *daneben* der Daoismus bei der andauernden Formierung dieser Kampfkunst eine nicht wegzudenkende Rolle gespielt haben mag, ist bisher nur oberflächlich erforscht.

Nachweisbar sind, wie gezeigt werden soll, im Selbstverständnis stiltradierender (und – begründender) Taijiquan-Praktizierender - spätestens seit der beginnenden Publikationswelle und Popularisierung des Stils zu Beginn des 20. Jahrhunderts - Bezugnahmen auf eine angebliche daoistische Tradition nahezu omnipräsent. Die erwiesenermaßen daoistisch beeinflussten „40 Kapitel" der *Yang-* und *Wu*-Traditionen werden von Douglas Wile sehr umsichtig ungefähr auf die Lebenszeit von Ch'en Hsin (1849 – 1929) datiert. Diese benutzen die elaborierte Sprache der inneren alchemistischen Tradition und weisen auf ein tiefes Verständnis derselben hin.[16]

Daoistisches Priestergewand mit Kranichen und Mond-/Jadehase

Den Umstand, dass es wenig Anhaltspunkte für eine daoistische Verwurzelung des Taijiquan gibt, aber daoistische Metaphysik und Terminologie sich heute in Kreisen Praktizierender finden, kann man wie Bede Bidlack ausdrücken: *„Taijiquan wurde nicht von Daoisten erfunden, noch war es traditionell eine bedeutende Form daoistischer Kultivierung."*[17] Aber: *"Taijiquan ist heute eine gültige und populäre daoistische Praxis."*[18] *"Nicht aus dem Daoismus entstanden, wurde es in ihn aufgenommen."*[19] Ähnlich auch Douglas Wile: *"For the tens of millions of practicioners in China today, t'ai chi ch'uan fills the spiritual vacuum left by the collapse of socialist idealism."*[20]

Zentral für die Fragestellung nach älteren daoistischen Einflüssen ist ein 2012 erschienener Artikel, in dem Wong Yuen-nien anhand von Quellen zeigen konnte, dass es zahlreiche Tradierungen gibt, „die [dem Daoisten] Zhang Sanfeng zugeschrieben wurden (...) [und] der Name Taijiquan bzw. seine Synonyme und Frühbezeichnungen schon zu Beginn der Ming-Dynastie [wahrscheinlich etwa ab dem 15. Jahrhundert] in Gebrauch waren und die Kunst in einem umfangreichen und vollständigen Curriculum weitergegeben wurde."[21]

Die in dieser Arbeit in Angriff genommene Offenlegung von - aufgrund der komplexen Bildlichkeit - oft versteckten und erst zu entschlüsselnden Bezugnahmen der sogenannten „Taiji-Klassiker" auf daoistische Symbolik (wie sich zeigen wird, zu einem großen Teil von der Strömung der inneren Alchemie „Neidan" entlehnt)[22] soll illustrieren, inwiefern historische und systematische Verbindungen von Kampfkunst und Daoismus innerhalb der älteren Taijiquan-Tradition(en) bestehen. Dabei ist immer zu bedenken, dass die in ihrem Gesamtbild daoistisch einzuordnende Strömung der Inneren Alchemie ausgeprägt synkretistische Züge trägt und auch Einflüsse des Konfuzianismus und Buddhismus aufgenommen hat.[23] Beispielsweise zeigt sich ein Einfluss konfuzianischen Hintergrundes der frühen Alchemisten im Gründer der nördlichen oder Goldenes-Elixier (*Jindan*)-Schule, Wang Che (1112-1170). Wang Che wiederum war übrigens laut Quellen auch herausragend in den Kampfkünsten.[24]

Si Lao Chün vor seinem Ofen, wird von einem Kranich besucht. Im Vordergrund Meister „Dunkles Tal" und „Der Ehrwürdige Herr Stille".

Joseph Needham situiert die waffenlosen Kampfkünste (*Wushu*) in einem Cluster aus daoistischen psychologischen Techniken, daoistischen Atemübungen, Ritualtänzen, Kriegstänzen, daoistisch-medizinischer Gymnastik, Akupunktur und *Moxa* (mit Bezug auf Vitalpunktangriffe) und charakterisiert zusammenfassend die Kampfkünste als Konglomerat verschiedener psychosomatischer Praktiken.[25] Dieser Darstellungsweise schließe ich mich an, da sie der Komplexität der geschichtlichen Verweisungszusammenhänge und gegenseitigen Einflüsse gerecht wird. Ich möchte Zusammenhänge, auch unbewiesene (weil teilweise unbeweisbare) und lediglich wahrscheinliche, aufzeigen und ein abschließendes Resümee den Lesern und Leserinnen überlassen. Wie bereits angesprochen ist es zutreffend, dass beispielsweise das *Yijing* nicht mit Daoismus gleichzusetzen ist und dass auch die *Yin/Yang*-Lehre und die Lehre der fünf Wandlungsphasen[26] als vom Daoismus unabhängige Strömungen bestehen.[27] Ungeachtet dessen sind Belege für das gleichzeitige Vorliegen mehrerer dieser in die Weltsicht des Daoismus eingeflossenen philosophischen Richtungen als Indizien für einen daoistischen Einfluss auf die entsprechenden Texte, Ideen oder Praktiken zu registrieren.[28] Beispielsweise stehen Michael Sasos Darstellungen daoistischer Rituale in unlösbaren Zusammenhang mit seiner These, dass das „*Yin-Yang*-Fünf Elemente System" (Polarität und zyklischer Wechsel als verbindende Elemente von Mikro- und Makrokosmos) konstitutiv innerhalb des Daoismus, insbesondere in der Strömung der Inneren Alchemie *Neidan*, adaptiert wurde und dort als „Tiefenstruktur" wirkt.[29] Unter der Hinsicht, dass die Sprache des *Neidan* zu beträchtlichen Teilen aus kosmologischen Motiven schöpft,[30] wie ich sie auch in dem Vokabular der Taijiquan-Klassiker herausarbeiten werde,[31] ist hier eine Bezugnahme auf die Innere Alchemie durch die Verfasser der Taijiquan-Klassiker anzunehmen[32] bzw. teilweise auch explizit gemacht.

Louis Komjathy hat bei Untersuchungen zum *Neijingtu* aufgezeigt, dass dort praxisorientierte Anwendungen klassisch-chinesischer Anschauungen des Körpers, vom alchemistischen *Huangting Jing* inspirierte Visualisationen (die Vorläufer im *Shanqing*-Daoismus haben) und die alchemistische Technik des Wasserrades oder kleinen himmlischen Kreislaufs ein Verbundsystem bilden. Analog einer solchen Vorgehensweise und einer Clusterbildung wie der Needhams werde ich im Folgenden verschiedene Elemente des Systems Taijiquan - ohne Anspruch auf Vollständigkeit - herausarbeiten und deren Verzahnung mit daoistischen Elementen darstellen.

1. Taijiquan

1.1. Taijiquan – die Kampfkunst

Taijiquan ist, worauf bereits hingewiesen wurde, ursprünglich mit sehr hoher Wahrscheinlichkeit nicht (zumindest nicht nur) eine daoistische Disziplin, sondern eine Kampfkunst, die sich historisch auf Yang Luchan zurückführen lässt. Eine verbreitete Ansicht sowie auch die im heutigen China offizielle Version der Historie setzt den Beginn der Geschichte des Taijiquan in der Kampfkunst des Dorfes Chenjagou an.[1] Diese Sichtweise ist allerdings inzwischen beispielsweise durch die Forschungen Dan Vercammens und Douglas Wiles korrigiert worden.[2] Wile weist in der ihm eigenen umsichtigen, historisch genauen und epistemologisch weitblickenden Art darauf hin, dass entsprechend den konkurrierenden Narrativen anderer Schulen auch der Chen-Clan die eigene Genealogie mythologisiert hat.[3] Yang Luchan hat in Chenjagou bei den dortigen Kampfkünstlern gelernt, allerdings spricht Einiges dafür, dass nicht die Vertreter der Chen-Kampfkunst, sondern Yang Luchan als Gründer des Kampfkunst-Stiles Taijiquan angesehen werden muss.[4] In Anbetracht der historischen Unklarheiten wären vorsichtige Formulierungen wie die von Barbara Davis jeder Suggestion historischer Gewissheit vorzuziehen: „The predominant school of thought is that taijiquan – *or rather [one of] its precursor[s]* - originated with members of the Chen family, *or at least passed through their hands.*"[5]

Die Geschichte des Taijiquan ist - wie es historische Entwicklungen nun einmal sind - komplex und ich kann und will in diesem Rahmen diese wie angekündigt weder erschöpfend darstellen noch wesentlich Neues zur Klärung des Ursprungs dieser Kampfkunst beitragen. Es bleibt an dieser Stelle nur auf die bisher umfassendsten Forschungen des Sinologen und Feldforschers Dan Vercammen hinzuweisen und Dan Dochertys immer noch gültiges Urteil in Erinnerung zu rufen:

„*The exact when, where and who of the origins of Tai Chi Chuan are* *uncertain."*⁶

Unabhängig von den erwähnten komplexen historischen Zusammenhängen ist das Geschichtsbild der meisten Taijiquan-Übenden im Westen recht einfach und lässt sich folgendermaßen zusammenfassen: Für die Geschichte des Taijiquan ist das autoritativ, was „die Chinesen" sagen. Allgemein besteht kein großes Selbstbewusstsein bei Europäern, die Geschichte selbst zu untersuchen - natürlich auch insbesondere aufgrund der Sprachbarriere. Ein Bewusstsein der Gewachsenheit des Geschichtsbildes unter Einfluss politischer Steuerungsmechanismen ist auch in Fachkreisen nur in Ausnahmefällen vorhanden.

Dabei sind zwei Faktoren kaum übersehbar: Zum einen ist viel an historischem und Fachwissen in den Jahrzehnten der Zurückdrängung des Taijiquan einfach verloren gegangen und bis heute aufgrund beispielsweise eines Desinteresses der jüngeren Generation (auch in China gilt heute Taijiquan, noch mehr als in Europa, verbreitet als „Alteleutesport", und Jugendliche spielen lieber Basketball als sich mit solcherlei Traditionsballast herumzuschlagen) nicht wieder vollständig zurück gewonnen worden. Anfang der 1980er-Jahre konnte ein nach China reisender Forscher in den mutmaßlichen Heimatorten des Taijiquan (Chenjagou, Yongnian, Wudang) keine Personen finden, die Taijiquan lehrten. Derzeit ist beobachtbar, dass „alte Traditionen" wieder aufleben, jedoch in signifikant enger Anlehnung an alte Schriften, so dass zu vermuten ist, dass die angeblichen Traditionen lediglich aus den spärlichen schriftlichen Quellen rekonstruiert wurden bzw. werden.

Der zweite Faktor der unzuverlässigen Geschichtsschreibung besteht in der nach wie vor praktizierten politischen Filterung der Daten. Wie Rubie Watson referiert, gibt es für „gute Revolutionäre" drei Umgangsweisen mit der Vergangenheit: Ablehnung, Transformation und Erfindung.⁷ Alle drei wurden und werden praktiziert. Im Bezug auf den „Nationalschatz" Taijiquan ist generelle Ablehnung nie wirklich eine Option gewesen. Religion und Religiöses werden im heutigen

China zwar offiziell anerkannt, aber streng reglementiert.[8] Die Kampfkünste werden im Sinne der genannten drei Optionen von den Machteliten kontrolliert und als reine Leibesertüchtigung umgedeutet.[9] Für solche Umdeutungen bieten sich aufgrund der von Filipiak beobachteten Multifunktionalität des Taijiquan (als Kampfkunst, aber auch als intellektuell-philosophische Beschäftigung Gelehrter und aufgrund des fließenden Übergangs zwischen den Selbstkultivierungsaspekten [gesundheitliche] Lebensverlängerung und [spirituelle] Unsterblichkeit in Daoismus und Alchemie) vielfältige Anknüpfungspunkte.[10]

Unsterblicher, auf Kranich fliegend

Diese Multifunktionalität hat die spätestens zur Zeit der Entstehung der klassischen Schriften erfolgte Betonung daoistisch-spiritueller Elemente in die Kampfkunst Taijiquan ebenso wie die spätere vollständige Reduktion der Übungspraxis auf Gesundheitsaspekte ermöglicht. „Kampfkunstlehrbücher" werden inzwischen von staatlichen Organen herausgegeben,[11] die „Ausbildung" von Kampfkünstlern ist staatlich institutionalisiert und „grassroots"-Traditionen werden zunehmend verdrängt.[12] Ein neues, politisch motiviertes, nicht mehr privates sondern öffentliches Paradigma und ein völlig anderes, steil hierarchisch strukturiertes ideologisches Modell ersetzten die vormals für die Kampfkunst Taijiquan geltenden Traditionen.[13] Ähnliches gilt für den offiziell geförderten Tourismus zu heiligen Stätten: Diese werden für Touristen geöffnet, aber „the experience is meant to be thouroughly secular"[14] , selbst der - nicht zuletzt aus ökonomischen Gründen - geförderte Daoismus ist ein dem Konzept des sogenannten „philosophischen Daoismus" nahestehender quasi säkularer Daoismus. Dass solche Reduktionen die Praxen von Pilgern und Praktizierenden oftmals letztendlich nicht ändern, steht - glücklicherweise - auf einem anderen Blatt.

Die chinesische Regierung hat kürzlich offiziell Chenjagou (die Heimat des Chen-Clans) zum Geburtsort des Taijiquan erklärt, aufgrund von Dokumenten, die nicht zur Überprüfung zugänglich sind. Als Gründe kommen einige in Betracht: die Geschichte des Taijiquan reicht unter diesen Voraussetzungen zeitlich deutlich weiter zurück als beispielsweise bis zu Yang Luchan, es gibt keine feudalen Verbindungen (sowohl Yang- als auch Wu-Stylisten standen in enger Verbindung mit dem Kaiserhof), und letztendlich spielt auch die finanzielle Verwertbarkeit eine große Rolle - Chenjagou wird derzeit (wie auch Teile des Wudang Gebirges und viel früher schon Shaolin), wie es in Kampfkunstkreisen gelegentlich polemisch heißt, in eine Art „Kampfkunst-Disneyland" verwandelt.

Die Geschichte der Kampfkünste in China ist eng verknüpft mit Widerstandsbewegungen[15] und Geheimgesellschaften, die Kampfkunsttraining mit religiösen Praktiken kombinierten.[16] Nigel Sutton hat Schritte und Kategorien herausgearbeitet, anhand derer der Grad der Zähmung und Kontrolle durch Umdefinition der Kampfkünste in der Volksrepublik anschaulich wird: Verbot der als „feudalistisch" angesehenen Initiationszeremonie *Baishi*, Begriffsverschiebungen von „*Sifu*" zu „*Laoshi*" oder einfach „Coach", von „*Shixiongdi*" (Kampfkunstgeschwister) in „*Tongxuemen*" (Klassenkameraden), Abwertung informeller privater Lehrer-Schüler-Verhältnisse, in denen die Meisterung des *Qi* eine unverzichtbare Rolle spielte, zugunsten staatlich geförderter Ausbildungsanstalten, in denen die kämpferischen Anwendungen der Techniken nicht mehr systematisch geübt, sondern nur noch überaus unrealistisch und choreographiert ausgeführt werden.[17] Statt intrinsischer Motivationen wie Selbstverfeinerung treiben nunmehr eher extern erfolgsmotivierte ästhetische, akrobatische und kompetitive Kriterien wie offiziell anerkannte Abschlüsse, Selektion für Filmrollen oder nationale Teams etc. den Lernprozess an.[18] Damit einhergehend wurden für die in *Kuoshou* („nationale Kunst") umgetauften, später wieder in *Wushu* zurückübersetzten Disziplinen[19] positive gesundheitliche Wirkungen - die bei der akrobatischen kompetitiven Ausführung faktisch oft in ihr Gegenteil ausschlagen - und neuerdings dann wieder eine religiös-daoistische Herkunft propagiert,[20] wodurch eine ideengeschichtlich zuverlässige Analyse zusätzlich erschwert wird.

Die 8 Unsterblichen
Mit freundlicher Genehmigung der Religionskundlichen Sammlung der Philipps-Universität Marburg (Foto: Heike Luu; Copyright: Religionskundliche Sammlung Marburg, Signatur B-Pt 012)

Es ist denkbar, und ich gehe in meiner Untersuchung davon aus, dass gerade der Versuch einer Festlegung auf Alternativen wie „Taijiquan ist daoistisch" oder „Taijiquan ist ‚ursprünglich' nicht daoistisch" der geschichtlichen Gewachsenheit unangemessen ist und letztlich eine eurozentrische Projektion darstellt,[21] und dass, worauf der Historiker Charles Holcombe in seinem äußerst lesenswerten Artikel „Theater of Combat" hindeutet, gerade der Versuch, bspw. Taijiquan durch Abstreifen des religiösen „Beiwerks" als eine „echte" oder „reine" Kampfkunst zu verstehen, die weder Gymnastik noch Religion sei, ein authentisches Verständnis der in unlösbarer Verflochtenheit solch verschiedener Diskurs- und Weltdeutungssysteme gewachsenen Praktiken unmöglich macht.

Holcombe kommt nach ausführlichen Erörterungen der Zusammenhänge altchinesischer Nicht-Unterscheidung fiktiver und nichtfiktiver narrativer Modi (Vereinigung von theatralen und kampfkünstlerischen Elementen) und der Verflechtungen von religiösen/daoistischen (Unsterblichkeit)[22] und kampfkünstlerischen (Unverwundbarkeitskult) Zielsetzungen bei Geheimgesellschaften wie *T'ai-p'ing*, Boxer, Weißer Lotus und des allgemeinen Kultcharakters der Kampfkünste zu dem Schluss, dass das Selbstbild der Kampfkünstler, das Motive aus der Mythologie und dem Theater aufgenommen hat, vor dem Hintergrund von Chinas einzigartiger Weise der Vereinigung von Kampfkunst, buddho-daoistischer Religion und Theater verstanden werden muss.[23] In einem späteren Aufsatz spezifiziert er anhand weiterer religiös-kampfkünstlerischer Bewegungen - deren kennzeichnende Besessenheitstänze er als nicht rein kampfkünstlerisch herleitbare und schamanistisch inspirierte Praxen beschreibt - dass im vormodernen China die Kampfkünste Element einer Matrix von religiösen Glaubensinhalten und Ritualen gewesen sein müssen, die von diesem religiösen Kontext untrennbar seien. Als Vorbild nennt er den mittelalterlichen Unsterblichkeitskult, der durch eine Untrennbarkeit von (proto-)medizinischen und religiösen Aspekten geprägt gewesen sei. Aus dieser Matrix hätten sich die modernen Kampfkünste, darunter auch Taijiquan, entwickelt.[24]

*Unsterblicher mit Kranich auf Himmelsflug, Keramik
Archiv Markus Wagner*

1.2. Der Name Taijiquan - die populäre Sicht

Allgemein wird der Name Taijiquan kurz gefasst etwa folgendermaßen erklärt: *Taiji* bedeutet übersetzt ungefähr „Höchstes Letztes" (etymologisch von Mittag, Dachfirst, Größtes...) und stellt ein metaphysisches Prinzip dar. *Quan* bedeutet wörtlich „Faust" und bezeichnet als Suffix traditionell Kampfkünste. Also die Kampfkunst des Höchsten Letzten. Dabei wird im Allgemeinen auf das *Taijitu*, das *Taiji*-Diagramm des Zhou Dunyi hingewiesen. Im Laufe der vorliegenden Untersuchung wird noch gezeigt werden, dass diese Erklärung in dieser undifferenzierten Form zu kurz greift und sowohl verkürzten Zuschreibungen des Taijiquan zum Daoismus als auch berechtigter Kritik an denselben Vorschub leistet.[25]

Ich wiederhole die Kernfrage meiner Untersuchung:

Welche daoistischen Elemente sind in der gelebten Praxis der Taijiquan aufzufinden? Um diese Frage zumindest in Grundzügen zu beantworten, werde ich in zwei - teilweise eng miteinander verzahnten - Schritten vorgehen:

Kapitel 2: Die Klassiker

Eine Untersuchung der klassischen kanonischen Schriften des Taijiquan, der sogenannten „*Taiji-Klassiker*," wird zeigen, inwiefern daoistische Strukturen, Methoden und Philosopheme in das Gedankengut des Taijiquan Einzug gehalten haben.

Bei den sogenannten „Taiji-Klassikern" handelt es sich um 5 weithin bekannte Grundtexte, die von nahezu allen Taiji-Praktizierenden als autoritativ angesehen werden, sowie einige weitere Texte und Kommentare, die jeweils nur in bestimmten Linien und Schulen tradiert werden.

Vier Komplexe werden in den Taijiquan-Klassikern thematisiert:

- Philosophie (behandelt Kosmologie, das Bild des Körpers, Jing, Qi, Shen...)
- Taijiquan-Prinzipien und Richtlinien für die korrekte Praxis
- Instruktionen und Warnungen
- Chinesische Kultur und Geschichte

Meine Ergebnisse bestätigen in vielen Punkten die Thesen von Dan Vercammen, der 2000 schrieb: „This written evidence [die „Klassiker"] (...) shows whether there is Taoist influence. And the answer to this question is „yes there is (some). (...) What we do know is that some texts are heavily influenced by Taoist philosophy and practices, and that the authors must have been familiar with Taoist informants or must have practiced Taoist Techniques with such people."[26]

Worin liegen aber nun diese Einflüsse und wie sehen sie im Detail aus? Wir werden uns hier insbesondere mit den philosophischen Teilen beschäftigen und untersuchen, inwieweit die beschriebene Philosophie als daoistisch inspiriert beschrieben werden kann. Da die Prinzipien und Richtlinien für die korrekte Praxis von allen Taijiquan-Praktizierenden anerkannt sind und deren Verwirklichung zumindest von Fortgeschrittenen (teilweise allerdings etwas ratlos) angestrebt wird, gehen einige der Beobachtungen an den entsprechenden Textteilen später in veränderter Form auch in unsere Analyse der gelebten Praxis ein.

Kapitel 3: Begrifflichkeiten und Prinzipien aus der Praxis

Auch die tägliche *Praxis* Taijiquan-Praktizierender transportiert einen reichen Schatz an zugehörigen Begrifflichkeiten; z.B. zur Benennung von Übungsmethoden, -prinzipien, und -zielen etc., die teils in engem Bezug zum Daoismus stehen.

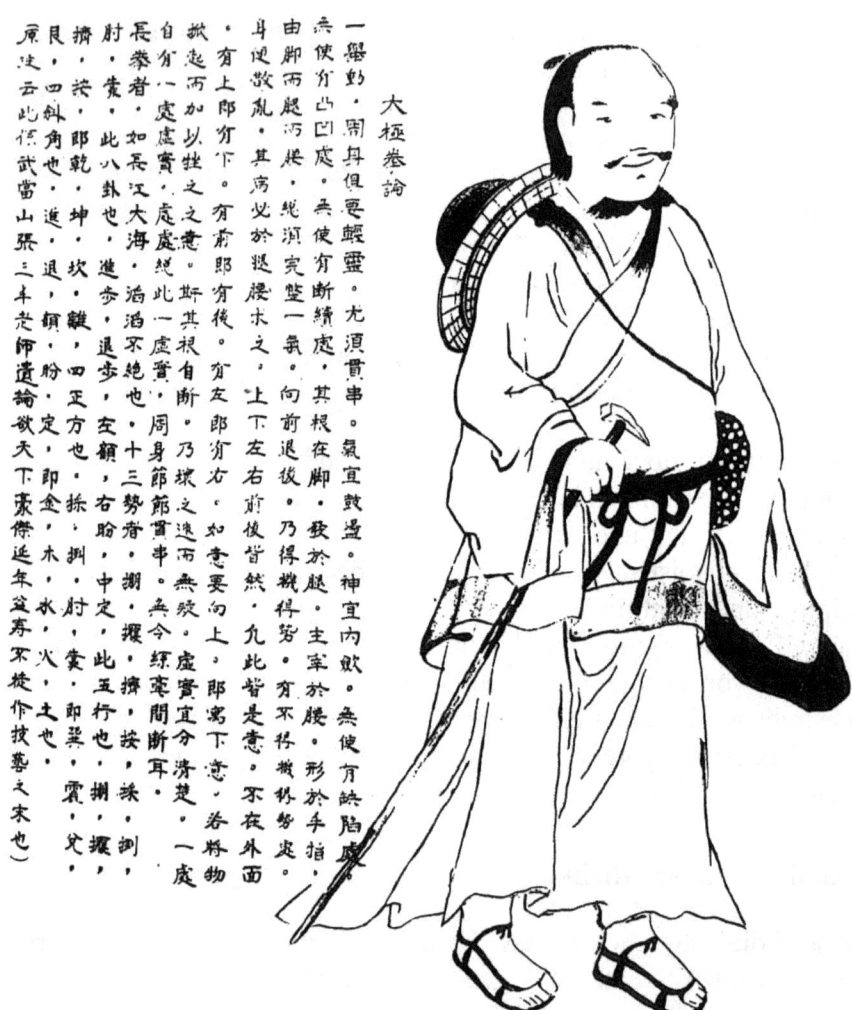

"Portrait des Urmeisters Zhang Sanfeng" und „Originalschrift Zhangs zur Taiji-Theorie"

2. Die klassischen Taijiquan-Schriften

2.1. „*Taijiquan Jing*" / Taijiquan Abhandlung (1): *Jing, Qi, Shen* und *Yi*

Als Verfasser dieses Textes wird der Daoist Zhang Sanfeng angesehen. Das ist historisch sehr unwahrscheinlich. Gelegentlich wird deshalb auch angenommen, dass der Text mittels mediumistischen automatischen Schreibens vom Geiste des Zhang Sanfeng späteren Taijiquan-Praktizierenden eingegeben worden sei, eine Sichtweise der Entstehung von Texten, die insbesondere in daoistischen Kreisen - im Rückgriff auf schamanische Praktiken - nicht unüblich ist.[1] Unabhängig von der fragwürdigen historischen Korrektheit zeigt die Verbindung des autoritativen Textes zum Daoisten Zhang Sanfeng, notfalls unter Heranziehung der These von der Zeit- und Raumübergreifenden Übermittlung durch Zhang oder auch durch bewusste Verzerrung historischer Fakten[2] an, wie bedeutsam diese Zuordnung zu dem Daoisten für die Stilrichtung sein muss. Dies ist ein klares Indiz für das Selbstverständnis der „Taijiren" („Taijimenschen") im 18. bis frühen 20. Jahrhundert, das ich bei der Kommentierung der entsprechenden Textstelle (am Ende der Abhandlung) weiter untersuchen werde. Vorausblickend soll hier auf die differenzierten Erörterungen von Douglas Wile hingewiesen werden, der vor dem Hintergrund der unlösbaren Frage nach der Vaterschaft (oder zumindest Existenz) Zhang Sanfengs[3] die Geschichte der Entstehung des Taijiquan durch Zhang als eine diskursive Praxis beschreibt, die das Wudang-Gebirge, Zhang Sanfeng, die „innere Schule", Laozi, das Yijing und Taijiquan in einem sinn- und identitätsstiftenden Narrativ verbindet.[4]

Ausgewählte Textstellen:

"The qi should be excited;
the spirit [Shen] should be gathered within"(...)[5]

"From the feet to the legs, and to the yao;
There must always be completely one qi." (...)[6]

"In all of these cases, it is yi, and not from externalities."[7]

"If the yi is to go up, the yi to go down is there immediately."[8]

"The chi and strength are linked throughout the body without interruption."[9]

„Qi soll erregt/entfacht und aufgerührt werden,
während Shen innerlich gehortet sein soll" (...)

Von den Füßen zu den Beinen, und dann zum yao [Hüfte/Taille];
Muss immer ein vollständiges qi sein" (...)

„In allen diesen Fällen ist es yi und nicht äußerlich."

„Wenn man intendiert, (sich/den Gegner) aufwärts zu bewegen, dann sende man yi abwärts."

„Qi und Kraft sind im Körper ohne Unterbrechung verbunden" [10]

Hier sind beispielhaft einige der vielen Textstellen ausgewählt, in denen die Arbeit mit Jing, Qi, Shen und Yi thematisiert ist. Die meditativen Aspekte der Praxis werden dabei deutlich.

Guqi, Stimulieren des *Qi* ist eine in daoistischen Texten häufig gebrauchte Formulierung.[11]

Jing, *Q*i und *Shen* sind die „Drei Schätze" der Inneren Alchimie, die in einer „Transformationskette"[12] verbunden sind. In dieser Praxis und der ihr zugrunde liegenden Theorie wird „nach der Verfeinerung der materiellen Energie in rein geistige Kraft diese zur Leere geführt […], was nichts anderes bedeutet, als sie in den *vorhimmlischen* Zustand zu transformieren."[13] Andere Bezeichnungen dieser innerhalb der Praxis der inneren Alchemie zentralen Trias sind „die drei Ursprünge" *sanyuan*, „die drei Echtheiten" *sanzhen*, bzw. „die drei Kostbarkeiten" *sanbao*.[14] Nach Pregadio weisen ca. ein Fünftel der 1500 Texte des daoistischen Kanons enge Beziehung zu den verschiedenen alchemistischen *Waidan-* und *Neidan*-Traditionen auf.[15] Die innere Alchemie Neidan ist von der Grundausrichtung her daoistisch-spirituell orientiert, entlehnt lediglich ihr Vokabular der äußeren Alchemie *Waidan*: "Neidan owes its origins to the Taoist meditation methods on the inner gods more than it does to Waidan".[16] Kubny hat ebenso wie Needham darauf hingewiesen, dass die auf die Arbeit des Adepten an sich selbst bezogenen Lesarten der chinesischen (inneren) Alchemie nicht wie im Westen psychologisch, sondern vielmehr physiologisch ansetzten,[17] also eine hohe Anschlussfähigkeit an körperbezogene Praktiken wie z.B. das Taijiquan aufwiesen.

Adept der Inneren Alchemie, der in der Meditation drei Kreise hält. Diese symbolisieren die drei Schätze Jing, Qi und Shen.

Mit der Beschreibung alchemistischer Grundbegriffe wie der oben genannten ließen sich Bände füllen, daher hier nur ein allerkleinster Anriss:

Jing repräsentiert einen Aspekt von Qi, der sich vom Dao getrennt hat, also manifestiert, „nachhimmlisch" ist.[18] Es ist die wichtigste Basis der Vitalität.[19] Jing stellt im Menschen das flüssige Yin-Prinzip dar, hat darüber hinaus in verfeinerter Form die Qualität von „Essenz".[20] Nur durch den jeweiligen Kontext lässt sich entscheiden, ob Essenz - wie in den technischen Taijiquan-Texten - auf die essentiellen flüssigen Aspekte von Körperlichkeit verweist oder - wie meist in der Inneren Alchemie - auf das Elixier, das lexikalisch ebenfalls auf eine Wurzelbedeutung von „Essenz" rückgeführt wird,[21] oder eben (im Taijiquan?) auf beides.

Qi ist Grundlage allen Lebens, die Lebensenergie im Menschen sowie im Kosmos. Die Bedeutung von Qi ist ebenfalls nicht in wenigen Sätzen darzustellen; es stellt sehr verkürzt gesagt das Lebensprinzip aller Dinge dar. Im Menschen steht es als luftiges *Yang*-Prinzip im Gegensatz zum flüssigen *Yin*-Prinzip *Jing*.[22] Für Daoisten entsteht Leben durch Ansammeln, Tod durch Zerstreuen des *Qi*. „The cultivation of the ch'i is (...) the most important characteristic in the study of the internal pill."[23] Der Adept der Inneren Alchemie vereinigt sich mit dem *Dao* durch Ansammeln des *Qi* und Vereinigung mit dem angesammelten *Qi*. Das Konzentrieren des *Qi* ist ein wichtiger Aspekt bei der (Wieder-)Entwicklung der Authentizität, die das Ziel der Praxis ist.[24] Bemerkenswert in unserem Zusammenhang ist die Aussage des Klassikers, dass *Qi* niemals durch physische Kraft sondern nur durch *Yi* gesteuert werden kann. Erinnert man sich an das unentwegte Insistieren Taijiquan-Lehrender sowie der Klassiker darauf, dass die Praxis des Taijiquan sich grundlegend und durchweg von der Ausübung physischer Kraft unterscheide, so liegt hier offensichtlich eine zumindest in diesem Punkt analoge Ontologie zugrunde wie in daoistischen Grundtexten wie z.B. dem *Nei Yeh*-Kapitel aus dem *Guanzi*, das möglicherweise einen Einfluss auf die Entwicklung des Taijiquan als körperliche daoistische Praxis ausgeübt hat. Auch die im Laufe des Taijiquan-Lernens wachsende Einsicht, dass das Entstehen der Kraft sich nicht zwingen lässt und die Kultivierung einer gewissen Rezeptivität voraussetzt, erfährt hier ihre theoretische Untermauerung.[25]

Manfred Kubny hat in seinem enzyklopädischen Werk „Qi. Lebenskraftkonzepte in China. Definitionen, Theorien und Grundlagen" eine Interpretation vorgelegt, nach der das *Taijitu* des Zhou Dunyi - auf das ich weiter unten noch ausführlicher eingehen werde - „eine erweiterte Darstellung des Qi ist"[26] und dass auch der Philosoph Shao Yong eine Parallelisierung des *Qi* und des *Taiji* vollzieht.[27] Dies ist für unseren Zusammenhang insofern von Bedeutung, als damit konzeptionelle Verflechtungen von daoistisch inspirierter Qi-Theorie[28] und Taijiquan als der „Kampfkunst des Taiji" zutage treten. Kubny weist darauf hin, dass der Daoismus „das chinesische Denken über die Existenz einer alles bestimmenden Lebenskraft dominiert hat."[29] Auch das *Dao* selbst wird im *Yijing* mit den gleichen Worten „Ein Yin und ein Yang heißt Dao"[30] beschrieben. In der Taijiquan-Praxis lautet eine weit verbreitete und analog strukturierte Aussage: „Ein *Yin* und ein *Yang*: das ist *Taiji*."

2. Die klassischen Taijiquan-Schriften

Daoistische Roben mit eingearbeiteten Trigrammen und dem (modernen) Taijidiagramm an zentraler Stelle

Shen wird oft als "Geist" übersetzt. „It describes the psychological and divine aspects of human nature, which are essential for the successful attainment of long life and immortality. The Body, especially in Daoism, is seen as the residence or vessel of the spirit."[31] Geht man mit Kubny davon aus, dass beispielsweise im *Guanzi Qi* eine „Vorstufe zur wahrnehmbaren und belebten Materie"[32] darstellt, so sind die Sublimierungsstufen von *Jing* zu *Qi* und weiter zu *Shen* als daoistisch-alchemistische Rückführung zum vorhimmlischen Urzustand zu interpretieren.[33]

Yi: Der gesamte Neidan-Prozess, mit sowohl spirituellen als auch physischen Aspekten wird vom *Xin* (Herz-Geist) geleitet. *Xin* ist die Heimat von *Yi*, der kreativen Imagination, die das Vereinigen von *Yin* und *Yang* leitet und so das Erzeugen und Nähren des Inneren Elixiers möglich macht.[34] Eines der „Five Key Words" des gleichnamigen klassischen Textes besagt einfach, dass *Qi* konzentriert wird:

„Spirit condenses"[35]

Punkt 6 der „10 wichtigen Punkte des Taijiquan" des Yang Chengfu lautet

„Benutze yi (Intention), nicht Kraft (li)"[36]

In den ur-daoistischen und die Körperlichkeit einbeziehenden Meditationsanweisungen des *Nei Yeh* bezieht sich *Yi* auf eine mentale Fähigkeit, die dem Denken vorausgeht.

Li Yiyu's Text „Fünf Begriffe [Characters]-Klassiker", einer der ersten Versuche, die Grundprinzipien der Taijiquan-Praxis zu systematisieren, lautet:

- Yin (Herz-Geist) ruhig
- Körper agil
- Qi angesammelt (gathered)
- Jin vollständig
- Geist (Shen) gesammelt (collected)[37]

Hier sind also, außer in dem eher technischen Punkt 2, in jedem Stichwort Grundbegriffe bzw. Beziehungen benannt, die auch in der inneren Alchemie eine zentrale systematische Position einnehmen. Unter dem Gesichtspunkt, dass Mao-Shan-Daoisten Spezialisten der Inneren Alchemie waren und sowohl die Schritte des Yu als auch eine Polarsternmeditation praktizierten,[38] kann in Anbetracht der weiter unten folgenden Erörterungen über die „Sieben Sterne" und „Neun Paläste" - zunächst noch lediglich spekulativ - eine Verbindung der Taijiquan-Tradition zu dieser Spielart des Daoismus vermutet werden.

Daoistische Sternenbanner mit dem Motiv des Scheffels Beidou

Heutige Übende können oft höchstens noch vage und synkretistisch mit den genannten Begriffen umgehen (beispielsweise werden die Drei Dantian häufig vereinfachend mit drei der sieben Chakren indischer Traditionen gleichgesetzt), die Begriffe *Jing* und *Shen* werden oft in der Praxis überhaupt nicht thematisiert. Lediglich die Arbeit mit *Yi* ist fast überall ein wesentlicher Bestandteil fortgeschrittener Taijiquan-Praxis.

Taijiquan wird, wie bereits referiert heute in China vorwiegend als reine Gymnastik propagiert und praktiziert und von vielen Interessierten in Mitteleuropa und USA auch entsprechend wahrgenommen. Diese ideologisch begründete Negierung aller religiösen Konnotationen ist nicht neu. Schon 1935 gab es einen großangelegten Versuch der Umbenennung von „Taijiquan" (Taijikampfkunst) in „Taijicao" (Taijigymnastik). Die Vereinfachungen und Reduktionen, weg von einer 108-teiligen Handform (die zudem lediglich *einen* von vielen

Bestandteilen des Übungssystems ausmacht) hin zu einer 24-teiligen Handform, die vielen als Übungspraxis insgesamt genügt, betrifft nicht nur die Anzahl der Bewegungen, sondern auch die paradigmatische Wahrnehmung des Taijiquan als lediglich eine von vielen denkbaren Möglichkeiten, Gymnastik in einem rein sportlichen Sinne zu treiben - anstelle eines „Commitment", wie es das vormoderne Taijiquan verlangt.

Solches den vormodernen Traditionen verpflichtete „Familienstil-Taijiquan" gibt es, auch im Westen, noch. Allerdings sind diese Traditionen, der Natur der zugrundeliegenden Philosophie gemäß, oft zurückgezogen, und sind nicht notwendigerweise deckungsgleich mit den vorwiegend kommerziell orientierten Schulbildungen, die oft entsprechende Bezeichnungen („alt", „traditionell", „original", „authentisch", „Wudang-...") als Label tragen. Relativ unveränderte Traditionen leben etwa in Ländern fort, in die schon früh viele Chinesen emigriert sind, z.B. in Taiwan, Hongkong, Singapur, Malaysia, Australien sowie in kanadischen und US-amerikanischen Chinatowns.[39]

"There is up, and therefore there is down;
There is forward, and therefore there is backward;
There is left, and therefore there is right" (...)[40]

"The two complementary factors, emptiness and solidity, must be distinctly differentiated."[41]

"Every part [of the body] has a substantial and an insubstantial aspect."[42]

„Es gibt oben, und darum gibt es unten;
Es gibt vorwärts, und darum gibt es rückwärts (...)"

„Die beiden ergänzenden Faktoren, Leerheit und Fülle, müssen deutlich unterschieden werden"

„Jeder Punkt hat auf diese Weise sein leer (passiv) und voll (aktiv)."[43]

Voll und leer sind die Äquivalente von *Yang* und *Yin*. Ebenso werden alle dualen Qualitäten (auf/ab, vor/zurück...) auf *Yin* und *Yang* abgebildet. Hier zeigt sich die Konsequenz, mit der *Yin*- und *Yang*-Aspekte in jedem erdenklichen Zusammenhang und auf jeder Ebene als Beschreibungs- und Erklärungskategorie fungieren. Taijiquan wird auch als „*Yin-Yang*-Boxen" bezeichnet. Wir sehen hier ein Beispiel für die Unterscheidung, die Isabelle Robinet zwischen rein gymnastischen Übungen (allgemeinchinesisch) und Übungswegen der Inneren Alchemie Neidan (daoistisch) macht: Die - nachweisbar zumindest seit Entstehung der Klassiker und Beginn der Popularisierung des Taijiquan zu Beginn des 20. Jahrhunderts bis zur Zurückdrängung während der Kulturrevolution - permanent mitgeführte religiös-spekulative Komponente der *Yin-Yang*-Philosophie berechtigt uns, das Taijiquan dieser Zeit mindestens als von der Inneren Alchemie und damit daoistisch beeinflusst zu charakterisieren.

Taijiquan

Lassen wir hier Yang Chengfu zu Wort kommen:

„Wenn man das Prinzip der Umkehr von Yin und Yang verstehen kann, dann können wir anfangen, das Dao zu diskutieren."[44]

Heute werden die oben zitierten metaphysisch konnotierten Zeilen allerdings zumeist lediglich auf ihrer rein mechanischen Ebene verstanden: dem Übenden muss zu jedem Zeitpunkt bewusst sein, auf welchem Bein sein Gewicht ruht. Der daoistische Charakter der Praxis, so könnte man sagen, ist damit ebenfalls teilweise verloren gegangen, ähnlich wie bei dem Verschwinden der traditionell kleinfamiliären Lehrer-Schüler-Beziehung, auf die noch einzugehen sein wird.

„If there is up, there is down;
When advancing, have regard for withdrawing;
When striking left, pay attention to the right.
If the I wants to move upward,
it must simultaneously have intent downward."[45]

"Wenn es oben gibt, gibt es auch unten,
vordringend, achte auf das Zurückweichen,
links schlagend, achte auf die rechte Seite.
Wenn das Yi steigen will,
muss es gleichzeitig nach unten ausgerichtet sein."

Man vergleiche diese Zeilen mit folgenden Zeilen aus Daodejing 36:

„Will man etwas aufsammeln,
muss man es eigens darum erst ausbreiten.
Will man etwas schwächen,
muss man es eigens darum stärken.
Will man etwas beseitigen,
muss man es erst gewähren lassen.
Will man etwas wegnehmen,
muss man es eigens darum erst geben.(...)"[46]

2.2. „Taijiquan Jing" / Taijiquan Abhandlung (2): „13 Positionen"[47]

"[Of] the 13 Postures:
Wardoff, Rollback, Push, Press,
Pull, Split, Elbow and Shoulder
Are the 8 Trigrams.
Stepping forward, Stepping back, Looking Left, Looking Right, and
Central Equilibrium
Are the 5 Phases"[48]

„Die dreizehn Positionen:
Abwehren, Zurückrollen, Schieben, Pressen,
Ziehen, Spalten, Ellbogen[-stoß] und Schulter[-stoß]
Sind die acht Trigramme.
Schritt vorwärts, Schritt zurück, nach rechts wenden, nach links wenden,
und zentrales Gleichgewicht
Sind die fünf Wandlungsphasen."

Waysun Liao kommentiert: "The T'ai Chi form originated as the thirteen postures of Meditation. These are the eight postures (…) in combination with the five different ways to manoeuver the eight meditative postures (…). Metal represents hardness and penetration: as you move forward you act with the character of metal (…)."[49]

Die fünf Richtungen und acht Kräfte, zugeordnet den fünf Wandlungsphasen und acht Trigrammen des Yijing, werden als „Dreizehn Positionen" zusammengefasst. In die Formierung der daoistischen

Lehre ist in hohem Maße Gedankengut eingeflossen, das in China zur Zeit der Zhou-Dynastie (1040–256 v. Chr.) weit verbreitet war. Dazu gehören die fünf Wandlungsphasen („Five Agents"), die Lehre vom *Qi* (Energie), *Yin* und *Yang* und das *Yijing* (*I Ging*). Die Terminologie des *Yijing* war *lingua franca* des Daoismus und Konfuzianismus, und so kann bei Bezugnahmen auf das *Yijing* nicht davon ausgegangen werden, dass der Einfluss als rein daoistisch einzustufen ist. Lassen sich jedoch noch andere spezifische oder „familienähnliche" Begrifflichkeiten des Daoismus auffinden (wie die hier genannten), erhärtet sich die Evidenz für die angenommene Verwobenheit von Daoismus und Taijiquan. Ein Beispiel: Judith A. Berling nennt physische Hilfen wie die Benutzung der Augen als typisch daoistische Meditationstechniken. Diese spielen im Taijiquan eine wichtige Rolle, insofern die Energie dem *Yi* folgt, und das *Yi* über die Augen eine Bündelung erfährt, eine Methodik, die in vielen Überlieferungslinien explizit angewandt und systematisch trainiert wird.[50]

Taijiquan

Laozi und sich um ihn drehende Verkörperungen der 5 Wandlungsphasen. Tai Sui Yuenchen Halle im Untergrundpalast des Wong Tai Sin Tempels, Sik Sik Yuen, Chuk Yuen, Kowloon, H.K

2.2.1. Die fünf Wandlungsenergien/fünf Richtungen

In den Klassikern werden wie in daoistischen Texten den fünf Wandlungsenergien die fünf Richtungen (vorne, hinten, rechts, links, Mitte) zugeordnet. Zusammen mit *Yin* und *Yang* wurden die fünf Wandlungsphasen wichtige Paradigmen in chinesischen medizinischen Theorien und hielten damit auch Einzug in die Innere Alchemie. „Im Taoismus, in dem die fünf Wandlungsphasen in unterschiedlichen Formen vergöttlicht werden, strukturiert dieses System die Meditation ebenso wie auch die Liturgie, deren Syntax sie bildet."[51] Auch hier ist zu vermuten, dass Einflüsse über die - der *Yin-Yang*- und der fünf Wandlungsphasen-Philosophie sehr nahestehenden - postschamanistischen Strömung der *Fangshi/Daoren/Daoshi* stattfand,[52] wobei auch zu berücksichtigen ist, dass nach Holcombe die *Fangshi* die frühesten Vorläufer der *Gongfu*-Tradition darstellten,[53] während Michael Saso sie als „Protodaoisten" charakterisiert.[54]

Die fünf Wandlungsenergien stehen auch im Zentrum der älteren „inneren Kampfkunst" *Xingyiquan* (etwa: Faust der Form und Willens- / Vorstellungskraft). Auch wenn es historisch mit guten Gründen bestritten wurde, dass die „inneren Kampfkünste" *Taijiquan*, *Xingyiquan* und *Baguazhang* von einer älteren Kampfkunst mit dem Namen *Neijiaquan* abstammen, so zeigt sich in der historisch gewachsenen, heute üblich gewordenen Gruppierung doch ein enger weltanschaulicher Zusammenhang der genannten drei Kampfkünste. Eine ältere Form bzw. ein Vorläufer des *Xingyiquan* ist das *Xinyiliuhequan*, (etwa „Faust des Herzgeistes, des *Yi* (Willen/Vorstellungskraft) und der sechs Harmonien"). Diese sechs Harmonien spielen auch eine bedeutende Rolle in der Taijiquan-Praxis.

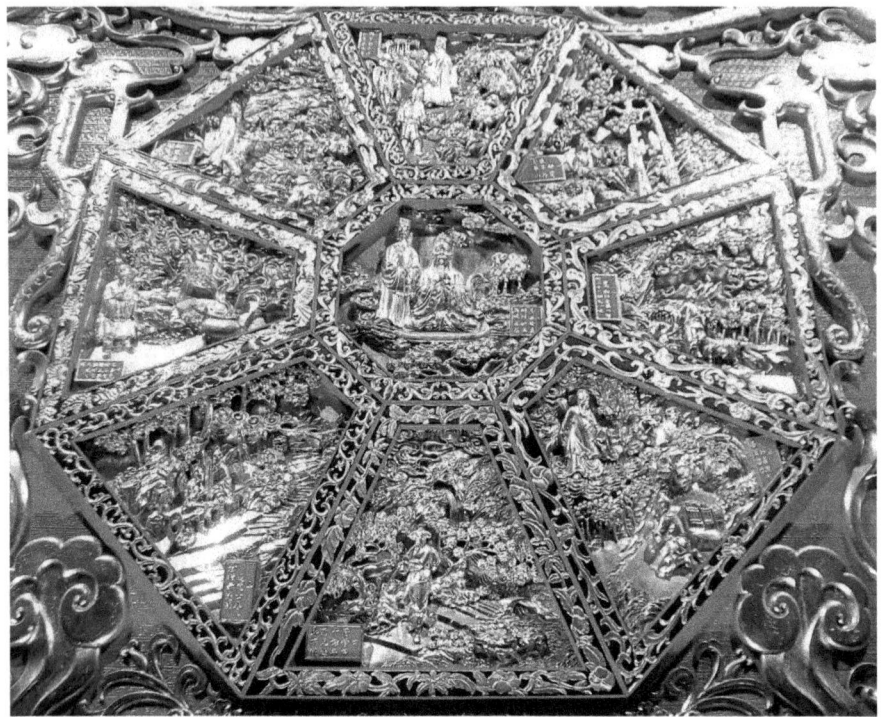

Heiligenlegende in Baguaform auf der für den Publikumsverkehr gesperrten Rückseite des Altars im Wong Tai Sin Tempel, Hongkong.

2.2.2. Die acht Trigramme (Bagua) des Yijing

Die acht Trigramme sind eine Verfeinerung der Interaktionen von *Yin* und *Yang*. Durch Kombinationen von durchgezogenen (*Yang*) und unterbrochenen (*Yin*) Linien kommen acht Konstellationen zustande, die jeweils grundlegenden Kategorien der Erscheinungswelt zugeordnet sind. Diese werden in den Taijiquan-Klassikern wiederum mit klar definierten Entsprechungen den acht Taijiquan-Grundkräften zugeordnet. Die *Bagua* geben unter anderem auch die acht Richtungen (vier Grundrichtungen + vier Zwischenrichtungen) an. Zwei meiner Lehrer (aus dem *Yang* [*Sau Chung*] bzw. *Wu* [*Jianquan*] Stil) erklärten unabhängig voneinander, es gäbe im Taijiquan nur Richtungen bzw. Winkel, die ein Vielfaches von 45 Grad bilden, und zwar aufgrund der Orientierung an den acht Trigrammen/*Bagua*.[55]

Die *Bagua* gaben der dritten sogenannten inneren Kampfkunst *Baguazhang* ihren Namen. Sie spielen eine zentrale Rolle in der Inneren Alchemie, hauptsächlich als Äquivalente der Ingredienzien des alchemistischen Prozesses, insbesondere *Qian* (Himmel) und *Kun* (Erde), *Li* (Feuer) und *Kan* (Wasser), die dann wiederum für andere Elemente aus der Alchemie wie z. B Tiger und Drache etc. stehen können und umgekehrt. *Yijing* und seine Trigramme und der Daoismus sind nicht einfach gleichzusetzen, darauf weisen Daoismus-Forscher zurecht immer wieder hin. Ungeachtet dessen ist festzuhalten, dass die Lehre des *Yijing* einen tiefgreifenden Einfluss auf den Daoismus hatte und seine Formierung mit bestimmt hat. Das äußert sich zum Beispiel visuell leicht erkennbar an der Kleidung daoistischer Priester, die oft eine etwa fußballgroße Abbildung der acht Trigramme (*Bagua*) auf der Brustmitte ihrer kunstvoll verzierten Roben tragen. Die fünf Wandlungsphasen, sechs Harmonien und acht Trigramme sind also nicht alleinige Domäne des Daoismus, sondern tief in der chinesischen Weltsicht und insbesondere in der Medizin verankert. Somit könnten die - natürlich auch vorhandenen - medizinischen Aspekte isoliert und die Praxisrelevanz der oben genannten Philosopheme auf die allgemeinmedizinischen Aspekte reduziert werden, was aber, konsequent durchgeführt, oft in widersprüchlichen Zuordnungen endet und damit wiederum darauf hinweist, dass eine Erklärung aus allgemeinmedizinischen oder gar allgemeinchinesischen Traditionen ohne Berücksichtigung alchemistischer Meditationsterminologie unvollständig bleibt.[56]

Belege, in welchem Ausmaß in Taijiquan-Texten Elemente aus der *Yin-Yang*-Schule, der Lehre der Trigramme, formale Respekterweisungen an Konfuzius und daoistische Motive sowie Bezugnahmen auf verschiedene genuin daoistische Grundtexte ein weltanschauliches Konglomerat bilden, finden sich beispielsweise in den Versen von Wu Jianquans Schüler Young Wa Bu:

> „Lao Tse, I Ching, Confucius, Shuan Tse
> Studiying Tai Chi you follow all these.
> Within the rules any movement is tranquility,
> Outside the rules any quietude is turmoil (...)
> Hands and feet have Yin and Yang,
> And segments of the 4 limbs match the 8 trigrams
> In harmony with the Universe.
> Mind and body return to Nature (...)
> Learn to yield while retaining control (...)
> Each moment treasure and perfect the art. (...)
> The Tai Chi Way will be perpetuated (...)."[57]

> „Laozi, Yijing, Kongzi, Zhuangzi,
> Taiji studierend folgst Du all diesen.
> Den Regeln folgend ist jede Bewegung Ruhe,
> den Regeln nicht folgend ist jede Stille Aufregung (...)
> Die Hände und Füße haben Yin und Yang,
> und Abschnitte der vier Gliedmaßen stimmen mit den acht Trigrammen überein
> in Harmonie mit dem Universum.
> Geist und Körper kehren zur Natur zurück (...)
> Lerne nachzugeben während Du die Kontrolle wieder erlangst (...)

In jedem Moment schätze und perfektioniere die Kunst . (...)
Der Taiji-Weg wird weitergeführt."

Diagramm auf dem Fußboden der Tai Sui Yuenchen Halle im Untergrundpalast des Wong Tai Sin Tempels, Hongkong.
Archiv Markus M. Wagner

2.2.3. Zhang Sanfeng

"An original note states: This is the Treatise left by founder Zhang Sanfeng of Wudang Mountain."[58]

„Eine ursprüngliche Anmerkung besagt: Die ist die Abhandlung, die vom Begründer Zhang Sanfeng vom Wudang Gebirge hinterlassen wurde."

Wenn der Kommentator Alfred Huang eine angebliche frühere Fassung des Textes von Wu Yu-Hsiang vorlegt, die nachträglich neu redigiert, in mehrere Teile aufgeteilt worden sei, von denen einige verloren gegangen und der letzte Teil einzeln herausgegeben und Zhang Sanfeng nur zugeschrieben worden sei, zeigt sich auch in dieser historischen Einschränkung des Zhang-Mythos noch die starke und bereits zur Zeit der mutmaßlichen Entstehung der Klassiker bestehende Affinität zu dem Daoisten Zhang Sanfeng. Zhang wird in den Publikationen vieler berühmter Taijiquan-Linienhalter als Schöpfer des Taijiquan genannt.[59] Dabei ist nicht offensichtlich eine Motivation für die Wahl des Zhang Sanfeng als Gründer des Taijiquan zu erkennen, abgesehen von seiner Eigenschaft, als daoistischer Unsterblicher bekannt zu sein. Mit Dan Dochertys Worten: "(…) if a fictional founder of Tai Chi Chuan was to be invented, many more famous and more ancient Taoists than Chan San Feng could have been chosen."[60] Wong Yuen-Ming weist in seinem wichtigen Aufsatz "Heavenly Pattern Boxing" auf Dokumente hin, denen zufolge Zhang Sanfeng den großen Bären verehrt habe, was für einen Daoisten nicht verwunderlich ist, aber doch bemerkenswert, insofern es den ideellen Zusammenhang mit der Faustkampfkunst Taijiquan bestärkt, in der der große Bär (die „Sieben Sterne") namentlich genannt ist und auch als

Synonym des Namens Taijiquan selbst in Betracht zu ziehen ist.[61]

Laut Eva Wong soll es einen von Zhang oder einem seiner vielen Doppelgänger, möglicherweise in Form von Planchette- also mediumistischen Schreibens verfassten, Text über Taijiquan mit dem Titel „*Chang San-feng t'ai-chi lien-tan pi-chueh*" (Zhang Sanfengs geheime Taiji-Methode zur Kultivierung des Elixiers) geben, der von dem daoistischen Gelehrten Hsiao T'ien-shih aus Taiwan in einer Buchreihe daoistischer Texte veröffentlicht wurde; diesem Textkorpus entstammt angeblich auch eine Variante des Taijiquan-Klassikers über die dreizehn Stellungen.[62] In dem ebenfalls Zhang zugeschriebenen sexual-alchemistischen Text „Zusammenfassung des goldenen Elixiers" werden im Vorfeld von im alchemistischen Jargon formulierten Beschreibungen von Sexualpraktiken die üblichen alchemistischen Begriffe neben auch in den Taijiquan-Klassikern bedeutsamen Themen behandelt: Lebensverlängerung, das Vorhimmlische und die 10.000 Dinge, Rückkehr zum Zustand ursprünglicher Einheit, Meister-Schüler-Verhältnis, „Fersenatmung", Taiji und sein Ursprung Wuji, die Trennung des Dunklen (Erde, *Yin*) vom Hellen (Himmel, *Yang*), der Übergang zwischen Nichtexistenz und Existenz, das Ansammeln des Qi, das Öffnen der Pässe, die alchemistische Verfeinerung des Selbst, das „Spielen der Laute", die „Umkehrung gegen den normalen Verlauf der Dinge".[63]

Der Bezug auf den mutmaßlichen daoistischen Taijiquan-Begründer Zhang Sanfeng ist bis heute in fast allen Varianten der Historie präsent. Zwar weisen Schulen, die sich seriös darstellen möchten, regelmäßig darauf hin, dass es sich nur um Legenden handele, diese werden aber dennoch einleitend, um eine bestimmte feierliche Grundstimmung zu transportieren, erwähnt und in unterschiedlicher Ausführlichkeit berichtet. Hierbei scheint es sich um eine überdauernde und dem Taijiquan wesentliche Bezugnahme zu handeln, die zudem von der allgemein akzeptierten Geschichtsschreibungsinstanz, der offiziellen chinesischen Stellungnahme, gefördert wird - wie bereits erwähnt stellen die Kampfkunstschulen in den Wudang-Bergen sowie die *Qigong*-Ausbildungsstätten bspw. der Klinik in Beihaide wichtige

Exportfaktoren und Einnahmequellen dar.

Zhang Sanfeng ist eine äußerst schattenhafte Figur, ein Vertreter der Inneren Alchemie,[64] der historisch nicht eindeutig identifizierbar ist und dessen angebliche Aufenthaltsorte je nach Quelle extrem variieren. Allgemein wird angenommen, er komme aus dem Wudang-Gebirge. Dieses Gebirge war das Heiligtum des Kriegsgottes *Zhenwu* (*Hsuan-Wu, Xuanwu*), einer exorzistischen Gottheit daoistischen Ursprungs,[65] die meist barfuß auf einer Schildkröte und einer Schlange stehend abgebildet ist,[66] wobei sein offenes Haar und die nackten Füße typische Charakteristika eines spirituellen Mediums darstellen.[67] Zhang wurde 1459 kanonisiert als „Der Unsterbliche, der das Geheimnis durchdringt [versteht] und die Verwandlung offenbart".[68] Zhangs daoistischer Name *Xuan Xuan* verweist auf den daoistischen Kernbegriff *Xuan*[69] (Dunkles, Tiefes, Verborgenes, Geheimnis), der in der Kanonisierung verwendet wird und der auch ein charakterisierendes Element des genannten Gottes *Xuanwu/Zhenwu* bildet. Der vollkommene Krieger *Zhenwu* ist dem Norden (kosmologisch) und dem Wasser zugeordnet und steht damit für Transformation/Wandlung, was wiederum mit Zhangs Kanonisierung „der die Verwandlung offenbart" übereinstimmt.

Die angegebenen Lebensdaten Zhangs erstrecken sich über mehrere Jahrhunderte. Diese historische Nichtgreifbarkeit, das Auftauchen zu extrem verschiedenen Zeiten in ganz unterschiedlichen Regionen sowie andere Kennzeichen Zhangs (z.B. sein Pseudo-Tod bzw. Tod und Himmelfahrt,[70] Wundertätigkeit, Divination,[71] bizarres Benehmen) entsprechen präzise den typischen Eigenheiten daoistischer Unsterblicher, die üblicherweise mit robuster Gesundheit und okkulten Kräften ausgestattet sind. Es existieren Zhang Sanfeng Medium Kulte, im Tempel der Weißen Wolken in Beijing gibt es einen Schrein, der „dem Unsterblichen Zhang San Feng" gewidmet ist.[72]

2. Die klassischen Taijiquan-Schriften

Zhenwu/Xuanwu. Darunter: Schildkröte und Schlange ineinander verschlungen - archaische Vorläufer des Xuanwu-Motivs. Heute Zhenwus ikonographische Embleme.

Zwischen 1821 und 1850 entwickelten sich Zhang Sanfeng verehrende Sekten, die „versteckten Unsterblichen" (die Qualität „Yin", „versteckt" wurde Zhang von Wang Hsi-Ling zugeschrieben) und die „Drachenartigen" (auch der Drache ist traditionell geheimnisvoll, hält sich versteckt und ist unter normalen Umständen nicht zu erblicken).[73] Insgesamt gab es dann etwa 15 Sekten des Zhang Sanfeng. Eliminiert man die verschiedenen Sekten mit völlig identischen Namen, so verbleiben Zhang Sanfeng Sekten mit folgenden Bezeichnungen:

- *La-t'a*: „schlampig, liederlich" (Es heißt, Zhang habe - ganz daoistisch - nicht viel Wert auf seine äußere Erscheinung gelegt)[74]
- *Hsin-tsung*: „Neue Religion"
- *T'an-t'a*: „Altar" (Ort der Anbetung)
- *Tzu-jan / Ziran*: "Von selbst"/"Selbst-so"/„aus sich selbst heraus emanierend"/„spontan"
- *Sanfeng tsu-shihtzu-jan*: "Großmeister *Sanfeng* selbst-so"
- *Wang-wu-shan tzu-jan*: "Wu shan Berg selbst-so"
- *San-feng tzu-jan*: "*San Feng* selbst-so"
- *San-feng ch'ing-wei*: "*San Feng* sehr klar/sehr rein/sehr fein"
- „San Feng Himmel"
- „Jeden Tag neu",
- „noch ein/auch San Feng".

Es wiederholen sich Namen von Sekten, die auf die Überindividualität „der Sanfengs" hinweisen sowie solche, die *Ziran* im Namen führen - die strukturelle transkausale Beschaffenheit des Ereignisses des *Wuwei*, die ob ihrer Universalität im daoistischen Weltbild geradezu mit dem *Dao* bedeutungsäquivalent ist. *Ziran* kennzeichnet auch die Entstehungsmodalität des *Taiji* (das dem *Taijiquan* seinen Namen gegeben hat) und schließlich der 10.000 Dinge aus dem *Wuji* bzw. dem *Dao*. Hier zeigen sich auch Anknüpfungspunkte an das Taijiquan als die Kampfkunst, die in unvergleichlicher Weise eine kraftvolle instrumentelle Manipulation der Aktionen des Gegners ablehnt und eine annehmende, aufnehmende (*Wuwei*) Umgangsweise mit den entsprechenden einwirkenden Einflüssen propagiert bzw. praktiziert.

Wong zieht als alleiniges Fazit seiner Betrachtung der widersprüchlichen historischen Informationen über Zhang Sanfeng, Zhang sei wohl eine reale Person, die wahrscheinlich irgendwann zwischen 1314 und 1419 gelebt habe. Chen Wei-Ming stellt seinen „Fragen und Antworten zum Taijiquan" ein einleitendes Kapitel über Zhang Sanfeng voran, in dem er die These von der Vermittlung des Taijiquan durch Zhang unterstützt.[75] Historisch konnte die Behauptung, der Daoist Zhang Sanfeng habe die Kampfkunst des Taijiquan begründet, trotz einiger ernsthafter Versuche und Forschungen nicht verifiziert werden. Ein Bericht des Gelehrten Huang Tsung-Hsi (1610-1695), dessen Aussagen bzw. Bezugnahmen auf den Daoisten allerdings mit guten Gründen in Zweifel zu ziehen sind, erwähnt eine Person desselben Namens. Im Epitaph ist zu lesen: „[In the art of boxing] there is the esoteric school which emphasises the skill of subduing the movement of your opponent by remaining in repose, so that your opponent will collapse as soon as you lay your hand on him (...)".[76] Diese Darstellung der Kampfkunst entspricht jedenfalls grundlegenden Taijiquan-Prinzipien, wie sie große Könner und Könnerinnen in ihrer Praxis überprüfbar umsetzen können. Auch die Biographie eines Chang Sung-Chi aus der *Ming*-Zeit nennt Zhang als Begründer des Taijiquan. Im Kapitel „Über das Erlangen des Dao" der Zhang zugeschriebenen „Abhandlungen über die Lehren des Wang Zhe" spielen körperliche Übungen eine wichtige Rolle, aber Hinweise auf Kampfkunst finden sich auch hier nicht.[77] Interessant für das Taijiquan dürfte auch die Beschreibung Tung Ying Chies sein, „With a horsetail whisk, he could walk many miles a day."[78]

Wichtig für die Einordnung der tatsächlich gelebten Taijiquan-Praxis ist, wie bereits angesprochen, nicht die Frage, ob Zhang wirklich Begründer der Kampfkunst gewesen sei. Gemäß dem chinesischen Brauchtum, Traditionen auf frühere Autoritäten zurückzuführen ist vielmehr der Umstand maßgeblich, dass eine wie auch immer geartete Verbindung von nahezu allen Stilpraktizierenden - teils als Tatsache, teils als Anekdote - tradiert wird und Zhang somit im Sinne der kulturellen Prägung als daoistischer Urvater des Taijiquan, so wie es von Praktizierenden verstanden wird, anzusehen ist.[79]

Hierfür gibt es vielfältige Beispiele:

- Im Rahmen einer Erläuterung der im Taijiquan praktizierten Schildkrötenatmung stellt Z.J. Song die ritualisierte Meditationsmethode unter Angabe einer internalisierten Rezitation dar, in die die Übung dieser Art der Atmung eingebettet ist: „(...) nach dem Einatmen, einem Prozess von 21 Abschnitten (...) denkt man die folgenden 21 Wörter bzw. Zeichen: ‚Der T'ai-chi ch'üan Heilige Zhang Sanfeng, der Altmeister, möge mir (...) helfen....‘"[80]

- Viele städtische „Taiji-Gemeinden" feiern jedes Jahr den Geburtstag des als Stilbegründer angesehenen Zhang Sanfeng, wobei sogar die im alltäglichen Lehrgeschäft konkurrierenden Linien und Schulen für dieses Ereignis ausnahmsweise zusammen kommen. Bis vor wenigen Jahren gab es beispielsweise in Hongkong ein großes Treffen zu Zhangs Geburtstag, das derzeit aus organisatorisch-praktischen Gründen (Schließung der einzigen für ein solch großes Treffen geeigneten Halle) ausgesetzt werden musste. Dabei ist natürlich in Betracht zu ziehen, dass das Treffen möglicherweise nicht wieder aufgenommen werden wird, und die Zeit dieser Veranstaltungen an diesem Ort einfach vorbei sein könnte.[81]

- Rituelle Aspekte: Zhang Sanfeng ist in den meisten Taijiquan Ahnentafeln der Ehrenplatz reserviert. Bilder Zhangs werden im Trainingsraum aufgestellt. Laut Erzählungen meines Lehrers Gerald Hofer befand sich beispielsweise ein Bild Zhangs im Wohnzimmer der auch als Trainingsort für Hofers Privatunterricht genutzten Privatwohnung des Wu Jianquan-Enkels Ma Jiangbao. Insbesondere in Schulen, die aus Stolz auf die Familientradition einen Ahnenaltar in der Trainingshalle aufbauen - wie beispielsweise Schulen die auf Wu Gongyi, den Sohn des Stilbegründers zurückgehen; das Headquarter der

Wu-[Gongyi]-Familie in Hongkong wie auch die Niederlassung in London - trohnt über den Ahnenbildern der „Urahn Zhang Sanfeng".

- Bei offiziellen Anlässen werden die entsprechenden Riten (zum Beispiel die Aufnahme als „Familienschüler" *Baishi*) unter expliziter Bezugnahme auf Zhang als oberste Autorität durchgeführt: "(...) when I teach Tai Chi Nei Kung (...), Students must go through the ceremony that I went through (...). This ceremony involves paying respects to Chang San Feng as the founder of Tai Chi Chuan."[82]

Zurück zu dem Klassiker-Text:

He [Zhang Sanfeng] desired that the outstanding men of the world lengthen their lives and not just take these as trivial techniques."[83]

Er wünschte, dass die hervorragenden Menschen der Welt ihr Leben verlängern und diese nicht als triviale Techniken ansehen."

Lebensverlängerung/Unsterblichkeit

Der Wunsch nach Unsterblichkeit sowie systematische Bestrebungen, diese zu erlangen sind prominent in daoistischen Texten.[84] „(...) Methoden zur Erlangung der Unsterblichkeit existierten zu allen Zeiten und in allen Schulen [des Daoismus] (...)".[85] Unsterblichkeit ist das religiöse Ideal aller daoistischen Kultivierung, insbesondere in der Inneren Alchemie[86] die die Ziele „Unsterblichkeit"/"Langlebigkeit" mit psychophysischen Methoden verfolgt.[87] Die oberste Ebene des daoistischen Himmels, in dem sich die Unsterblichen aufhalten, wird vom „Himmlischen Helden des ursprünglichen Anfangs" regiert, der *Taiji* und *Hundun* personifiziert,[88] die zweite Ebene vom „Höchsten Herr des Dao der das *Taiji* repräsentiert", welcher das erste Stadium der Schöpfung symbolisiert.[89]

Eine der wichtigsten Figuren, mit denen die Idee der Unsterblichkeit verbunden wird, ist Zhang Sanfeng[90], auf den im Taijiquan-Klassikertext Bezug genommen wird mit dem Hinweis, Zhangs Wunsch sei dahin gegangen, dass Praktizierende diese Anweisungen nicht lediglich als Kampfkunsttechniken verstünden, sondern sie einsetzten, um ihr Leben zu verlängern.

In der heute üblichen Praxisform des Taijiquan wird Lebensverlängerung undaoistisch - gemäß dem weiter oben von mir beschriebenen materialistisch verflachenden historischen Mechanismus - nicht als Erlangung der, wie auch immer gearteten, Unsterblichkeit verstanden, sondern nur noch als verwertbarer medizinisch-therapeutischer Nutzen der Übungspraxis. Diese beiden Interpretationen lassen sich jedoch nicht einfach trennen, wie beispielsweise aus den Worten ersichtlich wird, mit denen Sima Chengzhen seine Einleitung in das *Tianyinzi* beginnt:

> „The path of spirit immortality begins with long life. The starting point for long life is the nourishment of energy."[91]

"Der Weg der Unsterblichkeit beginnt mit langem Leben. Der Anfangspunkt für langes Leben ist das Nähren der Energie."

Arieh Lev Breslow gibt in seinem Aufsatz „Immortality in Chinese thought and its influence on Taijiquan and Qigong" einen - allerdings schlagwortartig kurzen - Abriss der Idee der Unsterblichkeit in der chinesischen Geschichte.[92] Breslow weist auf die unlösbare Verknüpfung von religiösen Elementen mit dem Alltagsleben von Chinesen hin. Er setzt den Beginn des Unsterblichkeitskultes bei *Huangdi* an, weitere Stationen sind die *Fangshi* und *Laozi* (Breslow weist bspw. auf Kapitel 33, 50 und 76 hin), dann die Alchemie des *Waidan* mit der Lehre vom kosmischen *Qi* (dies mit besonderem Hinweis auf den Daoisten *Ge Hong*, der als Kampfkünstler die Bedeutung der Tradition mündlicher Überlieferung *kojue* unterstrich[93]) und schließlich die Alchemie des Inneren Elixiers *Neidan*. Im *Neidan* soll nach Breslow in der Art eines daoistischen spirituellen Yoga die *Yang* Seele *Shen* von der Behinderung durch das *Yin* des groben physischen Körpers befreit werden sollte. Entsprechende Anklänge finden sich in den mit dem Konzept des *Shen* arbeitenden Anweisungen in den Taijiquan Klassikern. Die pränatale Atmung (Breslow beschreibt eine Variante, deren Erklärungsmuster mit dem mir bekannten nicht in allen Punkten übereinstimmt) und damit in gewissem Maße auch die technisch und metaphysisch mit ihr in engem Zusammenhang stehenden Variationen wie die Schildkrötenatmung in den „inneren Kampfkünsten" Taijiquan und *Xingyiquan* sind dezidiert als Wege zur Unsterblichkeit zu interpretieren.

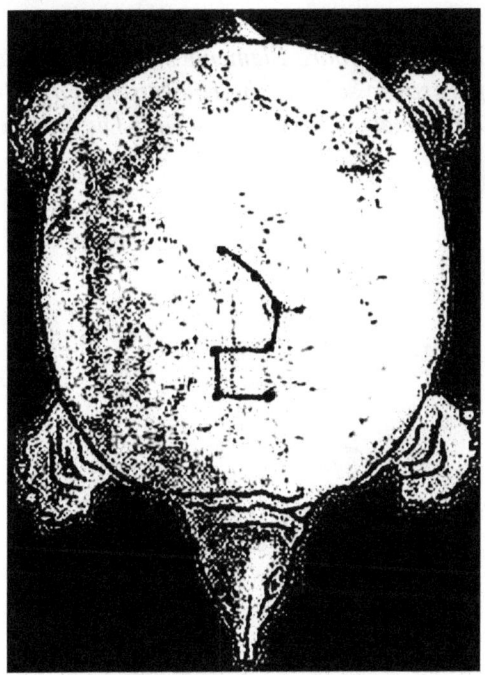

Schildkröte mit Darstellung des Sternbildes Scheffel

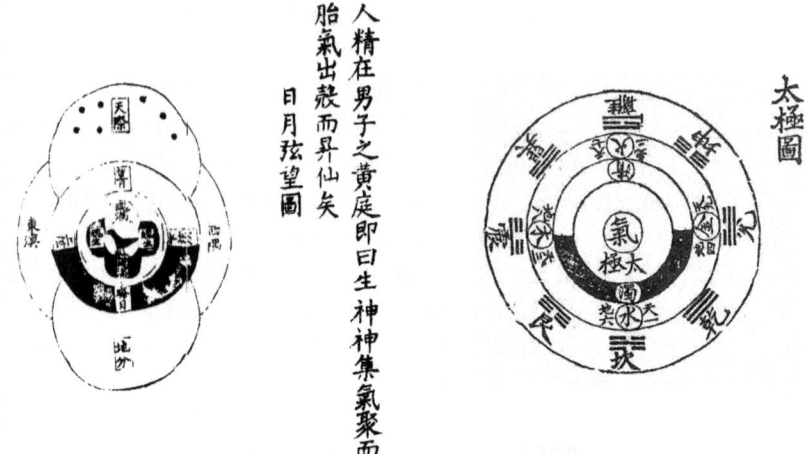

Diagramm des Taiji. Erkennbare Elemente sind der Sonnenrabe, die sieben Sterne des Scheffels sowie schriftliche Hinweise auf die Hun- und Po-Seelen. Daneben ein weiteres Taiji-Diagramm.

2.3. "Taijiquan-Lun" / Taijiquan-Klassiker

(Wang Zongyue zugeschrieben)

"1. Taiji is born from Wuji;
It is the mother of yin and yang.
If it moves, it divides;
If it is at rest, it unites."[94]

"1. Taiji entsteht aus Wuji
Es ist die Mutter von Yin und Yang.
In Bewegung: Trennung
In Ruhe: Vereinigung"

Der vermeintliche Verfasser dieser klassischen Schrift des Taijiquan Wang Zongyue studierte daoistische Schriften.[95] Der Klassiker beginnt mit einer kosmologischen Darstellung der Entstehung allen Seins aus dem undifferenzierten Chaos, über die ersten Manifestationen von Ruhe und Bewegung (Yin und Yang) bis hin zu den „10.000 Dingen".[96] Hier findet sich auch der Begriff Taiji, der - wie im Bereich der chinesischen Kampfkünste üblich - spezifiziert durch die Verbindung mit dem Begriff Quan (Faust) für „Kampfkunst", dem Taijiquan (der „Kampfkunst des Taiji") seinen Namen gegeben hat.[97]

Unsterbliche mit Kürbis, Symbol für das Urchaos Hundun bzw. den ungeordneten Urzustand Wuji

Im Zhaobao-Stil des Taijiquan (im alten Stil: 108 Bewegungen, später im He-Stil 72), den seine Vertreter auf die Überlieferungslinie Zhang Sanfeng und Wang Zongyue[98] zurückführen und der über Zheng Qingping auch Beziehungen zu Yang Luchan und Wu Yuxiang aufweist (also engen historischen Bezug zu den Klassikern hat) wird regelmäßig explizit Bezug auf das Konzept des *Taiji* und das *Taijitu* des Zhou Dunyi und die Unterscheidung von Vorhimmlischem und Nachhimmlischem in der Ausübung des Taijiquan genommen:

„Taichi, the supreme ultimate, comes from wuchi, the absence of the ultimate. Taichi is the changing of motion and stillness, and the origin of yin and yang. Once a body moves, yin and yang are separated, and when it stops moving, yin and yang come back together into one. Nothing more, and nothing less."[99]

„Taiji, das oberste Letzte/der höchste Pol kommt von Wuji, der Abwesenheit von Letztheit/Polarität. Taiji ist der Wechsel von Bewegung und Stille/Ruhe, und der Ursprung von Yin und Yang. Sobald der Körper sich bewegt, trennen sich Yin und Yang, und wenn er aufhört sich zu bewegen, verbinden sich Yin und Yang wieder zu Einem. Nichts mehr,

2. Die klassischen Taijiquan-Schriften

nichts weniger."

(Bauch-)blase als Verbindung der dem Zhenwu/Xuanwu zugeordneten Tiere Schildkröte und Schlange. Dualistische sowie schöpfungsmythische Elemente sind erkennbar.
Chin Tan Ta Cheng

"When beginning to study the Zhao Bao style, one has to revolve "tantien" (one of the vital corporal centres) by the circle movement of hands. The gyrating movement that begins in the hands by means of after-heaven "Bei Si Kou", soon becomes a revolving movement from where "tantien" comes, the one that is transmitted to the extremities, it´s called before-heaven 'Bei Si Kou'. Its practice is, indeed, to cultivate the Tao, to feed 'qi' (...), to practice tai-chi chuan is to manage to attract the before-heaven (...) . The 'Bei Si Kou' (...), is exactly, the change of the original chaos, tai-chi is, exactly, the change of 'Bei Si Kou'."

„Wenn man beginnt, den Zhaobao Stil zu studieren, muss man Dantian (eines der Vitalzentren des Körpers) rotieren gemäß der Kreisbewegung der Hände. Die drehende Bewegung, die in den Händen durch das Nachhimmlische beginnt wird bald zu einer drehenden Bewegung, die von Dantian kommt, diese wird übertragen zu den Extremitäten, sie heißt vorhimmlisch. Ihre Praxis ist tatsächlich die, das Dao zu kultivieren (...), Taijiquan zu praktizieren ist das Anziehen des Vorhimmlischen (...). Bei Si Kou ist genau der Wechsel/die Wandlung des originalen Chaos [Huntun], Taiji ist genau der Wechsel von Bei Si Kou."

"BEI SI KOU and DIAGRAM of LAI ZHI DE

One of the most important characteristics of the style is called 'Bei Si Kou' which I will translate as 'winding division'. The principle of this concept is based on the Taiji diagram of Lái Zhï De'. Of the emptiness ("kòng") without poles (lacking) or fundamental chaos, one goes to the polarization (to have), from there to the sprouting of the connected opposite curves, in the form of "that" (winding division), and to the extreme polarization (formation of yin-yang) which can be seen on the diagram Lái Zhï De' as well as in the concept 'Bei Si Kou'."[100]

Im Klassiker des Wu Kung Cho (Wu Gongzhao) wird die - in der ihr von Chu Dunyi gegebenen Darstellung bekannte - Kosmologie der Weltentstehung aus Wuji und Taiji explizit auf seine daoistische Auslegung bezogen, auch wenn zunächst Konfuzius Respekt gezollt wird:

"The Principle of Tai Chi:

Confuzius (...) spoke highly of I Ching: The Book of changes (...). It is said that in the beginning, change consisted of Great Polarity (Tai Chi). This gave birth to the Two Qualities, which produced the Four Secondary Trigrams, which in turn gave birth to the eight Trigrams. A selection from the Tai Chi Diagrams of Chou Tun Yi of the Song Dynasty praises the origin of the Taoist body: From No Polarity (Wu Chi) forms the Great Polarity (Tai Chi). The state of no polarity occurs when the mind is quiet and without thought, before the myriad marvels have yet emerged. And before this mind has extended outward, there is a distinctly clear noumenon. This is Tai Chi. Tai Chi is the universal principle behind birth and transformations (...)."[101]

„Das Prinzip des Taiji:

Konfuzius sprach mit großer Achtung vom Yijing, dem Buch der Wandlungen (...) Es wird gesagt dass am Anfang die Wandlung in der großen Polarität (Taiji) bestand. Diese gebar die beiden Qualitäten, aus denen die vier sekundären Trigramme hervorgingen, die wiederum die acht Trigramme gebaren. Eine Auswahl der Taiji-Diagramme von Zhou Dunyi aus der Song Dynastie preist den Ursprung des daoistischen Körpers: Aus dem gegensatzlosen Wuji formt (sich) der höchste Gegensatz/Pol (Taiji). Der Zustand von Nichtpolarität manifestiert sich wenn der Geist still und ohne Gedanken ist, bevor die unzähligen Wunder noch in Erscheinung getreten sind. Und bevor dieser Geist sich nach außen ausgedehnt hat existiert ein ausgeprägtes klares Noumenon. Dies ist Taiji. Taiji ist das universelle Prinzip hinter Geburt und Transformationen."

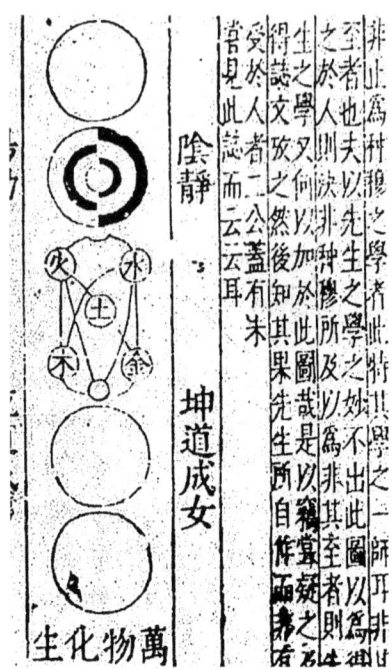
Taijitu

Auch in einem schulinternen Jubiläumsband der Schule eines weiteren Wu-Jianquan-Schülers (Cheng Wing Kwong) finden sich explizite Bezugnahmen auf das altdaoistische Konzept einer Entstehung der Welt („10.000 Dinge") aus *Wuji* und der Übergangsphase *Taiji* anhand des *Taijitu* des Zhou Dunyi. Das *Taijitu* ist hier abgebildet und mit einem Kommentar versehen, welcher lautet:

„Es stellt die Entstehung des Universums in der alten chinesischen Philosophie dar. Am Anfang, der Kreis ganz oben, ist Wuji. Es heißt, die Welt ist chaotisch. Dann entsteht aus Wuji Taiji. Aus Taiji entsteht Yin und Yang (der Kreis halb schwarz halb weiß). Durch die Bewegungen von Yin und Yang entstehen fünf Xing (Gold/Metall, Holz, Wasser, Feuer und Erde). Dann entstehen männlich und weiblich und dann der Rest der Welt."[102]

Interessant ist, dass hier zusätzlich zu den bei Zhou Dunyi vorliegenden Beschriftungen der erste leere Kreis, der in sich völlig undifferenziert ist, analog der Beschriftung des horizontal nach *Yin* und *Yang* differenzierten zweiten Kreises Beschriftungen trägt: Rechts des Kreises steht „*Taiji*- die großen Gegenkräfte", links „*Wuji* - Gegenkraft des Nichts/Keine Gegenkraft".[103] Dem Undifferenzierten ist also sozusagen eine noch nicht sichtbar manifestierte Differenzierung eingeschrieben, und die Dynamik des *Taiji* wird schon im *Wuji* gesehen.

Im Anhang zu der Darstellung des Taiji-Diagramms finden sich in Chengs Buch noch folgende zwei Verse:

Lied des Wuji
Ohne das Sichtbare, ohne das Spürbare und ohne die Abspaltung des Gemüts,
Wird die gesammelte Geistigkeit zu einem luxuriösen Weg geleitet.
Begreifst du die wahren Sinne von "Nichts",
Bist du verwurzelt und im Trancezustand munter ohne Ende.

Lied des Taiji
Das Taiji entspringt dem Wuji, nur ein Zug vom Qi-Fluss reicht aus,
die Harmonisierung zu spüren.
Die Prädestination kann sich auch widerwillig des Himmels wandeln,
dies alles umfassen die Prinzipien in Yijing.[104]

Wenn auch die vollständige Interpretation des Textes schwierig und aufwändig wäre, ist doch zumindest festzustellen, dass hier praktisch-kampfkünstlerische („verwurzelt"), metaphysische („Nichts", „*Wuji*"), und eventuell auch schamanistische Elemente („Trancezustand") in einem übergreifenden System verbunden sind.

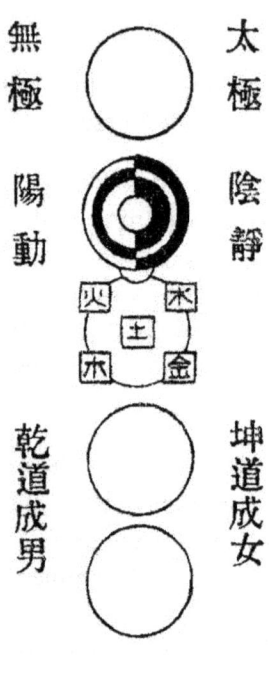

Taijitu-Darstellung aus einer schulinternen Jubiläumsbroschüre des Wu Taijiquan nach Cheng Wing Kwong

2. Die klassischen Taijiquan-Schriften

2.3.1. Wuji und Taiji

Taiji ist ein altes metaphysisches Konzept, das meist als „das Höchste Letzte" („Supreme Ultimate") übersetzt wird und in daoistisch-kosmogonischen Spekulationen eine zentrale Rolle spielt.[105] „Im Allgemeinen wird das Taiji als der unabdingbare Grund des Universums angesehen."[106] Üblicherweise wird der Begriff *Taiji* in Verbindung mit *Wuji* auf das Diagramm des Neokonfuzianers Zhou Dunyi bezogen, in dessen Besitz Zhou allerdings über seinen daoistischen Lehrer Mu Xiu gelangt ist.[107] Zhou Dunyis *Taijitu* ist nach Kubny „weitgehend von daoistischen Elementen dominiert".[108] Zhang Dainian nennt Heshan Gongs Diagramm als Vorbild des *Taijitu*, der Titel dieses Diagramms sei gewesen „Diagram of the ultimate of non-being", also noch spezifischer daoistisch „*Wujitu*".[109] Carsun Chang vermutet für das Diagramm in seiner „Geschichte des Neokonfuzianischen Denkens" sogar einen rein daoistischen Ursprung.[110] Erinnert man sich, dass Song Shuming Zhang Sanfeng einen Konfuzianer genannt hat,[111] drängt es sich auf, den historisch ungreifbaren Zhang Sanfeng versuchsweise als Neokonfuzianer einzuordnen, was die Verbindung von Zhang Sanfeng und *Taijitu* als mythische Einflüsse der gleichen Kampfkunst folgerichtig erscheinen lässt.

Die neokonfuzianische Philosophie stellt insgesamt einen Rückgriff auf das Yijing dar, und damit gleichzeitig eine Öffnung für vom *Yin-Yang*-Denken geprägte Anschauungen des Daoismus.[112] Letztlich muss aber das Diagramm des *Wuji* des berühmten daoistischen Priesters Chen Tuan als eigentliche Quelle des *Taiji*-Diagramms angesehen werden. Livia Knaul (heute: Livia Kohn) erörtert: „Das T'ai-chi ist ein Name für das Tao auf der Ebene seiner Funktion als Quelle des gesamten Lebens (...) Im nei-tan Taoismus bedeutet es das ursprüngliche ch'i (...) im embryonalen Zustand (...) Ursprünglich ging es bei der Zeichnung eines Diagrammes um das Wu-chi, das Grenzenlose, ein Begriff für die vom Adepten erstrebte Einheit mit dem Tao. Während das T'ai-chi den ursprünglichen Zustand, die natürliche Basis des Menschen und der Welt, bedeutet, symbolisiert das

Wu-chi den Endzustand nach erfolgter Selbstverwirklichung, eine Art unio mystica (...)."[113]

Je nach Leserichtung (von oben nach unten bzw. von unten nach oben) ist in Zhou Dunyis *Taijitu*

1. der kosmologische Entstehungsmythos unter Bezug auf die Terminologie des *Yijing* und

2. der in der daoistischen Inneren Alchemie angestrebte Prozess der kosmologischen Rückwendung und Rückkehr zur amorphen präeminenten (Un-)Ordnung[114] *Hundun* verbildlicht.[115] Insofern ist die Grafik sowohl entstehungsgeschichtlich als auch inhaltlich „eine Adaption aus dem Daoismus".[116]

Eine andere Darstellung der Elemente von Zhous Diagramm, *„Taiji Xiantian Zhi Tu"*, geht auf He Shang Gong und die Alchemisten Wei Boyang und Zhongli zurück.[117] Der eigentlich das *Taiji* bezeichnende Anteil des die Zusammenhänge von *Wuji* (Vorhimmlischem) und *Taiji* (Übergangsmoment, Beginn der Entstehung des Nachhimmlischen) darstellenden Diagramms ist in vierfacher Variation als Element im daoistischen Meditationsbild *Neijingtu* enthalten.[118] Die Zuordnungen von *Wuji* - Vorhimmlischem und *Taiji* - Entstehungsmoment des Nachhimmlischen sind insofern von Bedeutung, als durch ein Explizieren derselben die Abbildbarkeit des metaphysischen *Taiji*-Konzeptes auf die Körperpraxis, z.B. bei Sun Lutang erst verstehbar wird:

"The Wu Ji Posture is the root of the form. The Tai Ji Posture is the body of the form. (...) These two postures are the foundation of all others."[119]

„Die Wuji Position ist die Wurzel der Form. Die Taiji Position ist der Körper der Form. (...) Diese beiden Positionen sind die Grundlagen aller anderen."

Taijiquan

Wu Jianquan in der Wuji-Position

Auch wirft die Betrachtung unter diesem Aspekt ein klareres Licht auf Wen Tonghes berühmte Beschreibung des Taijiquan von Yang Luchan: „(...) wie der Taiji-Körper des ursprünglichen Chaos".[120] Die Übersetzung von *Taiji* mit „Höchster Pol" und die konfuzianische Einordnung[121] wird dem Begriff nicht gerecht und übersieht dessen in der spezifisch daoistischen kosmologischen und alchemistischen Konzeption verwurzelte Facetten (vgl. hierzu auch die Erörterungen zum *Taijitu* weiter unten). Das Konzept ist zwar tatsächlich nicht nur in daoistischen Zusammenhängen anzutreffen, spielt allerdings in den verschiedenen Spielarten daoistischer Kosmologie eine hervorragende Rolle. „Berühmtheiten der späteren daoistischen Religion (*Dao Jiao*) wie Zuo Xian Wenig und Ge Hong haben sich ‚Taiji Xianweng' (der Taiji-Unsterbliche) beziehungsweise ‚Taiji Zhenren' (der Taiji-Erhabene) genannt."[122] Es existiert ein daoistisches Manual (Tao Chiao Yüan Liu), das Passagen aus dem *Taijitu* als einschlägiges Wissen und notwendig für die daoistische Praxis zitiert.[123]

Catherine Despeux weist darauf hin, dass sich alle graphischen Darstellungen des *Taiji* seit der Song-Dynastie außer der von Zhou in daoistischen Texten über die Innere Alchemie finden,[124] so zum Beispiel auch die von alchemistischen Beschreibungen begleitete Variante im Werk Huang Zhongyans, die die alchemistische Umkehrung des Entstehungszyklus - im entsprechenden Diagramm der Weg von unten nach oben - beschreibt.[125] Im Daodejing sind zwar als Stationen der Weltentstehung statt 1, 2, 5, 10.000 die Stationen 1, 2, 3, 10.000 genannt, aber in beiden Darstellungsweisen liegt der Fokus auf dem kritischen Punkt der Entstehung erster Trennung und Bewegung (2; *Taiji*) aus dem differenzlosen absoluten Beginn - hier *Dao*, dort, eigentlich subtiler, *Wuji* genannt.

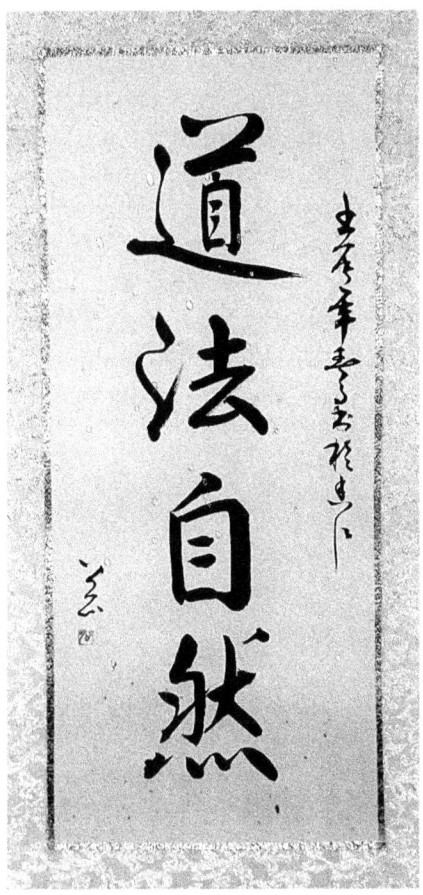

„*Dao Fa Ziran*" *(DDJ 25), Schlüsselstelle des Daodejing für das nicht auf eine Schöpfungsentität zurückführbare Entstehen des ursprünglichen Yin (Erde) und Yang (Himmel) analog der Genealogie von Taiji und Wuji.*
Archiv Markus Wagner

Das Verhältnis zwischen *Wuji* und *Taiji* gibt den Prozess der Entstehung des Nachhimmlischen aus dem Vorhimmlischen wieder und ist in den verschiedenen *Taiji*-Diagrammen (*Taijitu*) dargestellt. Teilweise können diese Diagramme wie bereits erwähnt auch von unten nach oben gelesen werden[126] und verweisen so auf den Weg zurück zum undifferenzierten Urchaos *Hundun*, also den Heilsweg des Daoismus, teilweise befindet sich neben dem abwärts zu lesenden Entstehungs- („progressive") noch ein zweites, dezidiert aufwärts zu lesendes spirituelles Rückkehr-(„regressive") Diagramm.[127] Die Entstehung des Nachhimmlischen aus dem Vorhimmlischen - des *Taiji* aus dem *Wuji*, aller Dinge aus dem Dao - entspricht den Schöpfungsmythen um das Urchaos *Hundun* und stellt im Gegensatz zu den üblichen mythologischen Narrativen eine quasi ritualisierte, archetypische bzw. auf numerische Chiffren reduzierte ontologische Logik dar.[128] Auch der Schöpfungsmythos des aus dem Ur-Ei geborenen Riesen *Pangu*, der in dem Maße wuchs, wie der Himmel sich von der Erde entfernte, und der als Erzeuger von *Yin* und *Yang* angesehen wird, enthält entsprechende Elemente wie die vertikale Achse als Vorläufer/Initiator der „Ur-Teilung" in die beiden Komplemente *Yin* und *Yang*.[129]

2. Die klassischen Taijiquan-Schriften

Pangu, der legendäre Riese, der Himmel und Erde trennte. In seinen Händen das Weltenei, das sich aus Yin und Yang zusammensetzt und aus dem er selbst entstanden ist.

Bemerkenswert ist, dass die den frühen *Taiji*- und *Wuji*-Diagrammen gemeinsame Form eines durch eine vertikale Linie geteilten Kreises, wie sie in stilisierter Form auch bei Sun Lutang als *Taiji* abgebildet ist, der üblichen Darstellung der alten kosmogonischen Weltkonzeption *Hun-Tien* (auch hier findet sich wieder das *Hun* des Urchaos *Hundun*) entspricht, die die Welt als Ei begriff, dessen Längsachse vertikal gerichtet ist, und die Anklänge an den *Pangu*-Mythos vom aus einem Ei geborenen Ur-Riesen zeigt.[130] Die vertikale Achse kann selbst wieder als Abbild der frühen schöpfungsmythischen vertikalen Achse oder Himmelssäule gesehen werden, an deren Spitze sich der Polarstern befand, und die ebenfalls als *Taiji* gedeutet werden kann.[131] Wiederum eine (frühere) Variante stellen die Mythen vom Weltenbaum, dem „Hohlen Maulbeerbaum" und dessen Gegenstück, dem „Hohlen Pawlowina-Baum" dar, die gleichzeitig auch Berge darstellen und als Pfeiler des Himmels emporragen.[132]

Bixi mit Stele bzw. Tragpfeiler des Universums auf dem Rücken. Dieser Pfeiler, ursprünglich als Bindeglied zwischen Himmel und Erde betrachtet, besitzt in späten Mythen eine trennende Funktion. Sowohl die vertikale Ausrichtung zwischen Himmel und Erde als auch die Funktion als Ursprung der Trennung in die beiden Grundbausteine des Kosmos hat das Motiv mit dem Taiji gemeinsam.

2. Die klassischen Taijiquan-Schriften

Ältere philosophisch-religiöse Konzepte finden sich in alternativen Bezeichnungen für verschiedene Varianten des *Taijitu* wieder: „*Taiji Bagua Tu*" (die Lehre der Trigramme aus dem *Yijing*), „*Tiandi Ziran Zhi Tu*" (das daoistische Konzept des passiven Zulassens des spontanen Prozesses der kosmischen Selbstemergenz) und „*Yin Yang Yu Taiji Tu*" (die Lehre der Yin-Yang-Schule).[133]

Judith Berlinger hat nachgewiesen, dass sich im *Taiji*-Diagramm Elemente finden, deren Vorhandensein nicht konfuzianisch erklärt werden kann, sondern nur im Rückgriff auf die aufwärts gerichtete Lesart der Inneren Alchemie: „The lines from Fire and Water to the unidentified circle (...) betray the Taoist origins of the chart; there is no necessary Neo-Confucian function of that small circle attached to fire and water. When fire and water (the two lights) are united, the three elixir fields (the small circle at the bottom; the central circle labeled ‚Earth', equivalent to the yellow chamber; and the central point at the top linked to the Center; they become functionally one."[134] Ergänzt wird dieser Befund durch die Beobachtungen, dass der Begriff *Wuji* erstmals im Laozi erscheint und dass apophatische Termini wie das *Wuji* schwerpunktmäßig im Daoismus eine systematisch tragende Rolle spielen.[135] Zusammen mit den ebenfalls zumeist apophatisch verwendeten Begriffen *Dao*, *Hundun* (Urchaos), *Hunlun* (brodeln), *Xuan* (das Dunkle, Geheimnisvolle)[136] und den zugehörigen Bildern, wie etwa dem - den Zustand des *Hun-Tun* symbolisierenden - Kürbis, steht *Wuji* in der daoistischen Kosmologie und Ontologie (diese sind hier nicht zu trennen und bilden lediglich den konkreten bzw. den abstrakten Pol eines narrativen Kontinuums) für die nicht darstellbare Phase vor Entstehung der wahrnehmbaren Formen und Phänomene und damit für die diese ermöglichende reine Potentialität.[137]

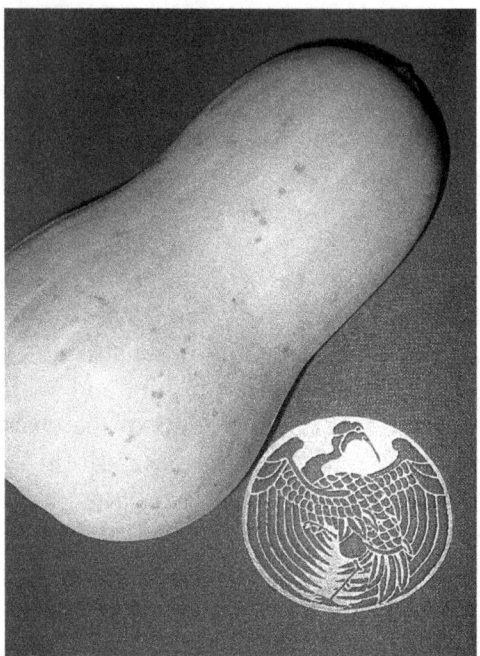

Kürbis, Symbol für den Kosmos, insbesondere im unentfalteten Urzustand des Chaos Hundun

Berlinger legt dar, dass Lin Chao-En in der Selbstpräsentation als Konfuzianer auftrat, obwohl daoistische Einflüsse wie bereits dargestellt eine wichtige, wenn nicht die entscheidende Rolle bei der Konzeption spielten. Der Gemeinplatz, Chinesen seien offiziell Konfuzianer und privat Daoisten, scheint auch hier größere Bedeutung zu haben, als die laxe Formulierung vermuten lässt. Für das Taijiquan kann die Bedeutung von Douglas Wiles Interpretation schwerlich überschätzt werden: „(...) we might say that t'ai-chi ch'uan for the Wus and Lis [die Familien der Autoren der Taiji-Klassiker] was an attempt to resolve tensions resulting from the Confucian / Daoist polarity. As degree holders, officials (...) the Wu brothers (...) were typical Confucians. However, Hsü Shih-ch'ang's biography of Ch'eng-ch'ing states that he was deeply interested in Taoist philosophy and occultism. This is borne out by Ch'eng-ch'ing's 'Postscript', featuring explicit parallels between the Lao tzu and t'ai-chi classics."[138]

Isabelle Robinet hat in ihrem wichtigen Aufsatz im ersten, historischen Teil die durchgehend engen Verflechtungen von Daoismus, *Fangshi* und Studium des *Yijing* nachgezeichnet,[139] ab dem 9. Jahrhundert dann zwischen Meditation, (äußerer) Alchemie und *Yijing*, die offensichtliche Bedeutung des *Yijing* für die Innere Alchemie, das gleichzeitige Selbstverständnis von Neidan-Praktizierenden als Vertreter der *Lao-Zhuang*- und der *Huang-Lao*-Traditionen und die Bedeutung von physiologischen Praxen. Im altertümlichen Daoismus wurde der Begriff *Taiji* vielfach und in verschiedenen Bedeutungen benutzt. In der Inneren Alchemie greifen beispielsweise die Bezeichnungen der Meditationsdiagramme „*Xiuzhen Taiji Hunyuan Tu*" und „*Xiuzhen Taiji Hunyuan Zhixuan Tu*" - die beide die Entstehung aus dem Urchaos und den Rückweg mittels Meditation thematisieren - auf das *Taiji*-Konzept zurück.[140]

Taiji wird weiterhin in der daoistischen metaphysischen Kosmologie als Bezeichnung eines Himmels verwendet. Taiji bezeichnet auch einen Palast im Gehirn und verweist wiederum in anderen Zusammenhängen auf einen Stern im großen Wagen[141], so dass das Auftreten der Begrifflichkeiten „Neun Paläste" und „Sieben Sterne" in der Kampfkunst „Taijiquan" aufgrund des gemeinsamen Hintergrundes von der Stringenz des Bedeutungsnetzwerks her absolut stimmig ist. Wong Yuen-Ming hat nachgewiesen, dass „das Taiji als Synonym für den großen Wagen [Sieben Sterne] und umgekehrt gebraucht wurde."[142] *Taiji* hat auch die Bedeutung „ursprüngliches Prinzip". Der Begriff wird in daoistischen Schriften im 7. und 8. Jahrhundert jedoch geläufiger und nimmt eine zunehmend metaphysische und kosmologische Bedeutung an, und zwar meist in Werken, die sich mit Meditation und dem Zirkulieren des Atems befassen.

Isabelle Robinet kategorisiert verschiedene Verwendungszusammenhänge des Begriffs *Taiji*:

- *Taiji* als Ursprung, die verschiedenen „Chaos"
- *Taiji* und *Wuji*
- *Taiji* als „komplexe Einheit"

- *Taiji* als Zentrum und Norden
- *Taiji*, Endpunkt und Wendepunkt
- *Taiji*, Kreislauf und Schleife
- *Taiji* in der Meditation
- *Taiji* als Ursprung, die verschiedenen „Chaos"
- *Taiji* wird beispielsweise nach dem „*Yi* [das *Yi* des *Yijing*]–Chaos" als späteres, zweites Stadium von Chaos vor der Trennung von *Qian* und *Kun* angesehen.

Taiji und Wuji

Unter dieser Überschrift referiert Robinet verschiedene Konzeptionen, die jeweils das Problem der Entstehung von Unterschiedenheit (*Taiji*) aus einem unterschiedslosen Anfang (*Wuji*, paradoxerweise eigentlich *vor* jeder Art von Anfang) zu lösen bzw. zu verbildlichen suchen,[143] gelegentlich unter Hinweis auf die Unsagbarkeit des Voranfänglichen (*Wuji*) und die Grenzhaftigkeit des eigentlichen Anfangs (*Taiji*). Nach Robinet entspricht das dem Versuch, den grundlegenden Monismus des Daoismus auch in der Entstehung von Bewegung und Unterscheidung zu bewahren, entsprechend etwa der Identität von Identität und Nichtidentität des deutschen Idealismus (die bekanntlich auch dieser nicht „definitiv" lösen konnte). *Taiji* ist in diesem Sinne genau die Grenze zwischen der unendlichen Vor-Welt (des *Wu*) und dieser Welt (des *You*)[144] sowie damit auch im alchemistischen Prozess der Umkehrung zwischen dieser nachhimmlischen und der transzendenten vorhimmlischen Welt.[145] Somit eignet sich *Taiji* hervorragend als Bezeichnung für eine Kampfkunst, die sich in spirituellem Sinne als daoistische Meditation versteht: Wie im Abschnitt über die alchemistische Umkehrung im *Neidan* beschrieben, wird der kosmologische Entstehungsprozess in alchemistischen Formen daoistischer Praxis bewusst umgekehrt, der Entstehungsprozess des *Taiji* aus *Wuji* wird umgewendet zur (Neu)schöpfung des *Wuji* über die Zwischenphase des *Taiji*.[146]

2. Die klassischen Taijiquan-Schriften

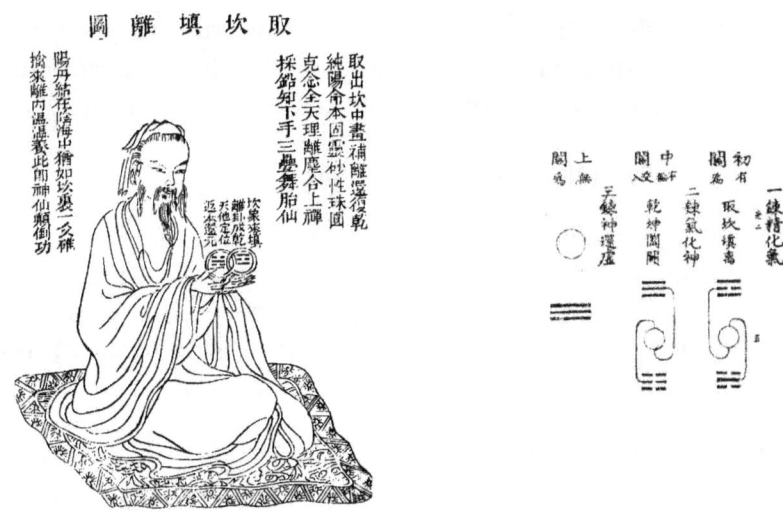

*Links: Meditativ-alchemistische Umkehrung von Kan und Li. Hsing Ming Kuen Chih.
Rechts: Umwandlung von Kan und Li zu Qian und Kun. Li Daochun: Zhonghe Ji.*

Die angesprochene und letztlich unauflösbare Dialektik eines ersten Beginns aus einem aktivitäts- und differenzlosen Zustand scheint bereits in der Formulierung *wuji er taiji* auf, die nach Kubny sowohl durch die Formulierung „aus dem Undifferenzierten entsteht das Differenzierte" als auch durch „undifferenziert und doch differenziert" übersetzt werden kann.[147]

- *Taiji* als „komplexe Einheit" - Auch die nächste Kategorie ist in ihrer Dialektik nicht leicht nachzuvollziehen. Ich paraphrasiere Robinet: *Taiji* ist das Eine als komplexe Einheit, eine Einheit, die nicht (nur) Eins ist, eine Vielheit, die nicht (nur) mehrteilig ist; es ist zugleich Einheit und Vielheit insoweit die beiden Ideen übereinstimmend sind. Das entspricht der Struktur der „komplexen Einheit" von *Yin* und *Yang*, die im Taijiquan symbolisiert und als Strategie genutzt wird.

- *Taiji* als Zentrum und Norden[148] - Hier gilt ebenso paradox: *Wuji* ist im Zentrum des „Zentrumslosen", *Taiji* ist im Zentrum des „absoluten Zentrums". Wiederum ist *Wuji* im paradoxen Bereich von Affirmation - Negation angesiedelt, *Taiji* im Bereich der absoluten Affirmation.

- *Taiji*, Endpunkt und Wendepunkt

- *Taiji*, Kreislauf und Schleife - *Taiji* wird oft als Kreis repräsentiert. Aus dieser Perspektive ist *Wuji* nicht repräsentierbar und nicht repräsentiert; es ist das unbegreifbare/unbegriffene Unendliche, während *Taiji* das Unendliche darstellt, insofern es begriffen ist und praktizierbar, erlebbar ist.

- *Taiji* in der Meditation

Zhu Dunyis Diagramm kann vollständig als Übersetzung alchemistischer und esoterischer Sprache in Begriffe von *Yin* und *Yang* interpretiert werden. *Taiji* wird teilweise auch als Punkt im menschlichen Körper verstanden, als Licht des Embryos, als der geheimnisvolle Pass, der nicht lokalisierbare Wendepunkt zwischen dem Ende der Welt und deren Beginn.

In einer Zusammenschau dieser Verwendungen von *Taiji* im Daoismus schlägt Robinet als stimmigste Übersetzung vor: „höchste Bezeichnung". *Taiji* als verbindende und trennende Spannung, als oberster Punkt, der sowohl Bewegung als auch Ruhe, Kontinuität als auch Diskontinuität bezeichnet, die Grenze in einem positiven, nicht begrenzenden, sondern schöpferischen Sinn, ein höheres Maß an Immanenz in der Transzendenz. Damit ist *Taiji* eine Öffnung, ein „Pass" oder „alchemistisches Loch".

Zusammenfassend kann gesagt werden: Das *Taiji* des Daoismus ist nach Robinet die nuancierteste Antwort auf das philosophische Problem der Relation zwischen dem Kontinuierlichen und dem Diskontinuierlichen, dem Unendlichen und dem Endlichen, zwischen dem Virtuellen und seiner Realisation, zwischen Null, Eins und Zwei.

Sowohl bei der Entstehung der Welt als auch bei der spiegelbildlich verlaufenden Erlangung der Unsterblichkeit des daoistischen Adepten nimmt dieser Grenzpunkt zwischen vorhimmlischer und nachhimmlischer Welt die zentrale Stelle ein. Dies ist zumindest ein ausgesprochen plausibler Grund, eine daoistisch assoziierte Kampfkunst *Taiji-Quan* zu nennen.

Das bereits in verschiedenen Auslegungen dargestellte Verhältnis von *Wuji* und *Taiji* bildet - um eine weitere Variante vorzustellen - auch in der esoterischen Taijixue-Schule des Daoismus (die sich heute von ihrem ursprünglichen Namen „Taijimen" aufgrund zu vieler Nachahmer distanziert) einen Angelpunkt der Weltdeutung: Es wird auf eine etymologische Herleitung von *Wuji* als „noch nicht gesehener Urwald" verwiesen. In der Konsequenz wird *Wuji* epistemologisch als das vorgegenständliche (noch) Nichterkannte gedeutet. Die *Sanji*, *Wuji*, *Taiji* und *Youji* stehen für das nichterkennbare Noch-nicht-Seiende (*Wuji*), den ebenfalls ungreifbaren Übergangsmoment (*Taiji*) und das phänomenal Seiende (*Youji*). Die bekannten unvermeidlichen Aporien bei der systematischen Verortung des Zustandes vor jeder Formentstehung werden hier durch folgende Symbolisierungen systematisch integriert: *Youji* in seinen verschiedenen Stufen der Entfaltung wird durch verschiedene Varianten des bekannten Yin/Yang-Fisch-Symbols mit 2, 3 oder 4 Polen (Kräften, Bildern) symbolisiert, *Taiji* durch einen leeren Kreis und *Wuji* überhaupt nicht. Dabei wird *Taiji* aus der Perspektive des *Youji* die 0, aus der Perspektive des *Wuji* aber die 1 zugeordnet.[149] Dies ist wohl die konsequenteste „isomorphe Darstellung" des dem genuin daoistischen Postulat einer unerkennbaren Urpotentialität (*Dao*, *Wuji*, *Hundun*) und seiner Entfaltung über den Uranfang zu den 10.0000 Dingen zugrunde liegenden paradoxen Musters.

Isabelle Robinet hat in ihrem Artikel „*Wuji*" in der Encyclopedia of Daoism eine systematisch wichtige Unterscheidung getroffen zwischen Interpretationen der berühmten Formulierung „*Wuji er Taiji*" einerseits als Aussage, *Wuji* und *Taiji* seien identisch und andererseits der Interpretation im Sinne der Aussage *Taiji* folge auf *Wuji*. Robinet ordnet die Identitätsaussage dem Konfuzianismus zu, die (kosmo-)genetische Dependenzbehauptung dem Daoismus. In der - vorwiegend - daoistischen Interpretation ist *Taiji* der Beginn der Welt, *Wuji* das unerkennbare *Dao* selbst. Für (Neo-)Konfuzianer entspricht *Taiji Dao*, während für Daoisten dem Taiji metaphysisch das konzeptionell wesentlich nicht fassbare *Wuji* vorausgeht, welches ersetzbar durch *Dao* ist. Im Daoismus spielt also eine Differenzierung zwischen *Taiji* und *Wuji* als epistemologisch radikal unterschiedliche Begriffe mit metaphysisch deutlich voneinander abgrenzbaren Funktionen eine entscheidende Rolle, die so im Konfuzianismus als der - in westlichen Begriffen ausgedrückt - „positivistischeren" Weltdeutung nicht relevant sind.[150]

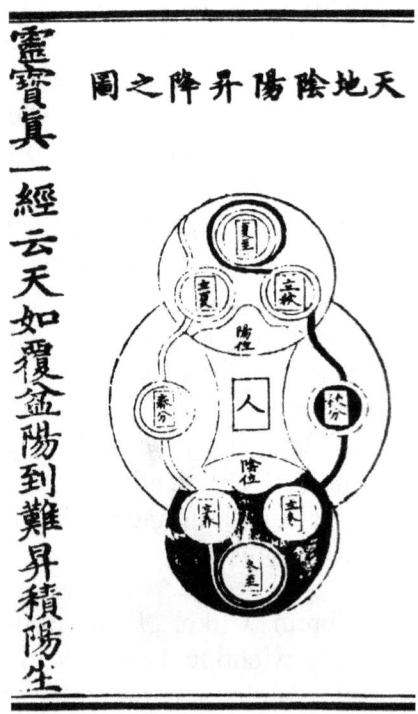

Diagramm von Wuji (hier in der Form des Urchaos Hundun) und Taiji im Mikrokosmos.

Wie im Folgenden noch ausführlicher dargestellt wird, bilden die Anfangsbewegungen jeder Taiji-Form für viele Stilvertreter die Entstehung der Welt aus *Wuji* und dann *Taiji* ab. Auf der höchsten Ebene des Qigong im Wu-Stil-Taijiquan des Wu-Jianquan-Tudi Cheng Wing Kwong aus Hongkong/Malaysia werden rein daoistisch zu interpretierende Übungen/Rituale ausgeführt, bei denen in verschiedenen Haltungen die Entstehung der Welt, des *Taiji* (erste Polarität der zwei Kräfte *Yin* und *Yang* nach bekannter daoistischer Interpretation), der vier Bilder und der acht Trigramme aus dem *Wuji* inszeniert und nachgeahmt werden und der Adept „spirituell mit diesen Kräften in Berührung kommt."[151] Solche Inszenierung der Kosmologie, wie sie auch im Übergang von der *Wuji*-Haltung zur (*Taiji*-)Anfangsbewegung stattfindet, bedeutet – insbesondere in Verbindung mit der Rückkehr zum *Wuji* als Abschluss der Form – gleichzeitig eine Vergegenwärtigung daoistischer Ontologie.[152] Solche Inszenierungen finden vor allem in daoistischen Ritualen statt, beispielsweise wenn mit Bezug auf die in Daodejing 42 thematisierte Weltentstehung im Ritual die Entzündung erst nur einer, dann zweier, dann dreier Lampen der Entzündung aller (anderen) Lampen vorhergeht.[153]

Neuerdings hat Wong Yuen-Nien herausgearbeitet, dass der Begriff *Taijiquan* zwischen 1644 und 1911 aufgrund des gleichlautenden Namens des Herrschers mit einem Tabu belegt war. Dies bedeutet, dass der Name in dem denkbaren Fall, dass die Namensgebung der Kampfkunst vor 1911 erfolgte, in dieser Zeitspanne offiziell nicht genannt werden durfte und somit auch nicht in offiziellen Dokumenten historisch nachgewiesen werden kann.[154] Bereits 1919, also nur 8 Jahre nach Beendigung der Dynastie und damit der Aufhebung des Tabus, verfasste Sun Lutang das erste publizierte Buch über *Taijiquan* unter diesem Namen. In dem einleitenden Kapitel mit dem Titel „The meaning of Taijiquan" definiert er kategorisch:

"Tai ji is the one qi. The one qi is Taij ji."[155]

„Taiji ist das eine Qi. Das eine Qi ist Taiji"

Wong hat außerdem detailliert aufgezeigt, in welcher Weise *Taiji*, auch *Taiyi* (große Veränderung)[156] das erste Stadium in einer Folge von Veränderungen darstellt, die die Welt erschufen.[157] Die den Stadien entsprechenden „fünf *Tai*" repräsentieren die aufeinanderfolgende Entstehung der fünf Wandlungsphasen, während Taiji den begründenden Zustand bezeichnet, in dem sich die Entstehung der Existenz durch die fundamentalen Prinzipien Yin und Yang manifestiert.[158] Dies trifft sich mit den obigen auf den Forschungen Robinets basierenden Erörterungen.

Festzuhalten bleibt:

Wuji ist - so der klare Konsens in der Forschungsliteratur - ein daoistisches Konzept.[159] Baryosher-Chemouny hat im Rahmen ihrer Ausführungen über die daoistischen Wurzeln des Taiji-Diagrammes darauf hingewiesen, dass in verschiedenen daoistischen Schulen weitere, strukturell dem Taijitu entsprechende Diagramme vorliegen, wie etwa das sehr ähnliche *Wuji Tu*.[160] Zhu Dunyis Darstellung der Beziehungen zwischen *Wuji* und *Taiji* ist ebenfalls daoistischen Ursprungs.[161] *Taiji* - zumindest „primär daoistisch"[162], nach der Han-Dynastie dann ein Standardterminus des Daoismus[163] - ist im „Emanationsgeschehen" auf der Grenze zwischen dem gänzlich Ungeformten („Vorhimmlischen", Chaos/*Hundun*, Dao) und dem erstmaligen Hervortreten der Urkräfte *Yin* und *Yang* als der ersten Manifestationen, aus denen die fünf Wandlungsenergien und damit die 10.000 Dinge entstehen, angesiedelt.[164]

In manchen dieser Emanationskonzeptionen ist *Taiji* (bzw. eine seiner Varianten *Taiyi* etc.) der Seite des noch Ungeformten zugeordnet, also vor jedem Beginn angesiedelt. Daher ist es in solchen Systemen auch folgerichtig, *Taiji* mit dem *Dao* selbst zu identifizieren.[165] In anderen Varianten solcher Emanationstheorien wird *Taiji* auf der Seite der bereits beginnenden Entstehung als erste Formung interpretiert[166] und damit dem undifferenzierten Entstehungsgrund kosmologisch nachgeordnet. Grundsätzlich markiert es jedoch den hier mühsam angedeuteten Grenzbereich und bildet die zentrale Schnittstelle im daoistischen kosmologischen (Entstehungs- und Rückkehr-)Modell. Bei Zhou Dunyi gibt es beispielsweise, der angesprochenen Dichotomie entsprechend, sowohl die - eine Identität von *Wuji* und *Taiji* behauptende - Aussage „Wuji er Taiji (The Non-Ultimate! And also the great Ultimate)"[167] als auch die (dem widersprechende?) Aussage „Taiji ben Wuji (The great Ultimate originated from the Non-Ultimate)", die grammatikalisch-logisch eine Sukzession und damit gerade Nichtidentität impliziert.[168]

Die beschriebenen Schwierigkeiten bei der Abgrenzung des (kosmologisch) noch Unentstandenen, „Vorgegenständlichen", einerseits von dem „Beginn des Beginns" andererseits finden sich analog in Unsicherheiten bei der Namensgebung der diese Konzepte abbildenden Eröffnungsbewegungen bzw. –positionen im Taijiquan:

Schon die Frage, ob es sich letztendlich um (noch unbewegte) Bewegungsformen oder um Positionen (im Begriff, in Bewegungen zu münden) handelt, ist der Logik der kosmologischen Erstanfänglichkeit entsprechend ungeklärt. Etwa finden sich in dem berühmten Werk Xu Zhiyis über Wu-Stil-Taijiquan (Auflage von 1958) im sechsten Kapitel bei der Besprechung der Namen der einzelnen Bewegungen/Positionen ausführliche Erörterungen über Variationen in der Bezeichnung des Anfangs der Wu-Stil-Taijiquan-Handform.

Der Beginn wird in einer Version *Yue Bei Shi* genannt, also Anfangsform, in einer anderen Version *Taijiqishi*. Die Namensgebung *Taijiqishi* wird wie bei Sun Lutang als Hervorgehen der ursprünglichen Bewegungsinitiierung aus der Ruhe heraus gedeutet, und zwar aus der Vollkommenheit der Ruhe, die einer Einstimmung (im Kommentar des Übersetzers in Russische aus dem Jahre 1958 wird das Bild des auf einen Kanal eingestellten Radios benutzt) in die Möglichkeit von spontaner Bewegung gleichkommt.

Die wieder anders lautende Bezeichnung für die erste Position bei Chen Zhenmin und Ma Juehliang benutzt Zeichen, die Assoziationen mit einem Geburtsvorgang enthalten, was ebenfalls der daoistisch-kosmologischen Bildlichkeit von *Wuji* und *Taiji* entspricht. Sie wird vom Autor explizit mit Verweisen auf eine Unmanifestiertheit, einen Zustand der Grenzenlosigkeit, Unendlichkeit vor Entstehung von *Yin* (Ruhe) und *Yang* (Bewegung) beschrieben: Die zwei Bestandteile des Ursprungs von *Yin* und *Yang* sind noch im Zustand ursprünglicher Nichtgetrenntheit. Wenn sie sich teilen, kommt dadurch und darin die phänomenale Welt in Bewegung und damit ins Sein. Erscheinungshaftigkeit entsteht auf der Basis des Mechanismus von *Taiji*. Sein Sinn ist die gegenseitige Wandlung von *Yin* und *Yang* durch Überschreiten einer gewissen Grenze. Der Anfang der ersten Bewegung in Taijiquan ist wie das Starten des Mechanismus von *Taiji*. Mit dem Anfang der Ausführung der Bewegung trennen sich *Yang* und *Yin*, Fülle und Leere, oben und unten, Beschleunigung und Verlangsamung, Offensive und Defensive. In der ersten Form aber sind *Yin* und *Yang* noch nicht getrennt. Das wäre eigentlich der Zustand der Ungetrenntheit *Wuji*. Die beiden sind noch nicht getrennt, aber sie sind bereit, sich zu trennen.

Der philosophisch äußerst kundige Übersetzer merkt an, dass es logischer sei, diese absolut voranfängliche Form *Wu Ji Shi*, also die Position des Unbegrenzten zu nennen, eine Variante der Namensgebung, die ebenfalls nicht selten ist. In den Bezeichnungsvarianten von *Yue Bei Shi* für die erste Bewegung wird dann wiederum die zweite Position (bzw. erste Bewegung!) *Tai Ji Qi Shi* genannt.

Bei all diesen differierenden Bezeichnungen für die Anfangsbewegung ist letztlich nie ganz klar definiert, welche *Phase* der Anfangsform jeweils genau bezeichnet wird. Hierin liegt wiederum eine deutliche Analogie zu den letztlich scheiternden Bemühungen, die kosmologische Vor-Entstehungssituation durch Hilfskonstruktionen wie die 5 *Tai* (*Taiyi* etc.) auf den (Null-)punkt zu bringen.

Sehr interessant sind in diesem Zusammenhang auch die Erörterungen über die geringfügig voneinander abweichenden Varianten der Bezeichnung *Shi*, bei denen der Akzent einmal mehr auf der Positionshaftigkeit bzw. Zuständlichkeit liegt, im andern Fall mehr auf dem Aspekt der zwischen zwei Zuständen/Positionen verlaufenden (also komplexen) Bewegung. Beide Varianten können im chinesischen Wushu ohne weiteres Verwendung finden und sind fraglos korrekt, trotzdem variieren sie wiederum unter dem oben thematisierten Aspekt: Handelt es sich bei der Entstehung der Bewegungsfolge aus der Stille um einen Zustand oder eine Aktion, beides oder keines von beiden? Wie in dem vom daoistisch-kosmologischen Entstehungsmythos aus *Wuji* bzw. *Hundun* aufgeworfenen Frage scheinen wir hier auf ein Tetralemma zurückgeworfen zu sein.[169]

Festzuhalten ist, dass *Taiji*, das in Zhou Dunyis *Taijitu* und anderen Darstellungen und Beschreibungen der Entstehung von Welt aus der Ausfaltung des *Wuji* in die Urkräfte *Yin* und *Yang* seinen dem *Wuji* komplementären logischen Ort hat, als Baustein daoistischer Welterschließung verwendet worden ist. Wie aus den zahlreichen Hinweisen auf die Zusammengehörigkeit von *Wuji*, *Taiji* und duopentaistischen Modellen („Taiji is simply the principle of two qi and Five Phases"[170]) in der Theorie des Taijiquan ersichtlich wird, ist also auch das *Taiji*, das der Kampfkunst Taijquan seinen Namen und seine theoretische Fundierung gegeben hat, als ein solcher Baustein daoistischer Kosmogonie zu interpretieren.

„The Taiji is the limit and the junction between the two worlds, the noumenal world, that ‚antedates heaven' and the phenomenal world that is ‚after heaven and Earth.'"[171]

Die hier angeführten Interpretationen des Konzepts *Taiji* (und *Wuji*), das der Kampfkunst Taijiquan ihren Namen gibt, decken sich in ihrer Referenz auf die daoistisch akzentuierte Kosmologie weitgehend auch mit Erörterungen, die sich im schon genannten Sammelband der Singapur-Schule des Wu-Stylisten Cheng Wing Kwong finden. Darum seien diese hier noch einmal in einer gewissen Ausführlichkeit wiedergegeben:

„Kapitel 1 Die Herkunft des Namens Taiji

Das Substantiv Taiji stammt aus dem Kapitel des Yìjīng. Zitat: "*Die Wandlungen enthalten Taiji, wodurch die beiden Seiten eines Hü-*

gels, bekannt als Yīn und Yáng entstehen. Daraus entstehen Sìxiàng und aus Sìxiàng entstehen Bāguà " Nach den Erläuterungen des Yìjīng Forschers Zhèngxuán aus der Han-Dynastie soll Taiji *"den Weg in den Gipfeln darstellen und gleichzeitig das reine und nicht ausgespaltete Qì bilden".*

Der Forscher Zhōu Dūnyí aus der Song-Dynastie schrieb in seinem Werk "Die Erläuterung zum Taiji-Schaubild":

"Das Wuji erzeugt das Taiji. Setzt sich Taiji in Bewegung, entsteht dadurch Yang; Wandelt sich die Bewegung ins Extrem, hält diese Beweglichkeit von allein an, dadurch entsteht Yin. Bleibt der Stillstand gewiss unverändert, setzt er sich erneut in Bewegung. Die Beweglichkeit und der Stillstand verzweigen sich zueinander und sind ineinander verwurzelt. Durch den Wandel und das Aufeinandertreffen von Yang und Yin entstehen Wasser, Feuer, Holz, Gold und Erde. Nur wenn sich das Qì von den fünf Elementen gut verstreut, können die vier Jahreszeiten normal verlaufen. Die fünf Elemente beruhen auf Yin und Yang. Yin und Yang beruhen auf Taiji. Taiji beruht auf Wuji. [...] Deshalb sagt man: Der Weg, um den Himmel zu öffnen, liegt in Yin und Yang. Der Weg, um die Erde zu schöpfen, liegt in Geschmeidigkeit und Zähigkeit. Der Weg, um die Menschen heranzuziehen, liegt in Gnade und Gerechtigkeit [...]"

Daraus lässt sich leicht schließen, dass es sich bei Taiji um nichts anders handelt, als um Wuji. Ausführlicher lässt sich sagen, Taiji entwickelt sich durch den Wandel von Yin und Yang, die Verschmelzung von Zähigkeit und Geschmeidigkeit und das Ineinanderübergehen aus den Acht Trigrammen zum Qì heraus, das den fünf Elementen Gold, Holz, Wasser, Feuer und Erde zugrunde liegt und den Weg von Himmel, Erde und Menschen bereitet.

Zhōu Dūnyís Taiji-Schaubild hieß ursprünglich Wuji-Schaubild und wurde inspiriert durch den Daoisten Hé Shànggōng aus der Han-Dynastie. Als Wèi Bóyáng in der Osthan-Dynastie dieses Schaubild erhielt, verfasste er das Schriftwerk Cāntóngqì. Dank seiner im Buch niedergeschriebenen Erklärungen wurde das Werk zum Klassiker des

Daoismus. Zur späteren Zeit erhielt Zhōnglí Quán dieses Manuskript und überlieferte es weiter an Lǚ Dòngbīn in der Tang-Dynastie, der es weiterhin an den Daoisten Chénbó in den Fünf-Dynastien überlieferte. Chénbó gab das Manuskript Zhòng Fàng weiter, der es Mùxīu weitergab, bis es letzten Endes bei Zhōu Dūnyí landete.

Chénbó wohnte in Huàshān [einem der fünf heiligen Gebirge Chinas] und schnitzte das Taiji-Schaubild in Felssteine. Der unterste Kreis im Schaubild heißt Tor des Xuánpìn [Xuánpìn = die Nachhaltigkeit des Weges zum Fortpflanzen von allem in der Welt]. Der Kreis darüber heißt *"Häuft man seine Essenz [auch interpretierbar als Sperma]) zusammen, wandelt sie sich in Qì. Häuft man sein Qì zusammen, wandelt es sich in Shén [Geistigkeit]"*. Im mittleren großen Kreis stehen links Holz und Feuer, rechts Gold und Wasser. Im kleinen Kreis ist Erde . Der schwarz-weiße Kreis, der mit dem unteren verknüpft ist, heißt *"die Fokussierung der Fünf-Qì"*. Die beiden Streifen, die deren Spektrum jeweils von der Hintergrundfarbe abhebt, heißen *"Herausziehen und Füllen des Kǎn und Lí"*. Der oberste Kreis heißt *"Das Verfeinern der Geistigkeit und die Rückkehr zu Wuji"*.

Deshalb können wir aus der oben genannten Etymologie des Taiji Folgendes schlussfolgern:

(1) Jede Bewegung bei Taiji-Techniken soll rund sein, was auch die eingeschachtelten Kreise im Taiji-Schaubild widerspiegeln. In den runden Bewegungen verstecken sich viele Wandlungen. Betroffen sind davon die Wandlung zwischen Illusion und Real, Beweglichkeit und Stillstand, Zähigkeit und Geschmeidigkeit und vor- und rückwärts.

(2) Beim Taiji-Üben soll man in Beweglichkeit den Stillstand anstreben, in Stille die Beweglichkeit. Die Ausgabe erfolgt nicht durch die Kraft, sondern durch das Bewusstsein, als ob man mit den Kreisbewegungen vom Nichts zum feinsten Qì reicht. Wenn sich die Bewegungen andauernd erweitern und wiederholen, versteht man das Prinzip, dass das Taiji dem Wuji entspringe.

(3) Um die gesamten Taiji-Bewegungen zu erlernen, sollen Anfänger phasenmäßig einsteigen. Den Anfängern werden die einfachsten Bewegungen gezeigt, um deren Stilistik zu fixieren. Nachdem man sich eingeübt hat, soll man die vollständigen Techniken durchführen. Das heißt, man übt von einer Bewegung bis zur anderen durch ohne Unterbrechung oder Zögern. Wie die vollständigen Kreise im Taiji-Schaubild, die übereinander gemalt sind, sodass man keinen Ansatz und Absatz am Kreis findet.".[172]

Fuxi und Nüwa, das schöpferische Geschwisterpaar. Hier wie im modernen Taiji-Diagramm ist die enge Verflechtung des männlichen und weiblichen Prinzips als Elemente der Schöpfungsinstanz verbildlicht. Dass Nüwa oft einen Kompass in der Hand hält, das Gerät zur Vermessung des Himmels und Fuxi ein Winkelmaß zur Vermessung der Erde kann als Yin im Yang und Yang im Yin interpretiert werden. Es existieren auch Darstellungen mit Sonnenvogel respektive Mondkröte und Jadehase.

2.3.2. Die *Yin-Yang* Lehre und das *Taiji*

"In desiring to avoid this fault [double-weightedness] one must know yin
and yang.
To stick is to yield, to yield is to stick;
Yin does not separate from yang; yang does not separate from yin:
Yin and yang complement each other."[173]

„Diesen Fehler [Doppelgewichtigkeit] vermeiden wollend, muss man
Yin und Yang kennen.
Kleben ist Nachgeben, Nachgeben ist Kleben;
Yin trennt sich nicht von Yang; Yang trennt sich nicht von Yin:
Yin und Yang ergänzen einander."

Die Theorie von *Yin* und *Yang* ist so alt und verbreitet, dass es schwer fällt, sich China ohne sie vorzustellen. Nichtsdestotrotz fungiert der Daoismus als Hauptdomäne dieses Denkens, innerhalb des Daoismus wiederum die Innere Alchemie.[174] Barbara Davis schreibt: „In taijiquan, this constant interchange of yin and yang is the essence of practice, incorporated in such techniques as weight distribution, left-right coordination, and various applications found in push hands."[175] Adam Frank ergänzt die Bezeichnung der Handhaltungen ("Yin-Palm"/"Yang-Palm") und die Beschreibungen des Resistenzgrades („too Yin"/collapsed bzw. „too Yang"/ stiff).[176]

Yin und *Yang* fungieren im *Neidan* sowohl als Grundoppositionen jeglicher Ordnungsmuster bezüglich des Kosmos als auch als Konstituenten der acht *Gua*/Trigramme, die die Hauptzutaten (bzw. Werkzeuge) des alchemistischen Prozesses darstellen. Taijiquan als Kampfkunst wird traditionell auch als „*Yin-Yang*-Boxen" bezeichnet.

Die in der metaphysisch-kosmologischen Geschichte des Begriffes *Taiji* beschriebenen Strukturen finden sich entsprechend auch bei der praktischen Anwendung der *Yin-Yang*-Theorie in der Physiologie und Psychologie der Kampfkunst wieder. Die im berühmten Diagramm dargestellte Entstehung des ersten Anfangs *Taiji* aus *Wuji* ist wie oben ausgeführt auch in die klassischen Texte des Taijiquan eingegangen und von modernen Klassikern wie Sun Lutang, Wu Kung Cho und Zheng Manqing auf die Entstehung der Bewegung in der Formpraxis des Taijiquan bezogen worden:

Sun Lutang:

„*Wuji* ist der Moment vor Beginn der Formausübung. Der Geist ist ohne Gedanken. Die Emotionen sind ohne Absicht. Die Augen fixieren nichts. Hände und Füße sind ruhig. (...) *Yin* und *Yang* spalten sich nicht voneinander ab. Das Klare und das Trübe sind nicht getrennt. (...)."[177]

Wu Kung Cho:

"In Wang, Zong-Yue's Taijiquan Classic, he said: "What is Taiji? It is generated from Wuji, and is a pivotal function of movement and stillness. (...)" From this, you can see that Taiji is not Wuji (...) nor is it Yin and Yang, but is between the Wuji and the Yin-Yang division. That means Taiji is actually the force or the motivation which makes the Wuji derive into Yin-Yang and vice versa. For example, when you practice Taijiquan, the initial, still and stationary posture is the Wuji state. Once you start to move, Yin and Yang are derived from Wuji and discriminated. (...) naturally, you can perceive that it is the mind which makes you move. (...) That means the Taiji is our mind. When the mind is manifested into action, the decision of movement or calmness is from inside (...) therefore, human thinking and its creation of Yin and Yang Manifestations is the gateway of the Dao. From this you can see that the deeper and more profound levels that your mind can reach, the more refined, elegant and effective actions can be manifested."[178]

„In Wang Zong yue's Taijiquan Klassiker heißt es: "Was ist *Taiji*? Es ist entstanden aus *Wuji* und ist eine zentrale Funktion/Achse von Bewegung und Stille. (...) Daraus kann man sehen, dass *Taiji* nicht *Wuji* ist (...), noch ist es *Yin* und *Yang*, sondern ist zwischen *Wuji* und der *Yin-Yang*-Trennung/Unterscheidung. Das bedeutet, *Taiji* ist die Kraft oder Motivation, die *Wuji* veranlasst, in *Yin/Yang* überzugehen und umgekehrt. Zum Beispiel, wenn Du Taijiquan übst, ist die anfängliche, stille und stationäre Position der *Wuji*-Zustand. [Dies entspricht der Praxis und dem üblichen Sprachgebrauch und Namensgebung] Sobald Du beginnst, Dich zu bewegen, kommen *Yin* und *Yang* von *Wuji* her und trennen sich. (...) natürlich kannst du wahrnehmen, dass es der Geist ist, der Deine Bewegung hervorbringt. (...) Das bedeutet *Taiji* ist Dein Geist. Wenn der Geist in Aktion manifestiert ist, kommt die Entscheidung für Bewegung oder Stille von innen. (...) darum ist menschliches Denken und seine Erzeugung der *Yin* und *Yang* Manifestationen das Tor zum *Dao*. Darin kannst Du erkennen: Je tiefer die Ebenen sind, die Dein Geist erreichen kann, um so verfeinertere, elegantere und effektivere Aktionen können manifestiert werden."

Zheng Manqing:

"Das [der Anfang der Form] ist das Bild des T'ai Chi (des höchsten Letzten), bevor es sich in Yin und Yang aufteilt."[179]

Ebenso wie oben der Beginn der Ausübung der Taijiquan-Handform (bzw. aller Formen) als Manifestation der Entstehung des *Taiji* aus *Wuji* beschrieben wird, des Etwas aus Nichts, als Reinszenierung der Entstehung des Universums, stellen Yang Chengfu bzw. Zheng Manching den Abschluss der Übung als Rückkehr aus dem *Taiji* ins *Wuji* dar:

"This posture [called Ending or Uniting of *Taiji*] is the end of the whole set. The practicioner must not neglect it. The Ending of *Taiji* means the *liangyi* (the two primal forces of Yin and Yang), *sixiang* (the Four Emblems), *bagua* (the Eight Trigrams), and the sixty-four hexagrams, all return to *taiji*. Concentrate *the xin, yi* and *qi*. All return to the *dantian*. Gather the Spirit and quiet the thinking."[180]

„Diese Position [genannt „Beenden oder Vereinigen von *Taiji*"] ist das Ende des ganzen Bewegungssets. Der Übende darf sie nicht vernachlässigen. Das Ende von *Taiji* bedeutet die *Liangyi* (die beiden ersten Kräfte von *Yin* und *Yang*), *Siciang* (vier Embleme), *Bagua* (acht Trigramme), und die 64 Hexagramme kehren alle zu *Taiji* zurück. Konzentriere *Xin, Yi* und *Qi*. Alle kehren zum Dantian zurück. Sammle den Geist und beruhige/stille das Denken."

Joseph Adler hat in verschiedenen Aufsätzen Zhou Dunyis Konzept des *Taiji* (vor allem im *Taijitu*) aufgearbeitet und sich aus einsichtigen Gründen für eine Übersetzung von „*Taiji*" als „Supreme Polarity" ausgesprochen. „'Supreme Polarity' (...) convey[s] the crucial idea that yin-yang polarity is the most fundamental ordering principle (...) and is first manifested as the polarity of activity and stillness."[181] Damit ist *Taiji* auf die höchste oder ursprünglichste Polarität, also die von *Yin* und *Yang* zurückgeführt; Taijiquan als „*Yin-Yang*-Boxen" lässt sich hier nahtlos einordnen.

Vor dem Hintergrund der Bedeutung, die das im *Taijitu* verbildlichte, vom Ursprung her daoistische *Taiji*-Konzept im Neokonfuzianismus zur Lebenszeit Zhou Dunyis (1017 - 1073) und Zhu Xis (1130 - 1200) hatte und in Anbetracht der verbreiteten Vermutungen über Zhang Sanfengs Lebenszeit (meist etwa ins 12. Jh. datiert) könnte über historische Zusammenhänge zwischen dem thematisch Werden von *Taiji* bei Zhou/Zhu und im Umfeld der Mythen über Zhang spekuliert werden, und ich halte weitere Untersuchungen dahingehend für sinnvoll. Auffällig ist beispielsweise sowohl in den *Taiji*-Klassikern und der *Taiji*-Praxis einerseits als auch bei Zhu Xi andererseits das bedeutsame Konzept der Interpenetration von Ruhe und Aktivität. Dieses stellt Adler zufolge den entscheidenden Beleg dafür dar, dass für Zhus theoretische Untermauerung seiner eigenen Meditationserfahrungen Zhous *Taiji*-Diagramm unentbehrlich war.[182] Im Taijiquan wird regelmäßig auf „Ruhe in Bewegung, Bewegung in Ruhe" hingewiesen, bei Zhu kann harmonische/moralische Aktivität in Stille sowie Stille in ebensolcher Aktivität gefunden werden.[183] Im Tongshu (16) wird die Interpenetration mit Hinweisen auf Elemente des alchemistischen Umkehrprozesses thematisiert:

> „Activity as the absence of stillness and stillness as the absence of activity characterize things. Activity that is not [empirically] active and stillness that is not [empirically] still characterize spirit (shen). Being active and yet not active, still and yet not still does not mean that spirit is neither active nor still. [Zhus comment: *There is stillness within activity, and activity within stillness*] (...) The yin of water is based in *yang*; the *yang* of fire is based in *yin*."[184]

„Aktivität als die Abwesenheit von Stille und Stille als die Abwesenheit von Aktivität charakterisieren die Dinge. Aktivität, die nicht [empirisch] aktiv ist und Stille, die nicht [empirisch] still ist, charakterisieren den Geist (shen). Aktiv und doch nicht aktiv sein, still und doch nicht still sein bedeutet nicht, dass der Geist weder aktiv noch still ist. [Zhus Kommentar: *Es ist Stille innerhalb der Aktivität, und Aktivität innerhalb der Stille*] (...) Das *Yin* des Wassers gründet im *Yang*; das *Yang* des Feuers gründet im *Yin*."

Der von Zhu angestrebte "state of fluid responsiveness"[185] ist im Pushing Hands unverzichtbar. Wenn Adler formuliert „when stimulated it [the mind] responds immediately",[186] so sind weiterhin formelle Anklänge an die Klassiker des Push Hands („If my Opponent is swift, then my response is swift") zu konstatieren. Die Analogien ließen sich natürlich auch als mögliche konfuzianische Einflüsse auf Taijiquan interpretieren. Aber wie wir gesehen haben, ist gerade an für unsere Fragestellung entscheidenden Stellen die daoistische Einfärbung des Neokonfuzianismus möglicherweise bestimmender für letztgenannten als der Einfluss des klassischen Konfuzianismus.

Motiv auf Informationsmaterial des Yuen Yuen Tempelkomplexes Hongkong.
Archiv Markus Wagner

2.3.3. Gradualismus

„From the stage of familiarity with the techniques comes the stage of a *gradual* understanding of the inner strength, and from the stage of understanding the inner strength comes the state of *spiritual illumination.*"[187]

"Nach dem Stadium/Zustand der Vertrautheit mit den Techniken kommt das Stadium/der Zustand eines *allmählichen/graduellen* Verstehens innerer Kraft, und nach dem Stadium des Verstehens innerer Kraft kommt das Stadium/der Zustand *geistiger Erleuchtung.*"

"Our founding teacher was not willing to recklessly pass it [this treatise] on, not only because selecting people [was difficult], but he also feared that his effort would be wasted."[188]

„Unser Lehrer und Urahn/Gründer wollte diese Abhandlung nicht leichtfertig weitergeben - nicht nur, weil es schwierig war, [geeignete] Menschen auszuwählen, sondern auch, weil er befürchtete, dass sein Bemühen vergebens sein würde."

"If one furthers one's study by silent meditation and through analysis, a level will be attained where one can execute all the movements by using only the will."[189]

„Wenn man sein Studium durch stille Meditation und Analyse erweitert, erreicht man eine Fähigkeitsebene, auf der man alle Bewegungen allein durch seinen Willen ausführen kann."

"Silently treasure up knowledge and ponder [then one can] *gradually* arrive at what is the *heart's desire*."[190]

„Sammle still Wissen an und sinne nach, dann kann man *allmählich* das erreichen, was *des Herzens Sehnsucht* ist."

Liao's Kommentar[191] zum ersten Textabschnitt vergleicht den Lernprozess mit dem Prozess, Wasser zum Kochen zu bringen:
"As in the analogy of heating water to a boiling point, one's development requires constant, *uninterrupted „heat"*."[192]

„Ebenso wie in der Analogie des Erhitzens von Wasser bis zum Siedepunkt, so braucht die Entwicklung [des Studenten] beständige, *ununterbrochene Hitze*."

Sowohl im ersten als auch im dritten Bruchstück der gerade behandelten Textabschnitte findet sich eine Betonung der sukzessiven Erlangung des Zieles - eine Position, die auch die Meister der Inneren Alchemie im Streit um instantane versus sukzessive Erleuchtung einnahmen. Der Daoismus und insbesondere die Innere Alchimie sind, anders als man es für eine zur Mystik tendierende Religiosität anzunehmen geneigt ist, in der Frage, ob die Erlangung der Vollkommenheit plötzlich oder allmählich geschehe, der Ansicht, nach einer eventuellen plötzlichen Einsicht beginne erst der Kultivierungsweg, der den Adepten über langwierige Verfeinerungsprozesse dem Ziel der Vervollkommnung allmählich näher bringt.[193] Explizit gradualistische Aussagen finden sich zum Beispiel in den daoistischen Meditationsanweisungen des *Nei Yeh* oder im *Tianyini*, wo es im Abschnitt „Gradual Process toward the Gate of the Tao" heißt: „In the Book of Changes, there is a Hexagram called ‚Progressive Advance'. (…) Human beings should cultivate inner perfection and realize their original nature. They should not expect sudden enlightenment".[194] Die gleiche Position des Gradualismus vertreten, wie wir oben gesehen haben, auch die Taiji-Klassiker.[195] Die Frage nach der Erlangung des spirituellen Zieles spielt bei der Mehrzahl der heutigen Praktizierenden systematisch keine, höchstens individuell noch eine Rolle.

Daoistisches Ritualgewand

2.3.4. Persönliche Übertragungslinie

Sowohl in Liaos Kommentar als auch im zweiten Text finden sich Hinweise auf das Konzept der „Lineage", der persönlichen Übertragungslinie, die Dan Docherty als Indiz für eine religiöse Initiation ins Feld führt. Die Praxis kann nur vollständig unter der Supervision eines qualifizierten „Meisters" stattfinden. Die Praxis der Inneren Alchemie wird üblicherweise nur unter strenger Supervision eines Lehrers unternommen, der wörtliche Anweisungen (*koujue*) gibt.[196] Auch bei den *Taiji*-Klassikern sowie in der gelebten Taijiquan-Praxis sind die Einübung und Ausführung fortgeschrittener Übungs- und Meditationsmethoden ohne persönliche Lehrer-Schüler-Beziehung nicht zu denken.[197] Isabelle Robinet hat für die *Fangshi*, die Himmelsmeister, den Shanqing-Daoismus und die Innere Alchemie ausführlich beschrieben, inwieweit und in welchen Ausprägungsformen jeweils die Beziehung zum Meister bei der Ausbildung der Daoisten unverzichtbar ist: „Partout, à toute epoque, dans toutes les écoles, le taoisme insiste sur la nécessité d'un maître."[198]

Dem Ausbildungsverhältnis liegt damit im Taijiquan wie im Daoismus die gleiche traditionelle enge und dauerhafte Lehrer(Meister)-Schüler-Beziehung zugrunde. Dieses Konzept der engen Lehrer-Schüler-Beziehung hat für die meisten Praktizierenden heute, sowohl in China als auch in Europa, allerdings nur noch geringe Bedeutung. Lediglich bei einigen wenigen traditionell ausgebildeten Kampfkünstlern sowie auf professionellem (Lehrer- oder Ausbilder-)Niveau spielt der Nachweis, dass man persönlicher Schüler eines Linienhalters (und somit zukünftig potentiell Linienhalter) ist, eine Rolle, wobei diese modernen Lehrer-Schüler-Verhältnisse oft nicht mehr viel mit einer Aufnahme in die Familie mit gemeinsamem Wohnen und täglichem (und gelegentlich nächtlichem) Training gemein haben. Selbst ein Lehrer wie Dan Docherty, der darauf besteht, die rituelle (und für den Schüler mit hohen Kosten verbundene) Schülerannahmezeremonie *Baishi* durchzuführen, bevor er sein - gezielt mystifiziertes - *Neigong* („inner strength" statt eigentlich „inner work") preisgibt, dürfte mittlerweile sicher mindestens einige Hundert „inner door students" haben - eine Anzahl von „Schülersöhnen", die nur schwerlich im privaten Zuhause des Meisters eine neue Heimat finden dürften. Die Auflösung des klassischen Verhältnisses zeigt sich beispielsweise auch daran, dass die Zahl der Schüler, die das Statussymbol „*Baishi/Neigong*" erworben haben, etwa bei Docherty wahrscheinlich höher ist als die derjenigen, die die Ausdauer und den Fleiß aufbrachten, die komplizierte Schwertform zu erlernen, deren Beherrschung traditionell lediglich eine von mehreren Präliminarien für die Erwägung einer *Baishi*-Zeremonie bildete.

Traditionell werden im Taijiquan wie im Daoismus fortgeschrittene Energieübungen teilweise geheim, zumindest aber persönlich vom Lehrer an den Schüler weitergegeben: „(…) mastering the arts of body cultivation was part of being initiated into an esoteric tradition."[199] Aber die Körperkultivierung war im Daoismus nie Selbstzweck, sondern in ein Gefüge von sozialen und Meditationspraktiken und konzeptuellen Systemen eingebettet. Man sollte also auch nicht dem oftmals in Wudang-Kreisen geschürten Irrglauben verfallen, das Erlernen von *Taiji*-Formen und Pushing-Hands-Übungssequenzen sei an sich schon eine vollständige daoistische Praxis.

2.3.5. Nachgeben (*Jang*)

"The T'ai Chi Principle is as simple as this; *yield* yourself and follow the external forces"[200]

"The foundation is in *giving up the self* to follow others"[201]

"Das Taiji-Prinzip ist äußerst einfach; *gib nach* und folge den äußeren Kräften."

"Die Grundlage besteht darin, *das Selbst aufzugeben* und anderen zu folgen."

Das Aufgeben eigener Bestrebungen, ganz konkret als Technik im „Pushing Hands", stellt tatsächlich eine Voraussetzung für erfolgreiches Erlernen des Taijiquan als Kampfkunst dar. Fabrizio Pregadio bezeichnet unter der Überschrift "The way of "non-doing" and the purpot of alchemy" Alchemie gemäß dem *Cantong Qi* als graduellen Prozess, dessen Ziel der Verzicht auf utilitaristisch motiviertes Handeln ist: "Its purpose is to prepare one to enter the state of "non-doing" and is fulfilled only when this happens."[202]

Oft führt dies in der gegenwärtigen Taijiquan-Praxis zu einer vollkommen destabilisierten Haltung, bei der nicht einmal mehr die Intention (*Yi*) erkennbar ist, bei einem möglichen Angriff zu bestehen. Angriffe werden nicht wirklich durchgeführt, daher lernt der Übende auch nicht, wie er sie neutralisieren könnte. In bestimmten Kreisen wird allerdings derzeit auch wieder zunehmend Wert auf das Pushing Hands (die explizite Anwendung der Taiji-Prinzipien) gelegt, insbesondere in der - auch kämpferisch in Wettkämpfen sehr erfolgreichen - Tradition des Zheng Manching, die bezeichnender Weise schon seit

2. Die klassischen Taijiquan-Schriften

den fünfziger Jahren in Taiwan und Singapur weitergegeben wird. Zheng ist berühmt dafür, dass er anfangs wenig erfolgreich war und angeblich erst nach vielen Niederlagen die ihn später kennzeichnenden hohen Fähigkeiten erlangte. Eines seiner wichtigsten Motti war „in die Niederlage zu investieren". Das entspricht genau dem Konzept des Nachgebens (*Jang*), das, wie Joseph Needham zusammenfasst, im Daoismus in allen erdenklichen Variationen wiederholt wird.[203] In den Taiji-Klassikern ist das Konzept vielfach theoretisch dargelegt.[204]

"Many make the error of giving up the near to seek the far, or what is called: 'being off by a hair's breadth is to miss by a thousand miles.'"[205]

„Viele machen den Fehler, dass sie das Nahe außer Acht lassen und das Ferne suchen, das ist so, als wenn man einen Fehler vom Bruchteil eines Li macht und dadurch das Ziel um mehr als tausend Li verfehlt."[206]

Hier findet sich eine unübersehbare Parallele zu den Zen-Versen des *Xin Xin Ming* des Seng Tsan:

"The least discrepancy: Heaven Earth set apart."

"Nur ein Haar breit davon ab: Und Himmel und Erde fallen auseinander."[207]

*Meditation über die 7 Sterne des Scheffels
Wudou tanyi tujue*

2.3.6. Spirituelle Erleuchtung (*Shenming*)

Der in der Zheng Manching Tradition stehende Stuart Alve Olson gibt in seinem Band „The Intrinsic Energies of T'ai Chi Ch'uan" Erläuterungen zu den Begriffen *Shen* und *Shenming*:

„Shen (Spirit and Mind Intent): this is an enormously extensive subject, as it entails the whole concept of the imagination, the *shen ming* (see note 5 of *Interpreting Energy*) and the more mystical aspects of Taoism. The classic contains numerous verses concerning the *shen*, which can be defined as spirit, mind-intent (...). From the t'ai chi ch'uan perspective, no opponent would dare attack someone who had attained *shen ming*. After looking into their eyes they will become confused, distracted and fearful. Even in old age someone with *shen ming* can physically see very far (...)."[208]

In einer Charakterisierung der *Wu* (Schamanen) durch den Konfuzianer Lu Chia vergleicht Lu deren Handeln mit „den Geistern (shenming)".[209] In der aufgeführten Anmerkung Olsons heißt es weiter:

„5. *Shen ming* in common Chinese usage means ‚the Gods', but not in the Christian sense of the word, more like that of the Gods in Greek mythology. However, in Taoism, the term *shen ming* refers to a state of mind which is god-like, which is to be spiritually illumined, such as in the case of immortals. But certain levels of immortality are considered spiritually higher than that of even gods. In t'ai chi ch'uan the term in one sense carries exactly the same meaning as in Taoism (...)".[210]

Hier werden die in obigen Anmerkungen zu den Übersetzungen durch Davis und Saso gegebenen Befunde bestätigt: Der in dem Taijiquan-Klassiker als Telos der Übungspraxis eingeführte Begriff *Shenming* entstammt spezifisch daoistischer Terminologie.[211]

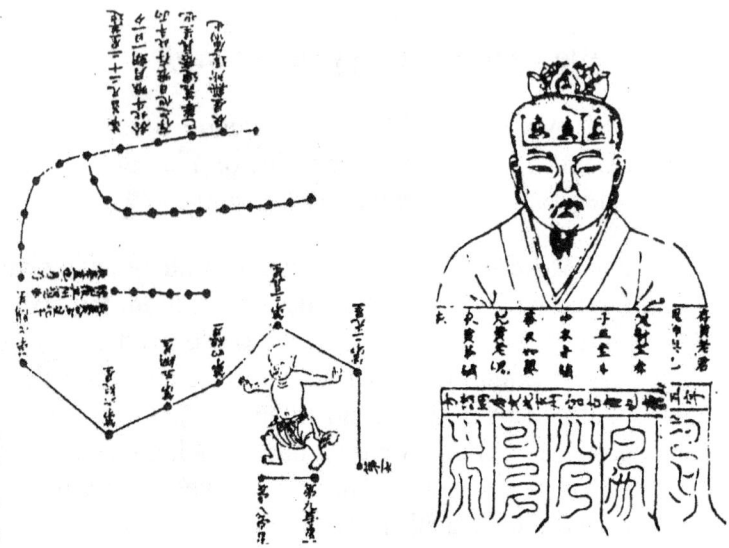

Methode im Scheffel nieder zu liegen und zu meditieren.
Daozang 879

2.4. „Darstellung und Einsichten in die dreizehn Positionen"

(Wu Yuxiang zugeschrieben)

A.

"By using the xing to move the qi and make it sink, it then can gather and permeate into the bones. By using the qi to move your body and make it compliant, it can easily follow the xin. If the spirit can be lifted, then there will be no slowness or heaviness (...). The yi and qi must change agilely (...).

Move the qi as [in] a pearl with nine bends (...).

Move the jin like *steel tempered a hundred times*."[212]

„Dadurch, dass man *Xing* nutzt, um *Qi* zu bewegen und sinken zu lassen, kann es sich sammeln und in die Knochen eindringen. Dadurch, dass man das *Qi* nutzt, um den Körper zu bewegen und nachgiebig zu machen, kann es dem *Xin* leicht folgen. Wenn sich der Geist empor hebt, wird es keine Langsamkeit oder Schwerfälligkeit geben (...). *Yi* und *Qi* müssen rasch/behende wechseln (...).

Bewege das *Qi* wie in einer Perle mit neun Windungen.

Bewege *Jin* wie *hundertfach gehärteten [verfeinerten!]Stahl.*"

"Li [strength] is issued from the spine"²¹³

„*Li* wird von der Wirbelsäule ausgesendet."

In den zitierten Zeilen sowie im weiteren Verlauf des Abschnitts und im folgenden Abschnitt B geht es vorrangig um die innere Arbeit mit *Qi, Shen* und *Yi*.

Die Umwandlung von *Jing* in *Qi* und schließlich in *Shen* ist eine der zentralen Operationen in der Inneren Alchemie,²¹⁴ beispielsweise beschrieben in „Die Erfahrung der inneren Blüte"/„Kreisen des Lichts" und stellt einen mehrstufigen Verfeinerungsprozess (*Lian*) dar. Im Gegensatz zum Adepten der (äußeren) Alchemie, der das Elixier mit Metallen, Mineralien und anderen materiellen Gegenständen erzeugen will, „hantiert" der Adept der Inneren Alchemie mit „lebenden Ingredienzien" wie *Jing* und *Qi*.²¹⁵ Die Arbeit mit *Yi, Jing, Qi* und *Shen* ist keineswegs eine neuere Projektion des Daoismus auf die Taijiquan-Praxis und besteht nachweislich mindestens seit der Entstehung der Klassiker.²¹⁶

2.4.1. Embryonalatmung, Schildkrötenatmung, *Bend the Bow*

Das oben angesprochene Eindringen des *Qi* in die Knochen geschieht durch eine bestimmte Weise der Embryonalatmung, die Liao Waysun in Verbindung unter der Bezeichnung „Condensing Breathing" darstellt.[217] Mit den Knochen ist in erster Linie die Wirbelsäule gemeint, aus der in der kampfkünstlerischen Anwendung mit der Technik „*Bend the Bow to shoot the arrow*"[218] mittels umgekehrter Atmung Kraft generiert wird. Einige häufig mit der Embryonalatmung identifizierte Atemmethoden werden auch heute von vielen Gruppen innerhalb des Taijiquan geübt, teilweise ohne Betonung des daoistischen Hintergrundes und meistens unter dem Aspekt der umgekehrten „Kampfkunstatmung", teilweise jedoch auch mit direktem Bezug auf die zugrunde liegende daoistische Metaphysik und Soteriologie.[219]

Zheng Manqing zitiert in seiner Abhandlung „Über Meditation"[220] die „Inschrift über die Embryonalatmung":

> „(...) Wir nennen es die ‚Embryonalatmung',
> in Wirklichkeit ist es das innere Elixier.
> Es heilt nicht nur Gebrechen
> und verlängert die Lebensjahre,
> sondern es setzt – wenn wir lange Zeit üben –
> unseren Namen auf die Liste der Unsterblichen".

Die 8 Unsterblichen

Zhengs Schüler Song Z. J. widmet der Embryonalatmung ein ganzes Kapitel seiner Taijiquan-Erörterungen für Fortgeschrittene und hebt ebenfalls die daoistischen Ursprünge hervor: „Embryonales Atmen beschreibt das oberste Strategem aller daoistischen Künste, die ein Üben und Schmieden des Qi, ein Praktizieren von Atemübungen zum Inhalt haben. Der Heilige und Weise Ge Hong aus der Qin-Dynastie (265-420 n. Chr.) erklärte in seinem Werk Baopuzi Neipian, den ‚inneren philosophischen Schriften': ‚Wer wie ein Embryo atmet, kann Nase und Mund abschließen und die Atmung einstellen. Es verhält sich wie bei einem Embryo im Mutterleib.'"

Auch von Zhang Sanfeng wird berichtet, dass er mehr als zehn Tage in diesem Zustand verweilt habe.[221] Die Beziehungen zwischen *Bend the Bow*, daoistischer Embryonalatmung (*Taixi*)[222] und Schildkrötenatmung sind komplex.[223] Diese drei Methoden sind nicht gleichzusetzen.[224] Nichtsdestotrotz müssen sie sowohl als daoistische als auch als Taijiquan-Praktiken angesehen werden und verweisen aufeinander.

Florian Reiter wies auf die Zusammenhänge zwischen allgemeinchinesischen anthropologischen Ansichten und dem daoistischen Erlösungsstreben hin: Der Mensch erhält nach allgemeiner Ansicht bei der Zeugung seine göttliche Natur. Bis zum Zeitpunkt der Geburt hat er noch nichts von seinem vorhimmlischen *Qi* verloren. Der Embryo ist also eine Chiffre für die vorhimmlische Absolutsphäre - kosmologisch übersetzt: vor der Entstehung der 10.000 Dinge.[225] Er steht somit auch für den im Daoismus angestrebten Zustand der Rückkehr zu der ursprünglichen Einheit bzw. „Nichts-heit".[226] In der im Taijiquan geübten Embryonalatmung sind also körperlich-anatomische Methoden der Kampfkunst mit soteriologischen Methoden des Daoismus[227] begrifflich in einer beide Strömungen vereinenden Konzeption verbunden.

Die Bedeutung der Schildkröte als Symbol für Langlebigkeit im Daoismus ist hinreichend bekannt. Enge Verbindungen gibt es in daoistischen Texten und Bildern zwischen Schildkröten und den Neun Palästen[228] sowie zwischen Schildkröten und den Trigrammen im Vorwort des Ge Xuan zum *Daodejing*.[229]

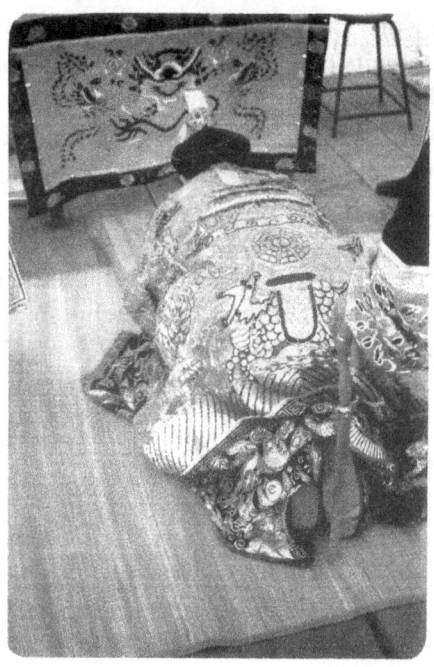

Daoistischer Priester während eines Rituals in der Position der Schildkröte
Mit freundlicher Genehmigung durch Prof. Lagerwey

Im Curriculum des in Malaysia tradierten Wu-Stil-Taijiquan nach Sim Tai Chen, Schüler des „Fragrant Harbour Master" Cheng Wing

Kwong, gibt es ein Übungsset, bei dem die kämpferischen und spirituellen Aspekte der „Schildkrötenatmung" untrennbar miteinander verbunden sind: Die Übung als Variante der Kampfkunstpraxis „Goldene Glocke" soll den Rücken hart und den ganzen Körper gegen Schläge unempfindlich machen. Der Prozess beinhaltet auf der spirituellen Ebene aber auch umfangreiche Visualisierungen, darunter eine Form des mikrokosmischen Kreislaufs als innerlich geschlossener Kreislauf der Ernährung, der den Adepten unabhängig von äußerer Atmung machen soll.[230]

Der kleine himmlische Kreislauf als weit verbreitete daoistische Meditationsmethode wird nicht selten auch während der Ausübung der Taijiquan-Form praktiziert; Himmelskreislauf, und Schildkrötenatmung können als Betonung einerseits der mystisch-metaphysischen bzw. andererseits der praktisch-mechanischen Aspekte einer übergeordneten Übungsmethode interpretiert werden. Im Wu-Stil Taijiquan der Cheng-Wing-Kwong-Linie beginnt die Handform mit einer „Verbeugung", die der Lenkung/Initiierung des kleinen himmlischen Kreislaufs dient.

Klassikerzitate wie „das *Qi* ist wie ein Rad" und Bezeichnungen wie die so genannte „Kraft der alten Kuh" nehmen Bezug auf das berühmte Meditationsbild im Tempel der Weißen Wolken in Beijing (das Kreisen des *Qi*, das Wasserrad, der pflügende Ochse im Unterbauch).

2. Die klassischen Taijiquan-Schriften

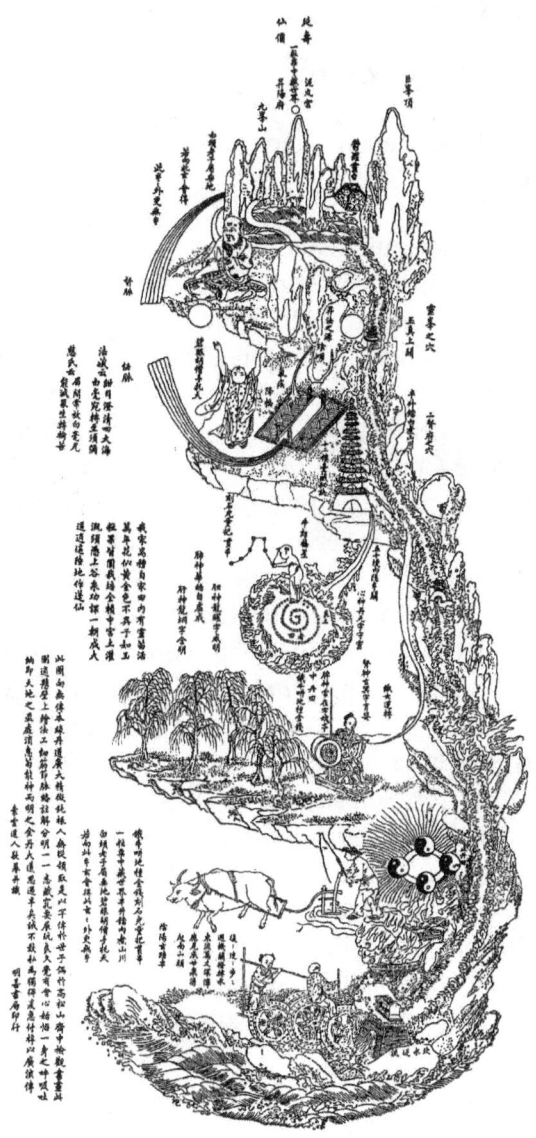

Das bekannte Meditationsbild Neijingtu mit symbolischen Darstellungen der rückläufigen Energieführung im Mikrokosmos Mensch.

2.4.2. Verfeinerung (*Lian*)

Beachtung verdient auch die Formulierung vom 100-fach gehärteten/verfeinerten Stahl.

Die Metapher des Verfeinerns (*Lian*) ist wie in dem älteren „Klassiker der inneren Kampfkunst" von Chang Naizhou der daoistischen - sowohl inneren wie äußeren - Alchemie entnommen,[231] die das Basismetall Blei durch Schmelzen mit Quecksilber im Kessel im Zentrum des Ofens verfeinern wollte, um damit das Elixier, den magischen goldenen Zinnober herzustellen. Alle genannten Begriffe sind ebenfalls alchemistische Chiffren für die Meditation der Selbsttransformation (Verfeinerung).[232] Die Umwandlung von *Jing* in *Qi* und schließlich *Shen* wurde in der Inneren Alchemie mit den entsprechenden Komposita des Terminus „Verfeinerung" (*Lianjing huaqi, Lianqi huashen, Lianshen huanxu*) beschrieben,[233] dabei entspricht die erste Stufe der Verfeinerung Lianjing Huaqi dem Vertauschen der mittleren Linien in *Kan* und *Li* um *Qian* und *Kun* zu erzeugen „*Qukan Tianli*".[234] Im *Waidan* (äußere Alchemie) geschieht das Verfeinern durch Schmelzen. Diese Metapher wurde im *Neidan* (Innere Alchemie) als Metapher für Selbstkultivierung übernommen,[235] und auch der alchemistische Prozess des Schmelzens ist in dem Bild vom tausendfach verfeinerten (geschmolzenen) Stahl mitkonnotiert. Fabrizio Pregadio hat in seinem Vortrag „Refining the Form (*lianxing*) in Inner Alchemy (*neidan*)" auf die Bedeutung der daoistischen Verfeinerung als Methode des alchemistischen Umkehrprozesses von der nachhimmlischen Vielheit zurück zur ursprünglichen Undifferenziertheit hingewiesen.[236]

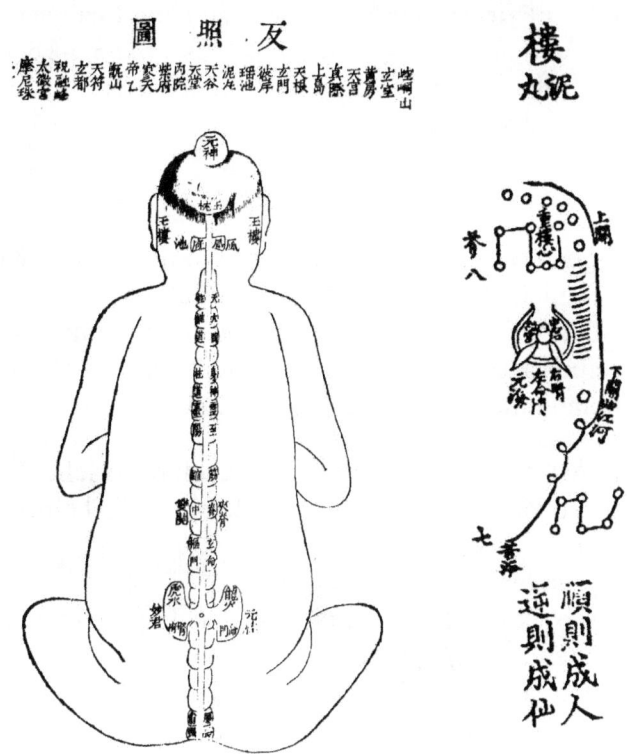

„Fan Chao Thu" - „Die Herrlichkeit der Umkehrung". Darstellung des alchemistischen Prozesses der Rückkehr zum Urzustand durch Richtungswechsel des Körperenergiekreislaufs.
Hsing Ming Kuei Chih. Daneben eine weitere Darstellung der alchemistischen Umkehrung. Erklärung: „Flussabwärts entsteht ein Mensch, flussaufwärts wird ein Unsterblicher geboren"

Als Beispiel aus der daoistischen Primärliteratur sei Lü Dongbin zitiert:

"Before you refine the Elixir, you must refine your Heart. The method of refining the Heart is the dharma-gate (famen) to clarity and quiescence (qingjing), through the elimination of idle thoughts and deceiving concepts."[237]

„Bevor Du das Elixier verfeinerst, musst Du Dein Herz verfeinern. Die Methode des Verfeinerns des Herzens ist das *Dharma*-Tor (*Famen*) zu Klarheit und Stille (*Qingjing*), durch die Elimination nutzloser Gedanken und täuschender Konzepte."

In der heutigen (westlichen) Praxis wird die daoistische Konnotation in der Regel nicht beachtet, lediglich die allgemein metaphorische Bedeutung der Selbstdisziplin wird hier wahrgenommen. Monica Esposito hat einen Kriterienkatalog aufgestellt, der bei der Einordnung einer Strömung unter die Innere Alchemie nützlich ist:

1. Eine Art der Alchemie ohne Gebrauch materieller Substanzen.
2. Atem- oder gymnastische Techniken, die Teil einer mental-spirituellen Ausbildung sind.
3. Eine Tendenz zum Synkretismus.
4. Eine Logik und Sprache, die von den Trigrammen und Hexagrammen des *Yijing* und dessen binärer Logik, dem *Daodejing* und der Lehre der fünf Wandlungsphasen *Wuxing* Gebrauch machen.
5. Ein alchemistisches Vokabular.[238]

Solche Elemente finden sich in Theorie und Praxis des Taijiquan in vielfacher Weise.

Girardot weist auf das Begriffsnetz von Alchemie, Rückkehr zum Chaos und dem Konzept der „Verfeinerung" (*Refinement*) hin, das den Daoismus zur alchemistischen Tradition *par excellence* macht.[239]

"Only when one truly knows how to inhale and exhale can one move nimbly and smoothly."[240]

„Nur wenn man das Ein- und Ausatmen wirklich beherrscht, kann man sich leicht und geschmeidig bewegen."

2. Die klassischen Taijiquan-Schriften

Die Bedeutung der Atmung wird immer wieder betont und weist hier auf meditative Techniken zur Beherrschung der Atmung hin.

B.

"The Spirit is comfortable, the body is peaceful. (...)

In leading back and forth, the qi sticks to the back and collects, entering the spine. (...)

On the inside, make firm the spirit, on the outside, show peaceful ease."[241]

"Keep your stomach relaxed and soft and let the intrinsic energy permeate into your bones. (...) The aim of the whole body is to conserve spirit [shen] and not intrinsic energy [qi]."[242]

„Der Geist ist ruhig, der Körper ist friedvoll. (...)

Im Vor- und Zurückbewegen haftet das *Qi* am Rücken und sammelt sich, in die Wirbelsäule eindringend. (...)

Innen mach den Geist fest, außen zeige friedvolle Leichtigkeit.

Halte deinen Bauch entspannt und weich und lass die innere Energie in Deine Knochen eindringen. (...) Die Zielsetzung des gesamten Körpers ist es, den Geist [*Shen*] zu bewahren, und nicht die innere Energie [*Qi*]."

Yang,[243] der diesen Text Wang Zongyue zuschreibt, gibt als Untertitel an: "Comprehending External and Internal Training." Es herrscht gegenwärtig unter engagierten Taiji- bzw. Kampfkunst-Bloggern eine Diskussion, was überhaupt mit „innerlichem Training" gemeint sei. Die Bandbreite der Antworten reicht von „auf die Tiefenmuskulatur bezogen" über „das Training des inneren Zirkels" (der „Indoor-Students") bis hin zu „Training des Geistes und des *Yi*". Diese Debatten dauern an und zeigen, dass solche Kategorien als Themen aufgegriffen und problematisiert werden. Dies allerdings auch nur in überdurchschnittlich engagierten Kreisen; für viele *Taijiren* gilt es als ausgemacht, dass schon ein Verzicht auf das Training immer schnellerer und härterer Schläge als inneres Training anzusehen sei.

2.5. „Lied der Dreizehn Positionen" - Shisan Shi Ge

(anonym)

"If you can lift/raise the Spirit (Ching Shen),
There will be no clumsyness or delay -
This is known as 'the head as if suspended'."[244]

„Wenn Du den Geist erheben kannst
Wird es keine Trägheit oder Verzögerung geben -
Dies ist bekannt als ‚der Kopf wie aufgehängt'."

Das Kompositum *Ching Shen (Jingshen)* ist dabei mehrdeutig und wird in Zhang Dainaians „Key Concepts in Chinese Philosophy" unter der Kategorie „Concepts derived from Daoism" aufgeführt:[245] „In the Zhuangzi, jing and shen are combined into one notion that is interpreted in a cosmic setting."[246] "In ancient Daoist philosophy the terms "spirit", "essential spirit" and "spiritual brightness" had a further layer of meaning. (…) they also applied to the universe." „The cosmic essential spirit may have existed before heaven and earth."[247] Hier ist *Jingshen* in das daoistische kosmologische Schema der Entstehung des *Taiji* und schließlich der zehntausend Dinge aus dem *Wuji* eingeordnet. Im Zhuangzi gibt es etwa folgende Passage:

„Der vitalistische Geist [Jingshen] fließt in alle Richtungen gleichermaßen - (…) Man kann sich kein Bild von ihm machen, seine Benennung erfolgt als ‚der Gottgleichende'."[248]

"In flexing and extending, and opening and closing,
Allow for spontaneity.
To enter into study one must have oral teachings;
To labor without rest is the method of cultivating oneself."²⁴⁹

„Im Beugen und Strecken, und Öffnen und Schließen,
lass Spontaneität zu.
Um die Studien aufzunehmen, bedarf es persönlicher Unterweisungen;
Unermüdliches Bemühen ist die Methode, sich selbst zu kultivieren."

"What is the purpose of this [discipline]?
To lengthen one's life, extend one's years, and to give one an ageless springtime."²⁵⁰

„Was ist der Zweck dieser Disziplin?
Des Leben zu verlängern, die Lebenszeit zu verlängern, und einen alterslosen Frühling zu erreichen."

Waysun Liao behauptet: „The Art of T'ai Chi originated from a philosophy based on the Yin/Yang theory. (...) Around 1200 C.E., the T'ai Chi theory was described in the T'ai Chi Classics as a way of discipline and meditation for human life. At that time, success in developing internal energy through Taoist meditation formed the basis for the *Tai Chi meditative Movement*. (...) Over hundreds of years (...) students came to reverse the proper procedure. (...) Students began to copy the movements without practicing meditation or internal energy development. Therefore, around 1850 C.E. Master Wu Yu-hsing wrote a treatise advising students that to practice T'ai Chi properly, one must drive the internal energy to move the entire body (...)."²⁵¹

Das urdaoistische Thema der Erlangung (spiritueller) Unsterblichkeit sowie die in neuerer Zeit vorherrschenden reduzierenden Interpretationen der Rede von Unsterblichkeit auf Techniken zur Gesundheitspflege wurde weiter oben bereits behandelt.

2.6. „Sechs Schlüsselelemente der Praxis von Taijiquan"

(von Wu Jianquan)

"The distinguishing feature of T'ai-chi Chuan
Is the dual cultivation of body and mind."

„Das unterscheidende Merkmal des Taijiquan
Ist die gleichzeitige Kultivierung von Körper und Geist."

"Therefore, its method of practice
Is different from other kinds of martial arts"

„Daher unterscheidet sich die Übungsmethode
von denen anderer Kampfkünste"

"Emphasis should be on the preparation of both
Physical and spiritual aspects."[252]

„Nachdruck sollte auf die Bereitung
sowohl physischer als auch spiritueller Aspekte gelegt werden."

"Just as the Taoist meditation masters
Use yi to move the chi."

„Ebenso wie die daoistischen Meister
Yi benutzen um Qi zu bewegen."

"As the Tai-chi Chuan Treatise says:
Use your mind to control your chi."

„Wie die Taijiquan-Abhandlung sagt:
Benutze Deinen Geist um dein Qi zu kontrollieren."

"The ultimate objective of practicing Tai-chi Chuan
Is to cultivate one's shen."

„Ziel der Ausübung von Taijiquan
ist es letztlich, sein Shen zu kultivieren."

Der Text spricht in weiten Teilen für sich selbst.

2.7. Li I-Yü:" Lied von der Zirkulation des Qi"

"The ch'i is like the waters of the Yangtze,
As it flows eastward wave upon wave;
Arising from the "bubbling well" point in the ball of the foot,
It travels up the spine in the back.
Arriving at the ni-wan in the center of the brain,
It returns to the yin-t'ang between the brows.
The Mind leads the ch'i,
And never leaves it for an instant."[253]

„Das Qi ist wie die Wasser des Yangtse,
wenn es Welle für Welle ostwärts fließt;
Es entspringt von dem Punkt „sprudelnde Quelle" im Ballen des Fußes,
und wandert die Wirbelsäule im Rücken hinauf.
Im Niwan im Zentrum des Gehirns angekommen,
kehrt es zurück zum Yintang zwischen den Augenbrauen.
Der Geist leitet das Qi,
und verlässt es nie auch nur für einen Moment."

In diesen Anfangszeilen des Liedes wird der Weg, auf dem der Übende das *Qi* auf dem Lenkermeridian *Dumai* zu leiten hat, detailliert mit Angabe der zu durchlaufenden Punkte beschrieben. Der gesamte Bogen den Rücken hinauf und an der Vorderseite des Körpers hinab (zumindest bis zwischen die Augenbrauen - hier ist nur der Verlauf auf einem der beiden Gefäße beschrieben) enspricht in der Grundform den Energiekreisläufen in der daoistischen Meditation der Inneren Alchemie, die zur Embryonalatmung führen bzw. mit dieser identifiziert werden, kann aber auch als mentale Unterstützung der Kampfkunsttechnik „Bend the Bow" Anwendung finden.[254] Die Charakteristika der *Qi*–Lenkung sind die der daoistischen Meditation. Im hier vorliegenden Zusammenhang dient sie allerdings dazu, die für die Taijiquan-Strategie wichtige *Jin*-Kraft zu erzeugen.

In gleicher Weise sind Kraftlenkung und alchemistische Terminologie in Yang Chengfus'/Yang Luchans' „Kommentar zum Taijiquan-Klassiker" verbunden:

"An Explanation of the Macrocosmic and Microcosmic T'ai-chi

The whole Universe is one great T'ai-chi; the human body is a small T'ai-chi. The human body being the essence of T'ai-chi, one cannot but practice the Great Ultimate Martial Art [T'ai-chi ch'üan]."[255]

„Eine Erklärung des makrokosmischen und mikrokosmischen *Taiji*

Das ganze Universum ist ein großes *Taiji*; der menschliche Körper ist ein kleines *Taiji*. Da der menschliche Körper die Essenz von *Taiji* ist, kann man nicht anders, als die große Kampfkunst [Taijiquan] zu praktizieren."

2.8. (Yang/Wu) „Taijiquan 40 Kapitel"

Bei den „40 Kapiteln über Taijiquan" handelt es sich um bis vor Kurzem noch unbekannte Texte zum Taijiquan aus der Yang-Familientradition, die sich auch in der Wu (Jianquan)-Tradition, erstmals in der Neuedition der Werke von Wu Gongzao, dort angeblich als Abschrift Wu Jianquans eines Textes von Yang Banhou finden. Nach Aussagen eines „Taijibruders" aus der Wu-Stil-Linie des Wu-Jianquan-Meisterschülers Cheng Wing Kwong (Zheng Rongguang) werden die Texte auch dort, allerdings noch immer lediglich mündlich von „Indoor-Student" zu „Indoor-Student", tradiert. Die Existenz dieser Texte sowohl in der Yang- als auch in der Wu-Familie ist konsistent mit der Trainingssituation zu Zeiten Yang Luchans und (Wu) Quanyous, als die beiden Familien - und noch andere - zusammen trainierten und noch nicht zwischen Stilen mit differierenden Bezeichnungen unterschieden wurde.[256]

Douglas Wile datiert die vorliegenden Ausgaben der „40 Kapitel über Taijiquan" grob auf das späte 19. oder das beginnende 20. Jahrhundert, jedenfalls vor der Veröffentlichungswelle in den neunzehnhundertdreißiger Jahren. Diese Texte enthalten in noch weit ausgeprägterem Maße Begrifflichkeiten der Inneren Alchemie als die bis dahin bekannten Klassiker. Diese Begrifflichkeiten sind im Daoismus von besonderer Bedeutung, ist die exakte Verwendung der speziellen Terminologie doch konstitutiv für die innere Alchemie.

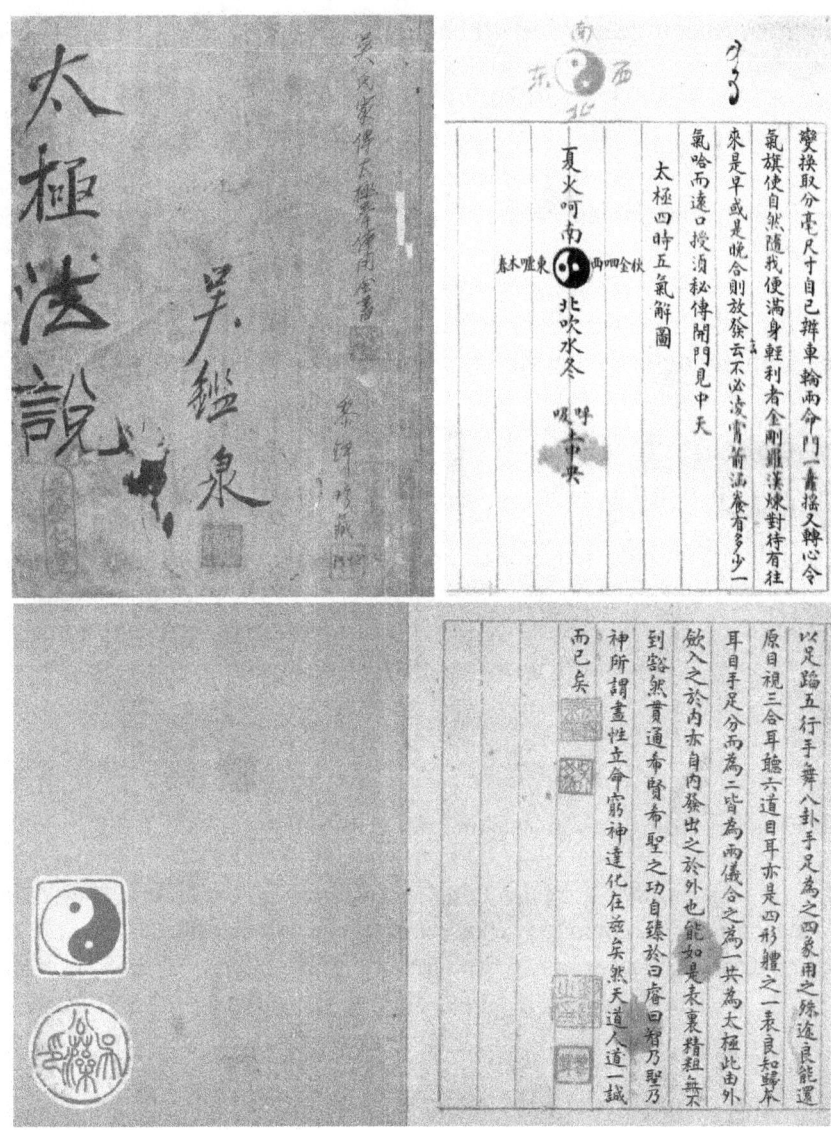

*Titel- und weitere Seiten aus der Wu-Version der "40 Kapitel über Taijiquan" von Yang Banhou.
Fotomechanische Reproduktion, Archiv Markus Wagner.*

Einige Ausschnitte aus den 40 Kapiteln:

"7. Training methods for Sparring, or Holding the Central Earth"[257]

~

„7. Trainingsmethoden für Sparring, oder die zentrale Erde halten/bewahren"

Die zentrale Erde ist das eine Zentrum der fünf Richtungen - ein Anklang an die daoistische Meditationsmethode "Das Eine bewahren".

"13. An Explanation of the Essence and Applications of T'ai-chi

Principle (li) is the essence of ching, ch'i and spirit; ching, ch'i and spirit are the essence of the body. (...) If one speaks of the body and mind from the point of view of the martial arts and applies these principles to the cultivation of power, it must be in the *context of the essence of the tao.*"[258]

~

„13. Eine Erklärung der Essenz und der Anwendungen von Taiji

Li ist die Essenz von *Jing, Qi* und Geist (*Shen*); *Jing, Qi* und Geist sind die Essenz des Körpers (...) Wenn man über Körper und Geist aus der Perspektive der Kampfkünste spricht und diese Prinzipien auf die Kultivierung der Kraft anwendet, muss dies im *Kontext der Essenz des Dao* geschehen."

Hier wird, wie im Folgenden noch an vielen Stellen, das berühmte Dreigespann daoistischer Sublimierungspraxis, *Jing, Qi* und *Shen* (grob: Essenz, *Qi* und Geist) thematisiert. Auch das folgende Zitat weist darauf hin, dass die Erläuterungen über die Kampfkunst im Kontext der Essenz von Dao zu verstehen sind.

2. Die klassischen Taijiquan-Schriften

"14. An Explanation of *the spiritual and the Martial in T'ai-chi*

The spiritual is the essence, the martial is the application. Spiritual development in the realm of the martial arts is applied through the ching, ch'i and spirit (...) With the spiritual and the martial we must speak of the *"firing time",* for their development unfolds according to the proper sequence. (...) the practice of the martial arts in a spiritual way is soft-style exercise, the sinew power of ching, ch'i and spirit."²⁵⁹

„14. Eine Erklärung des *Spirituellen /Geistigen und des Kämpferischen im Taiji*

Das Spirituelle/Geistige ist die Essenz, das Kämpferische die Anwendung. Spirituelle/Geistige Entwicklung im Bereich der Kampfkünste verwirklicht sich durch *Jing, Qi* und *Shen* (...) Mit dem Geistigen und dem Kämpferischen müssen wir über die *„Feuerzeiten"* [alchemistischer Grundbegriff] sprechen, denn ihre Entwicklung entfaltet sich gemäß der korrekten Reihenfolge. (...) die Praxis der Kampfkünste auf eine *spirituelle/geistige* Art ist eine weiche Übungsform, die Sehnenkraft von *Jing, Qi* und Geist."

Zunächst ist bedeutsam, dass gleichwertig (bzw. sogar übergeordnet) neben dem Kämpferischen „das Spirituelle im Taiji[-quan]" thematisiert wird. Die Einhaltung der „richtigen Feuerzeiten" ist eine Grundvoraussetzung für das Gelingen des alchemistischen Verschmelzungsprozesses.

Im Taijiquan wird zwischen Muskelkraft und Sehnenkraft unterschieden. Mit der Formulierung „the sinew power of ching, ch'i and spirit" werden esoterische Taijiquan-Tradition und daoistische Tradition in Zusammenhang gebracht: Neben dem allgemein bekannten Grundsatz, dass die „kluge Kraft" *Jin* des Taijiquan im Gegensatz zur „dummen Kraft" *Li* nicht in den Muskeln, sondern in Sehnen und Bändern entwickelt wird, gibt es im Taijiquan esoterische Traditionen (insbesondere innerhalb von Schulen, die die „40 Kapitel" tradiert haben, z.B. bei Wu Jianquan), in denen spezielle, „Sehnenform" genannte Arten, die Formen zu praktizieren, unterrichtet werden. Hier spielen die Vorstellungskraft und Leitung/Sublimierung von *Jing*, *Qi* und *Shen* eine herausragende Rolle, und es liegt üblicherweise eine der daoistischen Initiation analoge Strukturierung des Lehrer-Schüler-Verhältnisses vor.

"15. An Explanation of Interpreting Energy in T'ai-chi

Interpreting energy approaches the level of *spiritual illumination*. *Yin within the body numbers seventy-two*, and this is without exception. When yang is matched by yin, water and fire cooperate, *Ch'ien (heaven) and K'un (Earth)* are in harmony, and intrinsic nature (hsing) and life (ming) retain their *original purity*."[260]

„15. Eine Erklärung, Energie im *Taiji* zu deuten

Das Verstehen der Energie nähert sich der Ebene *spiritueller Erleuchtung* an. *Yin im Körper zählt Zweiundsiebzig*, und dies ohne Ausnahme. Wenn *Yang* und *Yin* übereinstimmen, wirken Wasser und Feuer zusammen, *Qian (Himmel)* und *Kun (Erde)* sind in Harmonie, und die innere Natur (*Xing*) und das Leben (*Ming*) behalten ihre *ursprüngliche Reinheit*."

Die religiöse Grundbedeutung von „spirituelle Erleuchtung" ist nicht zu übersehen. Wie die „Sehnenformen" des Taijiquan arbeiten auch die „*Qian-Kun*-Formen" mit teilweise extremer (*Li*)-Kraft- bzw. Anstrengungslosigkeit. Zur *Yin*-Zahl 72 vgl. die Erörterungen zu traditionellen 108-er Formen.

"17. An Explanation of the Reversal of Yin and Yang in T'ai-chi

Yang is the trigram Ch'ien (The Creative), heaven (...). Yin is the trigram K'un (The Receptive), earth (...). If *we place fire under water, then we have brought about their reversal.* (...) the cauldron (...) (After Completion) (...) (Before Completion) (...) we can speak of Ch'ien (The Creative) and K'un (The Receptive) as macrocosm and humanity as microcosm."[261]

„17. Eine Erklärung der Umkehr von *Yin* und *Yang* im *Taiji*

Yang ist das Trigramm *Qian* (das Schöpferische), Himmel (...). *Yin* ist das Trigramm *Kun* (das Empfangende), Erde (...). *Wenn wir das Feuer unter das Wasser positionieren, haben wir ihre Umkehrung erreicht.* (...) der Kessel (nachhimmlisch) (...) (vorhimmlisch) (...) wir können von *Qian* und *Kun* als Makrokosmos und von der Menschheit als Mikrokosmos sprechen."

Man erinnere sich: die Umkehrung von *Yin* und *Yang*, und zwar des „echten" *Yin* und *Yang*; Himmel und Erde mithilfe des „falschen" *Yin* und *Yang*; Feuer und Wasser ist die zentrale Prozedur im alchemistischen Feuerungsprozess. Auch der Kessel als alchemistisches Zubehör wird hier genannt, was nur durch die alchemistische Bezugnahme in diesem Text motiviert sein kann. Weiterhin wird die Bezugnahme auf Mikrokosmos/Makrokosmos-Beziehungen (entsprechend der korrelativen Kosmologie des Daoismus) in diesem Abschnitt explitzit.

Taijiquan

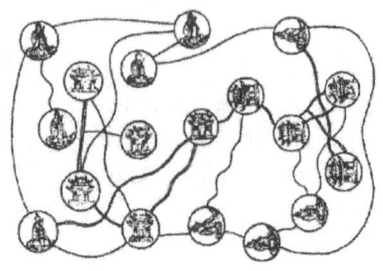 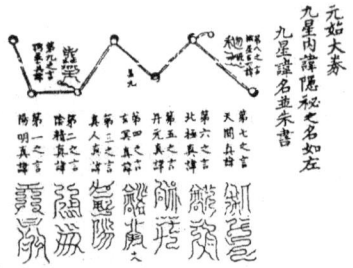

Neun Paläste der Vollkommenen der Neun Himmel. Daozang 1396,34:245a.
Daneben: Die talismanischen Namen der Neun Sterne des Scheffels. Daozang 1392.

"18. An Explanation of T'ai-chi in the Human Body

(...) The trigram K'an is one, K'un is two, Chen is three (...) and Li is nine. These are the "nine palaces" and this describes the internal nine palaces. (...) Understanding these principles, one can begin to discuss the *tao of self-cultivation*."[262]

„18. Eine Erklärung von *Taiji* im menschlichen Körper

(...) Das Trigramm *Qian* ist Eins, *Kun* ist Zwei, *Chen* ist Drei (...) und *Li* ist Neun. Dies sind die „Neun Paläste" und dies beschreibt die inneren Neun Paläste. (...) Durch Verständnis dieser Prinzipien kann man beginnen, das *Dao der Selbstkultivierung* zu diskutieren."

Die mikro-makrokosmischen Analogien werden unter Verwendung daoistischer Begrifflichkeiten weiter ausgeführt. Die Neun Paläste sind wesentliche Elemente der daoistischen Metaphysik/Kosmologie[263] und gaben einer fortgeschrittenen Taijiquan-Praxis ihren Namen, worauf ich weiter unten im Haupttext ausführlicher eingehen werde.

2. Die klassischen Taijiquan-Schriften

"19. An Explanation of the Three Levels of the Spiritual and Martial in T'ai-chi

Without self-cultivation, there would be no means of *realizing the tao.*"[264]

„19. Eine Erklärung der drei Ebenen des Geistig-Spirituellen und des Kämpferischen im *Taiji*

Ohne Selbstkultivierung gäbe es kein Mittel, *das Dao zu realisieren.*"

"21. An Explanation of the Orthodox Practice of T'ai-chi

T'ai Chi is round. Regardless of whether inner or outer, up or down, left or right, it never leaves this roundness. T'ai–chi is square. Regardless of whether inner or outer, up or down, left or right, it never leaves this squareness."[265]

„21. Eine Erklärung der orthodoxen Praxis des *Taiji*

Taiji ist rund. Ungeachtet ob innen oder außen, auf oder ab, links oder rechts, es verliert niemals seine Rundheit. *Taiji* ist eckig. Ungeachtet ob innen oder außen, auf oder ab, links oder rechts, es verliert niemals seine Eckigkeit."

Kosmologisch ist dem Himmel das Runde (und die ungeraden Zahlen) und der Erde das Eckige (und die geraden Zahlen) zugeordnet. Der Vereinigung des Runden und des Eckigen im Taiji entspricht die Vereinigung von Himmel und Erde, *Yin* und *Yang*. In Wang Bis Kommentar zu Daodejing 25 wird das daoistische Kernkonzept *Ziran* mithilfe einer jeweiligen Übereinstimmung des Geschehens sowohl mit dem Runden als auch mit dem Eckigen erläutert: „To follow Nature as its standard is to model after the square while within the square and the circle while within the circle (…).²⁶⁶

Die Beziehung von Rundheit und Eckigkeit spielt außerdem bei der Inbezugsetzung der vier (plus eins) bzw. acht (plus eins) Richtungen als Ausdruck von Eckigkeit und den Neun Palästen als Ausdruck von Rundheit und deren Identität eine Rolle. Vgl. Die Ausführungen zu den Neun Palästen weiter unten.

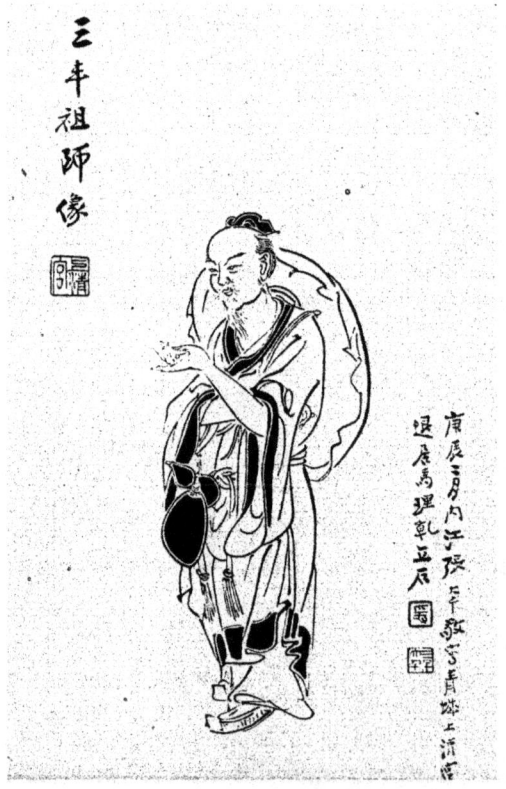

Zhang Sanfeng. Darstellung auf einer Steinstele.

2. Die klassischen Taijiquan-Schriften

"38. The Legacy of Chang San-Feng
Heaven and earth are Ch'ien and K'un (...)
The spiritual practices for cultivating body and mind
Were exemplified in the seventy-two disciples,
emperors Wen and Wu.
This was handed down to me
Through Hsü Hsüan-p'ing.
The elixir of long life is within the body
That we may restore our primal purity (...)
The Three Teachings are not separate schools,
But all speak of the one Great Ultimate, (...)
Water and fire form the hexagram Chi-chi (After Completion)
Which represents the culmination of our life's quest."[267]

„38. Das Vermächtnis des Zhang Sanfeng
Himmel und Erde sind Qian und Kun (...)
Die sprituellen Praktiken zur Kultivierung des Körpers und Geistes
Wurden veranschaulicht in den 72 Schülern,
den Herrschern Wen und Wu.
Dies wurde mir ausgehändigt
Durch Xu Xuanping.
Das Elixier langen Lebens/der Unsterblichkeit ist innerhalb des Körpers
Auf dass wir unsere ursprüngliche Reinheit bewahren mögen (...)
Die drei Lehren [Konfuzianismus, Buddhismus, Daoismus] sind keine
getrennten Schulen,
sondern sprechen alle vom Taiji, (...)
Wasser und Feuer bilden das Hexagramm „Nach der Vollendung"
Das die Erfüllung unseres lebenslangen Strebens repräsentiert."[268]

Taijiquan

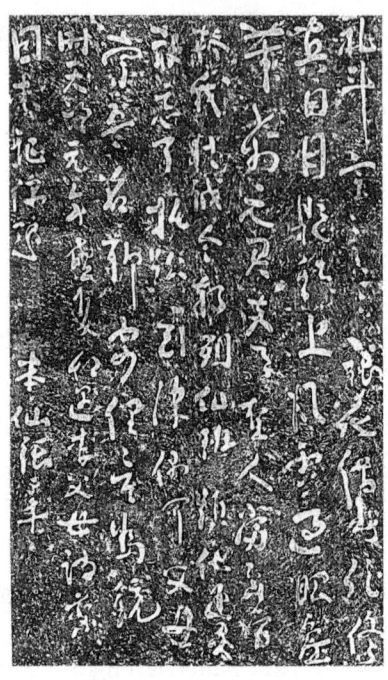

*Gedicht von Zhang Sanfeng aut einer Stele in Gaozhen Guan.
Private Sammlung von Wong Yuen-Ming.
Mit freundlicher Genehmigung durch Wong Yuen-Ming B.Sc.*

Die letzten drei Kapitel sind dem Daoisten Zhang Sanfeng gewidmet. Hier werden schon bekannte Elemente aus dem Daoismus wieder thematisiert: *Qian* und *Kun*, die *Yin*-Zahl 72, das spirituelle Ziel des Lebens. Erstmals im Text wird Xu Xuanping erwähnt, der andere Daoist neben Zhang Sanfeng, der mit der Entstehung des Taijiquan in Verbindung gebracht wurde, und zwar im Zusammenhang mit der explizit alchemistischen Bezugnahme auf das Elixier des langen Lebens und die ursprüngliche Reinheit des Embryos. In der pluralistischen bzw. inklusivistischen Gleichsetzung der drei Lehren Buddhismus, Daoismus, Konfuzianismus in Bezug auf die Erlangung des Großen Letzten *Taiji* lassen sich die synkretistischen Tendenzen der Daoisten erkennen.[269]

2. Die klassischen Taijiquan-Schriften

 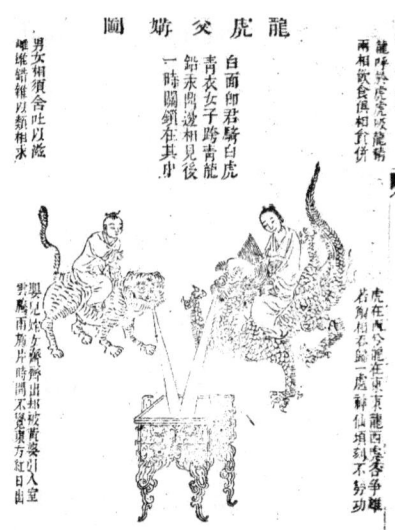

Vermischung der Yin- und Yang-Energien. Chin Ta Ta You Thu. Daneben: Mädchen auf Drache reitend, Junge auf Tiger reitend: Yin im Yang und Yang im Yin. Hsing Ming Kuei Chih.

"39. *Oral Transmission* of the Words of Master Chang San-feng

I know that the common thread of the Three Teachings is the dual cultivation of body and mind, taking the mind as ruler of the body, and preserving the body and mind, so that ching, ch'i and spirit endure forever. (...) When it comes to the yin within this body, it is not only the female who posesses postbubescent essence. Matching the "fair maiden" and "baby boy" through infinite transformations is the basis for the *"fair maiden battle of essences"* (...) Using the microcosmic heaven and earth within our own body to assist this process is the true *"yin-yang battle of essences"*. (...) The practice of self-cultivation is the same whether based on the martial or spiritual. The source of the "three teachings" and "three levels" is none other than t'ai-chi."[270]

„39. *Persönliche/mündliche Übermittlung* der Worte von Meister Zhang Sanfeng

Ich weiß, dass der verbindende Faden der Drei Lehren die duale Kultivierung von Körper und Geist ist, indem der Geist als Herrscher des Körpers fungiert, und Körper und Geist bewahrt werden, so dass *Jing, Qi* und Geist für immer fortdauern. (...) Wenn es um das *Yin* im Körper geht, ist es nicht nur das Weibliche, das geschlechtsreife Essenz besitzt. Die „schöne junge Frau" mit dem „jungen Mann" durch unendliche Transformationen zu verbinden ist die Basis für den *„schöne junge Frau Kampf der Essenzen"*. (...) Den mikrokosmischen Kreislauf von Himmel und Erde in unserem eigenen Körper zu nutzen um diesen Prozess zu unterstützen ist der wahre *„ Yin-Yang Kampf /die Vermischung der Essenzen"* [oftmals fälschlich ausschließlich als sexuelle Praxis interpretiert, aber auch bspw. im *Pushing Hands* kultiviert] (...) Die Praxis der Selbstkultivierung ist dieselbe, gleich, ob auf Grundlage des Kämpferischen oder des Spirituellen. Die Quelle der „drei Lehren" und „drei Ebenen" ist keine andere als *Taiji*."

Erneut werden die drei Lehren gleichgesetzt, diesmal bezogen auf die duale Kultivierung von Körper und Geist. Der beschriebene *„fair maiden battle of essences"* entlehnt seine Bezeichnung der gleichen mythologischen Figur wie die Bewegung „Die Schöne am Webstuhl" der Taijiquan-Handform (vgl. weiter unten), die auch im daoistischen Meditationsbild *Neijingtu* in der gleichen Funktion - des Vermischens von *Yin* und *Yang* - zu finden ist.

"40. Treatise on Chang San-feng Realizing the Tao through Martial Arts."

„40. Abhandlung über Zhang Sanfeng, der das *Dao* durch die Kampfkünste erlangt."

Der Titel diese Abschnitts gibt zusammenfassend die Grundthese des Autors wieder. Im Text wird explizit und ausführlich Bezug auf kosmologische Mythologeme des Daoismus genommen und das *Daodejing* zitiert.[271]

Die ‚40 Kapitel' sind in ihrer Gesamtheit ohne daoistischen Hintergrund nicht denkbar. Der Verfasser war mit Sicherheit ausgezeichnet über die daoistische Praxis unterrichtet und zeigt Anwendungen derselben auf die Übungsformen des Taijiquan.

2.9. Weitere Texte

Neben den bisher behandelten weithin bekannten Texten gibt es noch weitere „Klassiker", die nur in bestimmten Fachkreisen bekannt sind bzw. Textvarianten der obigen Klassiker. Prof. Dan Vercammen hat in „Taijiquan. De klassieke teksttraditie" viele dieser Textbruchstücke erstmals in einer westlichen Sprache zugänglich gemacht.[272] Ich liste nach der Nummerierung von Dan Vercammen:

E: „Zeven formules in liedvorm van de oude kopij der kanon van taijiquan uit de qianlong-periode (1736-1795)"

E: „Sieben Formeln in Liedform von der alten Kopie des Kanons von Taijiquan aus der *Qianlong*-Dynastie (1736-1795)"

In diesem Text heißt es:

„Zonder er iets aan toe te voegen, dring jer door tot de daozang"[273]

„Ohne etwas hinzuzufügen, durchdringt er den *Daozang*"

Hier ist das Vordringen zum bzw. (geistige) Eindringen in den Daoistischen Kanon (*daozang*) explizit als Ziel des Übens benannt. Im selben Text folgt später auch noch ein Hinweis auf die Erlangung „Langen Lebens" (d. h. der Unsterblichkeit) als Ergebnis des Übens.

2. Die klassischen Taijiquan-Schriften

F: „De ware zin van taijiquan"
„Zonder form en zonder beld
(vergeet dat er een zelf is)"

F: „Der wahre Sinn von Taijiquan"
„Ohne Form und ohne Bild
(vergisst er, dass er ein Selbst ist)"

Der erste Teilsatz birgt deutliche Anklänge an *Daodejing*, Kapitel 1, 14 und 27. Die Erläuterung in der Klammer weist darauf hin, in welcher Weise sich diese Gestaltlosigkeit auch auf den Taijiquan-Übenden beziehen kann, der „sein Selbst vergessen muss", ein Äquivalent zur Meditationspraxis der Inneren Alchemie (z.B. *Zuowang*, Sitzen und Vergessen), wie Vercammen richtig anmerkt. Auch im weiteren Textverlauf häufen sich Bezüge auf die Innere Alchemie, die von Vercammen bereits nachgewiesen wurden, daher begnüge ich mich hier mit der Zitation des Textes:

„Je jele lichaam penetreert de leegte
(het inwendige en het uitwendige zijn een).
Vergeet de dingen, en wees natuurlijk
(volgens wat je hart wenst).
Een hangende klanksteen in de Westelijke Bergen (...)
De tijger brult en de aap krijst
(raffineer de yin-essentie)
De bron is zuiver en het water rustig
(de gedachten sterven en de shen is levend)
Keer de stroom om en verstoor de zee
(de primaire qi verplaatst zich)
Gebruik je xing (nattuur) ten voll en breng het ming (lebven) tot stand
(de shen is stabiel, en de qi voldoende)"

„Der Körper durchdringt die Leere
(das Innere und das Äußere sind eins).
Vergiss die Dinge, und werde natürlich
(verfolge, was Dein Herz begehrt).
Ein hängender Klangstein in den Westlichen Bergen (...)
Der Tiger brüllt und der Affe kreischt
(Verfeinerung der Yin-Essenz)
Die Quelle ist rein und das Wasser ist ruhig
(die Gedanken sterben und der Geist/Shen ist lebendig)
Kehre den Strom um und rühre das Meer auf
(das ursprüngliche Qi bewegt sich [fort])
Gebrauche Xing (die Natur) vollständig und bringe Ming (das Leben)
zustande
(Der Geist [Shen] ist stabil, und das Qi ausreichend)"

In der Formulierung „Vergiss die Dinge und werde natürlich" ist unschwer ein Hinweis auf die grundlegende daoistische Ethik der Natürlichkeit zu sehen, im „Vergessen der Dinge" klingt wieder die Meditationspraxis „Sitzen in Vergessenheit" *Zuowang* an. Die „hängende Glocke in den westlichen Bergen" entspricht der Glocke im *Neijingtu*. Das Raffinieren/Verfeinern der *Yin*-Essenz ist ebenso eine

2. Die klassischen Taijiquan-Schriften

daoistische Praxis wie das Ersterbenlassen der Gedanken bei lebendigen Geist *Shen* und das Umkehren des Stromes (vom Nachhimmlischen zum Vorhimmlischen).

Die daoistische Ethik ist eine Ethik unbedingter Natürlichkeit

S. Register van de kanon van taijiquan

„ (...) het bewaken van het eine zal gerespecteerd worden"

S. Register vom Kanon von Taijiquan

„(...) das Bewahren des Einen soll respektiert werden"

Das „Bewahren des Einen" ist eine der wichtigsten daoistischen Meditationsmethoden.[274]

3. Begrifflichkeiten aus der Praxis

3. Begrifflichkeiten aus der Praxis

Der Untersuchung einiger Begriff aus der Taijiquan-Übungspraxis soll noch vorausgeschickt sein, dass die Mehrheit der von mir interviewten Taijiquan-Kampfkünstler mit herausragenden kämpferischen Fähigkeiten die Frage nach daoistischen Einflüssen des Taijiquan rundweg verneinen. Diese Lehrer, die ihren Fokus auf die kämpferischen Aspekte des Taijiquan legen, tun das zu nahezu 100 Prozent. Sie interessieren sich nicht besonders für den Daoismus, und so spielen generell geistige (philosophische und religiöse) Hintergründe in ihrem Bild der Kampfkunst eine weit geringere Rolle als die körperlich anwendbaren Prinzipien. Allerdings konnte ich auch verzeichnen, dass dieser Bereich der körperlichen Anwendbarkeit oft sozusagen aus seiner eigenen Logik heraus fließend in ein geistiges Training übergeht, beispielsweise in der Arbeit mit der Intention, den Augen, dem *Yi*. Generell spielten die Taiji-Prinzipien und Klassiker als Checkpoints immer eine große Rolle. Einige dieser Prinzipien und Begrifflichkeiten will ich im Folgenden auf ihre Verbindungen mit dem Daoismus hin untersuchen.

3.1. Vorbemerkungen zur Inneren Alchemie *Neidan*[1]

Wie bereits Prof. Dan Vercammen[2] in seinen Untersuchungen der Geschichte des Taijiquan andeutete und wie im Verlauf der Untersuchungen schon öfter angesprochen, steht zu vermuten, dass daoistische Einflüsse in Form von Elementen der Inneren Alchemie *Neidan* ihren Weg ins Taijiquan gefunden haben.[3] Solche Einflüsse lassen sich insbesondere anhand der Terminologie der Übungspraxis im Taijiquan konturieren. Nicht selten ist in der Literatur in diesem Zusammenhang auf Formnamen (Bezeichnungen von Positionen der Hand- und Waffenformen) hingewiesen worden. Ich möchte einige dieser Beobachtungen hier etwas näher ausführen und bisher kaum zur Kenntnis genommene (mögliche) Indizien für einen daoistischen Einfluss (zumindest bei der Namensgebung) ergänzen. Die Namen der Formbewegungen im Taijiquan können grob in zwei Gruppen eingeteilt werden: Fast wörtlich zu verstehende Bewegungsanweisungen (z.B. „tiefe Stellung", „schräges Fliegen") einerseits und abstrakte, poetische, mythologische Bezeichnungen, oft auch mit Nennung von Tiernamen (z. B „einfache Peitsche" oder „den Tiger zum Berg tragen") andererseits.[4] Formbezeichnungen der zweiten Gruppe sollen hier Untersuchungsgegenstand sein. Dabei werde ich einige der bisher wohl weniger explizit auf ihre daoistischen Konnotationen hin untersuchte Bezeichnungen in einiger Ausführlichkeit behandeln und im Anschluss weitere mögliche Kandidaten für entsprechende Verbindungen benennen.

3. Begrifflichkeiten aus der Praxis

Altardetail: Ornament, Kraniche, Zeichen Xuan/Yuen („dunkel, geheimnisvoll")
Archiv Markus Wagner

3.2. Der weiße Kranich zeigt seine Flügel

Dieser Name der entsprechenden Formbewegung wurde schon oft in unserem Zusammenhang genannt, ist es doch augenscheinlich, dass hier mit dem Kranich eines der beiden Tiersymbole (neben der Schildkröte), die traditionell den daoistischen Unsterblichen zugeordnet sind,[5] den Namen für eine der 37 verschiedenen Bewegungen[6] der Taijiquan-Handform gab.[7] Das Sterben taoistischer Priester nennt man *yü-hua*, ‚sich in einen gefiederten [Kranich] verwandeln",[8] der Kranich hat sogar schlechthin den Namen „Vogel der Unsterblichen".[9] Weiße Tiere werden allgemein als Vehikel des Übernatürlichen angesehen.[10] Der weiße Kranich als Begleiter der daoistischen Unsterblichen *par excellence* wird von diesen benutzt, um über große Entfernungen durch den Himmel zu reisen.[11] Dieser wohl bekannteste aller Bezüge zur Unsterblichkeit, einem konstitutiven Element jeglicher Richtung des Daoismus wird kaum bezweifelt und bedarf daher keiner ausführlichen Behandlung. Es sei darauf hingewiesen, dass die Symbolhaftigkeit des Kranichs für Langlebigkeit zwar in Taijiquan-Lektionen oftmals erwähnt wird, gelegentlich auch die Bedeutung des Kranichs als daoistisches Unsterblichkeitssymbol, dies allerdings in der heutigen populären Praxis meist nur unter anekdotischem Vorzeichen geschieht und ohne eine existentielle Bedeutung für den Praktizierenden.

3. Begrifflichkeiten aus der Praxis

Kranichfigur im Wong Tai Sin Tempel
Archiv Markus Wagner

Taijiquan

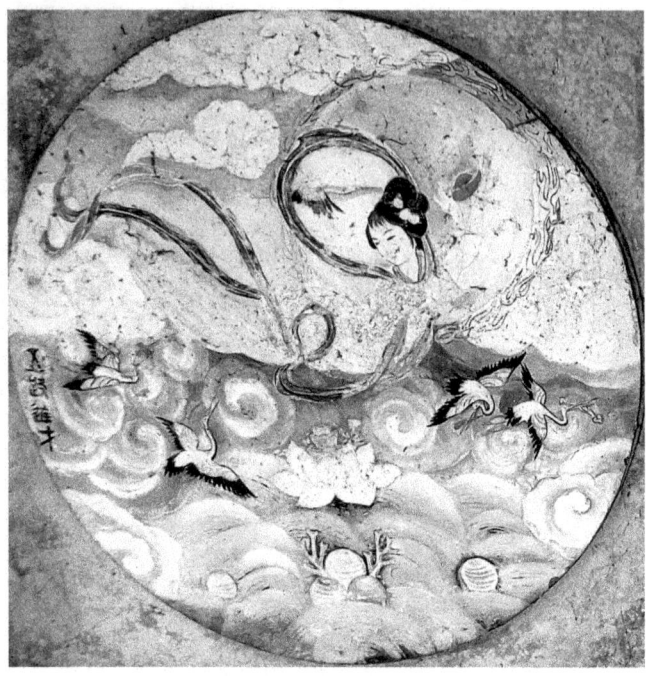

Jadeschöne beim Himmelsflug mit Kranichen und Unsterblichkeitspilzen

3.3. Das Jade-Mädchen am Webstuhl

Benennungen mit dem Spezifikum „Jade-" verweisen häufig, wenn auch bei Weitem nicht immer, auf daoistische Zusammenhänge. In der Inneren Alchemie stellt Jade einen der Grundstoffe für die Erzeugung des Elixiers dar,[12] das Fleisch des Körpers wird mittels Embryonalatmung in Jade verwandelt,[13] Jade ist mit Lebensverlängerung assoziiert.[14] Wie Carlos Cobos Schlicht anhand archäologischer Funde darstellt, war Jade schon in der Frühzeit in China Chiffre für die transzendente Welt; das für „Schamane" gebräuchliche Piktogramm steht gleichermaßen für Jade. „Die sakrale Bedeutung von Jade konnte sich später vor allem im Daoismus halten."[15] „Vor allem die auf Leibsublimierung ausgerichteten Termini haben ein besonderes Verhältnis zur Jade."[16] So z.B. die im Wu-Stil-Taijiquan geübte *Neigong*-Praxis mit der Bezeichnung „Jadehase". In der daoistischen Mythologie lebt der Jadehase auf dem Mond und stellt das alchemistische Unsterblichkeitselixier her.

Der Jadehase, der auf dem Mond lebt und dort das Elixier der Unsterblichkeit zubereitet. Relief aus der Grabkammer des Hsiao-t'ang-shan, Shantung.

Das Jade-Mädchen spielt eine bedeutsame Rolle auf verschiedenen Ebenen daoistischer Tradition:[17] zunächst in der Mythologie als Hauptfigur (*Chih-Nü/ Yü Nu/Hsüan Nü*) eines alten allgemeinchinesischen Märchens, als Personifikation des westlichen Sternes im Sternbild Lyra,[18] als Manifestation des Männlichen im Weiblichen in der zum Zwecke der alchemistischen Umkehrung invertierten Korellationen von *Yin* und *Yang*-Aspekten.[19] Jademädchen/Weberin und Kuhhirte, die sich gemäß der Mythologie nur einmal im Jahr treffen können,[20] wenn die Elstern ihnen eine Brücke bauen (als Elsterbrücke wird mikrokosmisch auch die Zunge als Verbindung der Meridiane *Dumai* und *Renmai* bei der Praxis des himmlischen Energiekreislaufs bezeichnet) versinnbildlichen die Vereinigung von zwei Dingen, die zusammen gehören, die aber gewöhnlich getrennt sind. Der Kuhhirte repräsentiert das Trigramm *Li*, Feuer, das Jademädchen repräsentiert das Trigramm *Kan*, Wasser. Der daoistische Adept unternimmt es, mittels der Vereinigung der nachhimmlischen *Li* und *Kan* bzw. Umkehrung der jeweils mittleren Linien derselben (was der Umkehrung des Flusses der Körpersäfte entspricht) zum Vorhimmlischen (*Qian* und *Kun*) zu gelangen.[21] Daraufhin wird - in der Bildlichkeit des *Nei-*

jingtu - das Kind gezeugt/geboren, welches wiederum die Geldstücke zusammenfädelt, die das Sternbild des Schicksals, den großen Wagen, formen.[22]

Weiterhin fungiert das Jademädchen als Schutzgottheit,[23] die böse Mächte und profane Belange fernhält[24] und - kulminierend - als Element des inneren alchemistischen Mediationsprozesses, wie er im berühmten *Neijingtu* im daoistischen Tempel der weißen Wolken in Beijing verbildlicht ist.[25] Hier steht das Jademädchen zusammen mit dem Hirtenjungen für die Vereinigung von *Yin* und *Yang*, also die zentrale alchemistische Prozedur. Alchemistische Teilprozesse sind nach ihr benannt,[26] und sogar ein eigener alchemistischer Text trägt ihren Namen.[27]

Stilisierte Darstellung eines Jademädchens.
Anonym, Daozang 103.

In der Inneren Alchemie haben die Symbole - wie in den vorangehenden Erörterungen deutlich wurde - verschiedene Bedeutungen, je nach ihrem Vorkommen auf unterschiedlichen Ebenen der Beschreibung des Prozesses, in verschiedenen Funktionen in Untersystemen.[28] Als eines von diesen kann auch das Praktizieren von Taijiquan angesehen werden. Im *Pushing Hands* ist die Vereinigung von *Yin*- und *Yang*-Aspekten von größter Bedeutung für die Wirksamkeit der

Taijiquan

kampfbezogenen Prinzipien des Taijiquan,[29] und auch in der Figur der Jadeschönen (zumindest in dem mir bekannten Wu-Stil Taijiquan) kann der *Yang*-Anteil der Kampfkunstanwendung nur mittels der flüssigen Umwandlung aus der vorhergehenden vollständigen *Yin*-Verkörperung richtig und effektiv ausgeführt werden. In dieser Hinsicht praktizieren Taijiquan-Übende heute in gewisser Weise tatsächlich einen Aspekt des Daoismus, allerdings oftmals ohne irgendwelche Kenntnisse von der Verflochtenheit dieser Praxis mit anderen Formen der Ausübung dieser Religion zu haben.

Es ist nicht leicht zu unterscheiden, ob die Figur, die im *Neijingtu* abgebildet ist und Aufgaben/Funktionen auf verschiedenen Ebenen des alchemistischen Prozesse erfüllt, webt oder spinnt. Rousselle nennt sie die „Spinnerin"[30] und zitiert/übersetzt den Begleittext: „Die Spinnerin setzt in Bewegung". Weiter erläutert er: „Man sieht, wie ein Puls in Gestalt eines Fadens vom Spinnrad nach oben zur Bahn des Rückenmarks läuft" und somit die Bewegung des Energiekreislaufs energetisch versorgt. Hier wäre zu untersuchen, inwieweit das „Ziehen der Kraft wie einen Seidenfaden" (*Chansigong/Chansijing*) im Taijiquan, systematisiert als eigene Übungsform unter eben diesem Namen,[31] sich auf daoistisch-meditative Energielenkungsübungen wie die auf dem *Neijingtu* dargestellte Meditationsmethodik zurückführen lässt.[32]

Kenntnisse über diese mythologischen (und meditationspraktischen) Zusammenhänge sind heute bei Taijiquan-Praktizierenden nur in Ausnahmefällen vorhanden. Zusammenhänge wie das einmalige Zusammentreffen des Jademädchens und des Hirtenjungen im siebten Monat des Jahres über die Elsterbrücke[33] sind in westlichen Ländern wenig bekannt, was zeigt, dass auch die genuinen Meditationsmethoden nicht praktiziert werden. Zwar werden im Taijiquan sehr verbreitet Meditationstechniken praktiziert, meistens aber *Zuowang*, das im Zhuangzi angesprochene Sitzen in Vergessenheit (allerdings verschieden interpretiert), oder der kleine Energiekreislauf als Konzentrations- und Atemübung und somit zur Beruhigung des Geistes, wie überhaupt die Beruhigung des Geistes sowohl in der Praxis als auch im Daoismusbild Taijiquan-Praktizierender generell eine zentrale Rolle zu spielen scheint.

Der Körper des Adepten als Berg mit Qi-Strömungen
Chin Ta Ta Yao Thu

„Sieben Sterne": Der Große Wagen Beidou, das wichtigste daoistische Sternbild. Deckengestaltung der Tai Sui Yuenchen Halle im Untergrundpalast des Wong Tai Sin Tempels, Sik Sik Yuen, Chuk Yuen, Kowloon, H.K

3.4. Sieben Sterne[34] / Der Große Wagen

„What is Taoism? The religion of nature, comes the instant reply, the religion of the cosmos. And so indeed it is."[35]

Die Formbewegung „Zu den Sieben Sternen hinaufsteigen" erhielt ihren Namen in Anlehnung an das innerhalb der gesamten daoistischen Tradition wichtige Sternbild[36] des Großen Wagens, wie „die Sieben Sterne" bei uns üblicherweise bezeichnet werden.[37] Ebenso wie bei der Bewegung „Jademädchen" sind auch hier verschiedene Funktionen des Großen Wagens in der daoistischen Mythologie und Praxis auszumachen: Als Sternbild teilt der Große Wagen den Sternenhimmel ein und zeigt die Nordrichtung an[38] (und symbolisiert damit den Ursprung)[39] die einzelnen Sterne stellen personifizierte Gottheiten und Talismane dar[40] und gehen in die Körperorgane ein.[41] „Eine weitere Verbindung besteht zu *Dou Mu*, der kämpferischen Mutter, einer der höchsten daoistischen Gottheiten, die ihre Macht auf der kosmischen Ebene durch die Sieben Sterne manifestiert."[42]

Das Sternbild ist Objekt verschiedener Meditationen, etwa im *Shangqing*-Daoismus.[43] Schamanen (*Wu*) durchschritten die Sieben Sterne des Großen Wagens,[44] Himmelsreisen zum Großen Wagen haben einen festen Platz in daoistischen Vorstellungen.[45] Verschiedene der Riten, die sich auf den Großen Wagen beziehen, werden in Form von Tänzen vollzogen, deren Choreografien festgelegte Schrittmuster nach der Struktur des Sternbildes vorschreiben.[46]

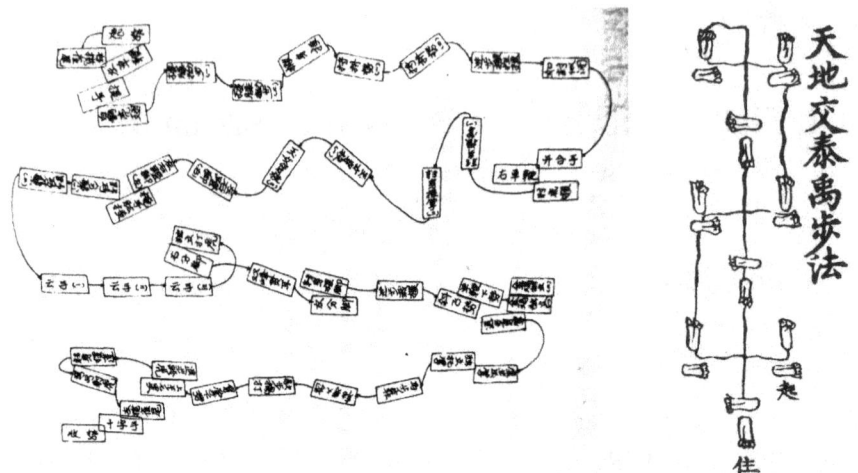

*Links: Schrittmuster für Taijiquan-Formenlauf Taolou
Rechts: Schrittmuster des Yü, gemäß dem im Ritual der Große Wagen um- und durchschritten wird.
Daozang 987.*

Teilweise werden hier zwei weitere unsichtbare Sterne mit einbezogen, worin Beziehungen zu dem Schrittmuster der Neun Paläste aufscheinen.[47] Ritualtänze nach dem Schrittmuster der Sieben Sterne oder anderen kosmischen Mustern wie etwa den verschiedenen Arrangements der acht Trigramme - in den magischen Quadraten *Hetu* und *Luoshu* - wurden als *Bugang* benannt.[48] Eine übliche Bezeichnung für diese Praxis ist *Bugang tadou, „walking along the guideline and treading on (the stars of) the Dipper".*[49] Die Praxis des *Bugang* hat ihren Ursprung in den altertümlichen schamanischen Schritten des Yü/Yu *Yübu*, erreichte ihren Höhepunkt aber in den esoterischen Ritualen der Daoisten.[50] Ein weiteres Verbindungsglied zwischen dem Großen Wagen/Scheffel und dem zugeordneten Schrittmuster einerseits und den neun Palästen und den Schritten des *Yu* andererseits zeigt sich in einer Ausformung des kosmologischen Entstehungsnarrativs der Teilung der Welt in neun Bereiche /Paläste durch die Rotation des Scheffels/Großen Wagens am Gestirnshimmel.

3. Begrifflichkeiten aus der Praxis

Ch'ilsŏng, „Sieben Sterne", koreanisches Götterbild für schamanische Zeremonien (kut)
Eine der wichtigsten Gottheiten im koreanischen Schamanentum. Sie stammt ursprünglich aus der chinesisch-daoistischen Tradition.
Malerei auf Papier, 98,5 x 78 cm, Schenkung Kim Kum-Hwa
Mit freundlicher Genehmigung der Religionskundlichen Sammlung der Philipps-Universität Marburg (Foto: Heike Luu; Copyright: Religionskundliche Sammlung Marburg, Signatur Au 7l)

Es existieren verschiedene daoistische Schriften über den Großen Wagen.[51] Der Titel der daoistischen Standardschrift über den Großen Wagen lautet übersetzt etwa: „Höchste Schrift über den Großen Wagen mit geheimnisvoller Kraft, der das Schicksal lenkt und das Leben verlängert".[52] Dabei ist der Zusammenhang bemerkenswert, dass zum Einen der Große Wagen als das Schicksal des Menschen lenkend angesehen wird, und zum Anderen die Alchemisten, die die Unsterblichkeit suchten, dies durch Meisterung ihres eigenen Schicksals, nicht zuletzt durch rituelle Beherrschung des Großen Wagens herbeiführen wollten.[53] Berühmt ist außerdem Ge Hongs als daoistisch identifizierte[54] „Methode der Verehrung des Großen Wagens", ein vollständiges Ritual mit Opferungen, Gebeten und für die Praxis vorgesehenen Datumsangaben. Der daoistisch initiierte Michael Saso verweist auf „the Pole Star (Big Dipper) or Pei-chi Taoists, the famous military Kung-fu experts associated with Wu-tang shan (...)."[55] Nach Robinet ist das Sternbild speziell mit Transformation assoziiert.[56] Den Sieben Sternen des Großen Wagens ist eine komplette Litanei (*Pei-Tou Yen-Sheng Ching*, die „Polarstern-Schrift der Langlebigkeit") gewidmet.[57] Die heilige Standarte der *Fangshi*, auf der die Abbildung des Scheffels/Sternbildes Großer Wagen, dargestellt ist,[58] ist Vorbild daoistischer Wappen, die sich an Tempeleingängen finden.[59] Bei der Ausübung der Soloform des Taijiquan beginnt man traditionell nach Norden gewandt: „Der große und der kleine Wagen (Bär) und eine schwarze Leere dazwischen sind im Norden: der Übende sollte ihnen zugewandt sein."[60]

Wong Yuen-Ming hat nachgewiesen, dass „das Taiji als Synonym für den großen Wagen und umgekehrt gebraucht wurde" und weist auf „Entsprechungen in der S-Linie des uns bekannten Taiji-Symbols und den sieben Sternen von Ursa Minor" hin.[61] Die in vielen daoistischen Diagrammen zu findende ikonische Form erscheint tatsächlich oft in der etwas ungewöhnlich akzentuierten Form einer liegenden S-Kurve. Huang weist darauf hin, dass die Bilder von Körpergottheiten und Sternenreisen meist nur in esoterischen Zirkeln weitergegeben wurden.[62]

3. Begrifflichkeiten aus der Praxis

Die sieben Schweine, die den Wagen der Jun Di (Chun Di) ziehen, sind die sieben Sterne des Scheffels in verwandelter Gestalt.
Archiv Markus Wagner

Der Begriff „Sieben Sterne" bezeichnet auch die sieben „Waffen" des menschlichen Körpers; Kopf, Hände, Schultern, Ellbogen, Hüften, Knie, Füße. Diese Verwendung der Bezeichnung „Sieben Sterne" ist der Kampfkunst *Xingjiquan* entlehnt.[63] Dies aber macht - wie so oft in chinesischen mythischen Zusammenhängen - die Deutung der Taijiquan-Formbezeichnung als Hinweis auf daoistische Konzepte wie die angesprochenen keineswegs obsolet. Häufig ist die eine Deutung in der anderen enthalten, wobei sich eine Richtung der Verweisstrukturen im Gesamtnetzwerk nicht definieren lässt. Der bekannte Wu-Stil-Lehrer Wang Peisheng[64] beispielsweise erklärt wiederum „die Sterne als Teile des Körpers. [bzw. genauer: Teile des Körpers als Sterne] Der Punkt Baihui auf dem Kopf entspricht dem Polarstern, ist fix, bewegt sich nicht. Der Arm wird angewinkelt, dann bilden Schultergelenk, Ellbogen und Handgelenk zusammen mit Baihui ein Quadrat, den Kasten. Dazu kommen dann vom anderen Bein das Hüftgelenk, Knie und Fußgelenk. Diese zusammen ergeben die sieben Sterne."[65] Hier verweist die Erklärung der sieben Waffen/Körperteile wieder auf die in metaphysischen Diagrammen dargestellte räumliche Anordnung des Gesamtsternbildes und damit auf die makrokosmische Bedeutungsebene.

Die Formfigur „Sieben Sterne" wird im Englischen vollständig üblicherweise mit *„step up to the Seven Stars"* übersetzt, was in zweifacher Hinsicht weitere Bedeutungsaspekte ergänzt: Erstens bezeichnet „Aufwärtsschritt" bildlich treffender die Fußbewegung der Formfigur im Taijiquan-Formablauf, und zweitens verweist der Begriff auf Bezüge, die Carlos Cobos Schlicht im Hinblick auf den Schritt „Magischer Flug zum Siebengestirn" angeführt hat.[66] Ebenso wie in den daoistischen kosmischen Tänzen und Schrittmustern des rituellen *Bugang* ist auch in den Taijiquan-Formen *Taoulou* (entsprechend der kosmologischen Phasen „Entstehung/Ausfaltung" aus *Wuji/Dao* und „Rückkehr" zum *Wuji/Dao*) der Anfangspunkt identisch mit dem Endpunkt der Bewegung.[67]

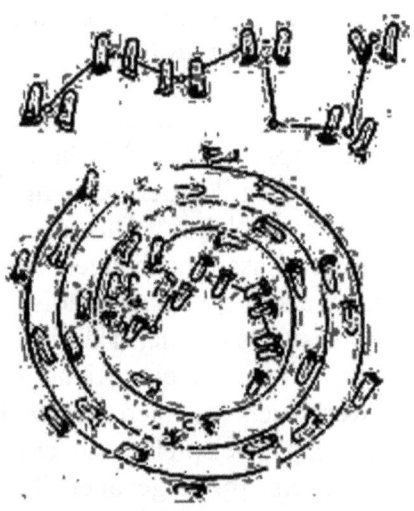

Daoistisches Ritualtanz-Schrittmuster der Sieben Sterne. Ming-zeitlicher Holzdruck: "Die geheimen Punkte der Versammlung der Wahrhaften..."

Im Wu Stil Taijiquan gibt es die „Sieben Sterne" nicht nur als Formfigur, sondern außerdem noch als Übungsmethode aus dem Trainingsbereich des *Tuishou*, der „schiebenden Hände", die als „Sieben-Sterne-Schritt" bezeichnet wird. Sie gleicht in der Ausführung der

Beinbewegung (Schritt und anschließendes Nachziehen des hinteren Fußes) wiederum dem „lahmenden" Schritt des *Yü* und folgt - ähnlich der Schrittfolge des „Großen Ziehens" *Dalu* - einem Dreierrhythmus, wie er im daoistischen *Baopuzi* als der frühesten Erwähnung des Schrittes des *Yü* beschrieben ist.[68] Es ist ungeklärt, ob Isabelle Robinets Beobachtung, dass daoistische Meditationen über den Großen Wagen Aufschluss über die Formen der Kontraktion (*Yin*) und Expansion (*Yang*) sowie über die Fähigkeiten des Erscheinens und Verschwindens geben, entsprechend auch anhand der Taijiquan-Praxis der betreffenden Formfigur nachvollziehbar ist. Die genannten Elemente finden sich allgemein im Taijiquan, jedoch meines Wissens nicht in herausragendem Maße in dieser Formfigur.

Als Bezeichnung der *Pushing-Hands*-Schritttechnik hat dieser daoistisch konnotierte Begriff eine noch größere Signifikanz, denn in diesem Trainingsbereich sind lediglich drei Namen für Übungsmuster vergeben, nämlich *Dalu*, das „Große Ziehen", der „Neun-Paläste-Schritt" auf den weiter unten noch eingegangen wird und eben jener „Sieben-Sterne-Schritt". Es sei des Weiteren darauf hingewiesen, dass sowohl die stark figurativen Schrittmuster dieser ritualisierten Partnerübungen als auch das Gesamtschrittmuster der Soloübung Gemeinsamkeiten mit rituellen Tänzen im Daoismus aufweisen.

Zaubermünze mit Schwert und Scheffel
Mit freundlicher Genehmigung durch Gary Ashkenazy

Neben den oben beschriebenen findet sich noch eine dritte Anwendung der „Sieben Sterne" im Taijiquan: Eine bestimmte Waffenform (eine der beiden Schwertformen im Wu-Stil-Taijiquan nach Ma Yuehliang) trägt in ihrer Gesamtheit den Namen „Sieben-Sterne-Schwert". Die Bezeichnung „Sieben-Sterne-Schwert" ist identisch mit dem Namen eines Instrumentes, das die *Wu*/Schamanen neben Amuletten, Zaubersprüchen, der „Holztafel mit heiligen Schriftzeichen" oder den „zwei Bambusstümpfen mit neun Einkerbungen" bei ihren Ritualen als Hilfsmittel benutzten: eben das so genannte „Sieben-Sterne-Schwert".[69] Das „Sieben-Sterne-Schwert" *Qixing Jian,* in das das Muster des Scheffels eingraviert ist, gehört zu den regelmäßig anzutreffenden Ritualgeräten *Faqi* des Daoismus.[70] Als „Sieben-Sterne-Schwert" wurde außerdem die Waffe des *Xuanwu* (dunkler Krieger), Vorläufer des vollkommenen Kriegers *Zhenwu*[71] und Schutzherrn der Kampfkünstler, der den Wudang Bergen zugeordnet ist, bezeichnet. *Xuan* (dunkel, geheimnisvoll) ist ein Grundbegriff des Daoismus[72] das Zeichen wird auch im Pseudonyms (*Xuan Xuan*) von Zhang Sanfeng verwendet.[73] Die enge Verbindung des Schwertes mit dem Kult der Sieben Sterne, die nach Meria Arichi auf chinesischen Einfluss zurückgeht, wurde anhand des japanischen Schwertes *Shchisei Ken* aus dem siebten Jahrhundert nachgewiesen, auf dem das Sternbild des Großen Wagens/Scheffels abgebildet ist.[74]

3. Begrifflichkeiten aus der Praxis

*Sieben Sterne Schwert mit Darstellung des Sternbilds „Großer Wagen"/"Scheffel" aus der Tang-Zeit. Daozang 196.
Darunter: Heiliges Schwert, das schwebend am Gewölbe der für die Öffentlichkeit unzugänglichen Haupthalle des Wong Tai Sin Tempels angebracht ist. Wong Tai Sin Tempel, Sik Sik Yuen, Chuk Yuen, Kowloon, H.K.
Archiv Markus Wagner*

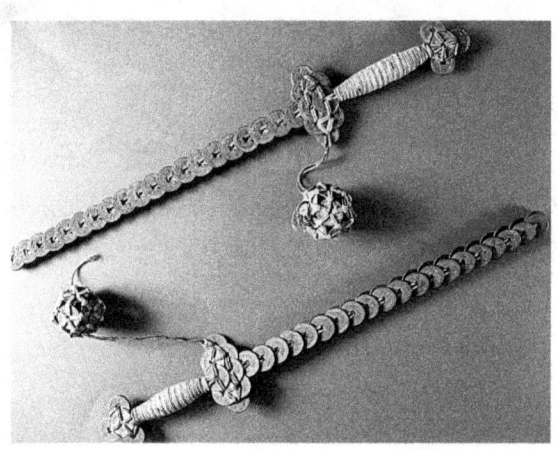

*Magische Münzschwerter / 7-Sterne-Ritualschwerter
Mit freundlicher Genehmigung der Religionskundlichen Sammlung der Philipps-Universität Marburg
Foto: Heike Luu
Copyright: Religionskundliche Sammlung Marburg, Signatur Pt 041*

Die Symbolik ist hier wie in anderen daoistischen Zusammenhängen mehrstufig: Die sieben Sterne symbolisieren als Formname die sieben „Waffen" des Körpers (Hand, Ellbogen, Schulter, Hüfte, Knie, Fuß, Kopf), die aber wiederum vieles Andere bedeuten (und von diesem „bedeutet werden"). Taijiquan-Kampfkünstlern neuerer Zeit ist im Allgemeinen nur diese erste Bedeutung bewusst, darüber hinaus aber nicht unbedingt bekannt, dass in der Taijiquan-Symbolik als Ausprägung einer daoistisch-alchemistischen Symbolik die Kette oder das Netz der Erklärungen gewöhnlich nicht nach der ersten Bedeutungszuschreibung „zu Ende ist".

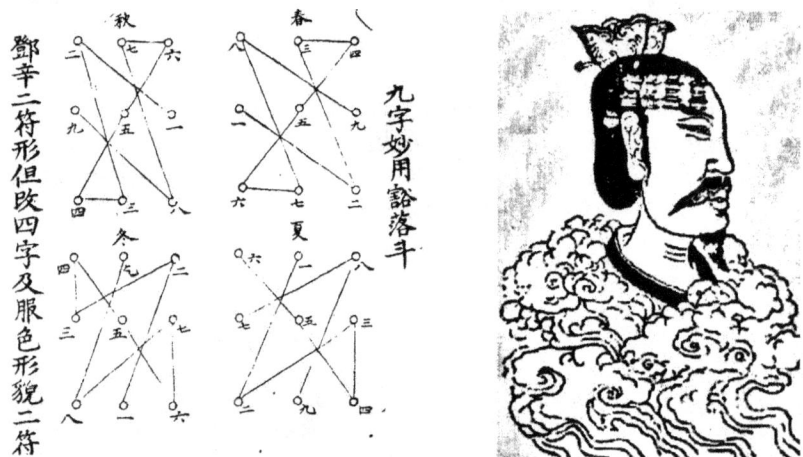

Schrittmuster durch die Neun Paläste nach Jahreszeiten im magischen Quadrat. Daneben: Visualisierung der Neun Paläste im Kopf. Daozang 1221, 30:673a.

3. Begrifflichkeiten aus der Praxis

Sternbildflagge vor einem daoistischen Tempel.
Joseph Needham: Science and Civilisation in China. Vol. 3 Mathematics. Cambridge 1959. Mit freundlicher Genehmigung durch Cambridge University Press.

3.5. „Neun Paläste"[75]

Beim so genannten „Neun-Paläste-Schritt" im Taijiquan handelt es sich, wie der Name schon andeutet, um ein bestimmtes Schrittmuster, kombiniert mit einer Variante der Übung der *Schiebenden Hände* (meist bekannt in der englischen Übersetzung als *Pushing Hands*). Die „Neun Paläste" stellen im Daoismus - makrokosmisch - Sterne, mitsamt den neun zugeordneten Gottheiten dar,[76] des Weiteren - mikrokosmisch - neun Bereiche im Schädel,[77] deren Zentrum das obere Elixierfeld *Niwan* bildet.[78] Diese sind Meditationsgegenstand der inneren Alchemie[79] bzw. daoistischer subtiler Anatomie[80] und finden sich beispielsweise auch im *Neijintu* als die neun Gipfel des *Kunlun*-Gebirges - der Residenz daoistischer Unsterblicher - bildlich dargestellt.[81] Sakrale Gebäude in daoistischen Tempeln werden häufig „Paläste" genannt.[82] Die alchemistische Bedeutung der Neun Paläste wird darin deutlich, dass sie mikrokosmisch im oberen Zinnoberfeld lokalisiert werden.[83] In einem Abschnitt des *Laozi Zhongjing*, welcher den Göttern gewidmet ist, die sowohl in den Himmeln als auch im menschlichen Körper leben, heißt es: „The Lord of the Dao (…) resides in the Nine Heavens (…) He (…) wears the Headgear of the Nine Virtues. (…) Underneath a nine-layered flowery canopy, Laozi and Great harmony attend to him on his left and his right."[84]

Das Konzept der „Neun Paläste" geht auf den Schritt des Yü zurück, auf dessen Bedeutung im Daoismus Carlos Schlicht hinweist: „Bereits im 6. Jh. waren die Schritte des Yü unter den Daoisten so weit verbreitet, dass die danach streben, sich wie Bienenschwärme erheben und diese Praxis bis ins Mannigfaltigste entwickeln.'"[85] „Erstmals wurden sie in der Shanqing-Schule des 4. Jh. in Zusammenhang mit dem rituellen Himmelsaufstieg zum Siebengestirn [sic!] des Großen Wagen genannt."[86] Eine weitere Referenz zeigt sich darin, dass das Fluss-Diagramm *Hetu*, eine Variante des Taiji-Diagramms, der Legende nach dem großen Yü (auf dem Rücken einer Schildkröte) offenbart wurde.⁸⁷

Urahn Yü, der das Land abschritt und so in die Neun Provinzen einteilte.

Im *Xiushen Shishu* (DZ 263), einem Text aus dem frühen 14. Jahrhundert, finden sich nebeneinander daoistische Diagramme (Vorläufer des berühmten Meditationsbildes *Neijingtu*) und Essays zur inneren Betrachtung und zu den Neun Palästen.⁸⁸ In graphischen Darstellungen der neun Paläste als Hilfsmittel daoistischer Initiationsriten⁸⁹ in Form eines großen Quadrates, bestehend aus drei mal drei kleinen Quadraten sind um den Zentralpalast herum die acht Trigramme als Repräsentanten der acht Richtungen platziert. Beim Ablaufen der vier Kardinalrichtungen ergibt sich analog das rautenförmige Schrittmuster des Taijiquan-Neun-Paläste-Schrittes.⁹⁰ Neuerdings hat Dan Docherty diesen Zusammenhang folgendermaßen dargestellt: „ The pushing hand method ‚Nine Palace Step' refers to the altar of Nine Palaces found in Taoist Temples, comprising the Eight Trigrams as the eight directions, with Tai Chi as the centre. The concept is of both partners stepping into and out of the palaces."[91]

Der Rückgriff auf die acht Trigramme als Mittel der räumlichen Orientierung ist im daoistischen Ritus wie im Taijiquan eine spezifische Methodik. Da Paläste die zentrale Position zwischen den vier Richtungen markieren,[92] und es traditionelle Entsprechungen zwischen quadratischen Vierer-Anordnungen und kreisförmigen Neuner-Einteilungen gibt,[93] ist der Begriff für die Taijiquan-Bewegung des rautenförmigen schrittweisen Umkreisens des Zentrums (im Taijiquan: *Zhongding*) treffend gewählt. Reminiszenzen an die Grundstruktur des in neun (acht äußere plus ein inneres) kleinere Quadrate aufgeteilten Quadrates liegen wahrscheinlich auch in der Konzeption der „Neun Tore" bei der Meditation des kleinen Energiekreislaufs bei Liang/Richter vor, wo acht Tore auf den *Dumai* und *Renmai*-Meridianen um das neunte Tor (in der Schädelmitte) gruppiert sind.[94]

Wu Kung Cho, in dessen Zuordnung die Neun Paläste den acht Trigrammen als Ausprägungen der acht Richtungen plus der Mitte entsprechen, leitet seine elaborierte (und ähnlich den vielfältigen Zuordnungen im *Neidan* für uns Uneingeweihte nur mühsam nachvollziehbare)[95] Darstellung von Entsprechungen mit der folgenden kategorischen Aussage ein:

"The nine Palaces also have exterior and interior aspects."[96]

„Die Neun Paläste haben ebenfalls sowohl innere als auch äußere Aspekte."

3. Begrifflichkeiten aus der Praxis

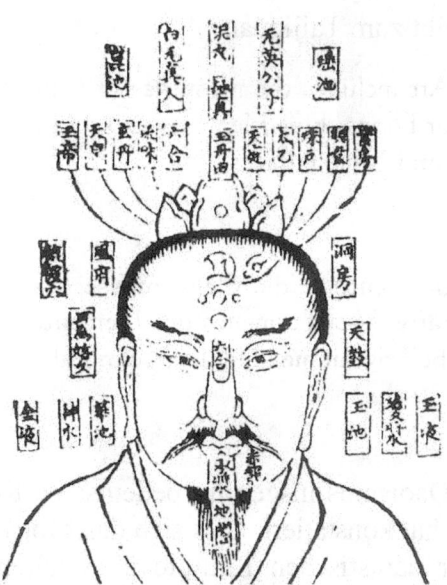

Darstellung des Kopfes mit seinen Göttern und mystischen Komponenten. Die „Neun Paläste" im Kopf des Adepten der Inneren Alchemie entsprechen den „Neun Himmeln": Der „Palast der Lichter", der „Palast der drei Unsterblichen", der „Palast des oberen Zinnoberfelds" etc..

Yang Luchan erwähnt in seinem Kommentar zu den ersten kosmologischen Erörterungen des Taijiquan-Treatise die neun Paläste ebenfalls:

"When we practice T'ai-chi, as soon as the will moves, it is projected into the four limbs. T'ai-chi gives birth to yin and yang, the four duograms, eight trigrams and the Palace of Nine. (...) when we are still, all reverts to Wu-chi (...).''97

„Wenn wir Taiji praktizieren, wird der Wille, sobald er sich regt, in die vier Gliedmaßen projiziert. *Taiji* gebiert *Yin* und *Yang*, die vier Duogramme, acht Trigramme und den Palast der Neun. (..) wenn wir still sind, kehrt alles zu *Wuji* zurück (...).''98

Taijiquan

Sun Lutang schreibt zum Taijiquan:

"The core of the Art includes the mysteries of One Principle, Two Qi, Three Powers, Four Forms, Five Elements, Six Harmonies, Seven Stars, Eight Trigramms, and Nine Palaces."[99]

„Der Kern der Kunst enthält die Geheimnisse des einen Prinzips, der Zwei *Qi*, Drei Kräfte, Vier Formen, Fünf Elemente, Sechs Harmonien, Sieben Sterne, Acht Trigramme, und der Neun Paläste."

Hier werden im Daoismus insgesamt bedeutsame Konzepte thematisiert. Kalinowski hat konstatiert, dass sich das Motiv der Neun Paläste sowohl in der daoistischen Liturgie als auch in Methoden der Wahrsagekunst findet, die ebenfalls wiederum Einfluss auf den Daoismus hatten,[100] speziell in der „Methode *Jiugong*".[101] Während die Neun Paläste auf der Erde den oben genannten Richtungen zugeordnet sind, gehören sie im Himmel zu den - in diesem Fall neun - Sternen (sieben sichtbare plus zwei unsichtbare) des Großen Wagens.[102]

Der Umstand, dass sich sowohl die Sieben Sterne als auch die Neun Paläste auf die gleiche Gestirnskonstellation beziehen,[103] belegt einen engen Zusammenhang zwischen den entsprechenden metaphysischen Konzepten, der sich im Taijiquan in der parallelen Benennung der zentralen Übungsformen der Schrittmuster bei den Pushing Hands niederschlägt. Ein weiteres beachtenswertes Vorkommen von auch im Taijiquan verwendeten daoistischen Symbolen besteht darin, dass die „Neun Vollkommenen" in den „Neun Palästen" residieren,[104] die sich im Norden in einem Himmel mit der Bezeichnung „Großes Letztes" *Taiji* befinden. Sieben und neun sind die Zahlen des „jungen" bzw. „alten" *Yang*.[105] Neun ist die Zahl der Vollendung, des höchsten *Yang*, der Vielheit in der Einheit und die Zahl der Vollendung der Verwandlung in das Eine,[106] daher die daoistischen Verse:

„Sich selbst zu transformieren heißt Vollendung erlangen, und dies ist was ‚die neun Paläste' genannt wird; die neun Paläste vereinigen sich und verwandeln sich in eine gemeinsame Einheit".[107]

Vercammen sieht ein Desiderat der Forschung im Nachweis weiterer von ihm angenommener Entsprechungen von Schrittmustern der „inneren Kampfkünste" mit daoistischen Ritualtänzen zusätzlich zu den von ihm aufgezeigten.[108] Auch nach Catherine Despeux ist der Neun-Paläste-Schritt des Taijiquan eine Abbildung des in daoistischen Texten beschriebenen „Schritt des Yü", mit dem Yü dem Mythos zufolge die neun Weltgegenden voneinander trennte, also eine rituelle Wiederholung (bzw. Umkehrung) des entsprechenden Abschnittes des Schöpfungsmythos.[109] Dieser Schritt des Yü, eines daoistischen Schutzheiligen,[110] spielt im Daoismus weithin die Rolle eines exorzistischen Tanzes,[111] wie auch die verschiedenen Anordnungen der Trigramme nach der „Flusstafel und dem Luo-Dokument [u.a. in ihrer Eigenschaft als Vorlagen für magische Quadrate] kenntnisvermittelnde Mustervorlagen zur Erleuchtung" sind.[112] Bemerkenswert ist, dass es übereinstimmend in verschiedenen daoistischen Texten der *Tang*-Zeit eine Konvention der Darstellung der Neun Paläste in Kreisform gibt, aus der Schrittmuster als Repräsentanz der Sieben Sterne/Neun Paläste in der für den Neun-Paläste-Schritt des Taijiquan typischen Form entstanden sein könnten.[113]

*Druckstock, auf der Detailansicht sind ein magisches Quadrat mit der 9-
Paläste-Unterteilung sowie die 8 Trigramme (Bagua) zu erkennen.
Mit freundlicher Genehmigung der Religionskundlichen Sammlung der
Philipps-Universität Marburg (Foto: Heike Luu; Copyright: Religions-
kundliche Sammlung Marburg, Signatur Oo 085)*

In diesem Zusammenhang ist außerdem auf Tinn Chan Lees historische Darstellungen hinzuweisen: Lee beschreibt in einiger Ausführlichkeit mögliche Vorläufer des Taijiquan bzw. Gründergeschichten von Taijiquan- und Proto-Taijiquan-Traditionen, darunter eine Lehrer- Schüler-Linie aus der *Liang*-Dynastie, deren Übertragung von Ching Ling Sin über Han Koong Yit zu Ching Be erfolgte, deren Name Lee mit „The Small Nine Heavens" angibt.[114] Die Bezeichnung einer Kampfkunst als „Kleine Neun Himmel" taucht verschiedentlich auf, aber lediglich Jiang Jian Ye aus der Yang-Linie sowie Tinn Chan Lee aus der Wu-Linie, einem Ableger der Yang-Tradition, bringen diese mit der Entstehung des Taijiquan in Verbindung. Hier liegt erneut eine mögliche Verbindung zwischen mythologieabbildenden Schrittmustern (Yü, Neun Paläste, neun Himmel) und Taijiquan-Elementen, vermittelt durch Mikrokosmos-Makrokosmos-Spekulationen („small nine Heavens"), vor.

Lediglich zumindest etwas Fortgeschrittene erlernen den Neun Paläste Schritt. Viele merken sich sicherlich nicht den Namen, falls er ihnen überhaupt mitgeteilt wird, und nur eine Minderheit der Taiji-Praktizierenden im Westen kennt die alchemistisch-daoistische Bedeutung der Neun Paläste, abgesehen vielleicht von einigen Sinologen und Religionswissenschaftlern und engen Schülern traditionell unterrichtender Lehrer, die auf die daoistischen Ursprünge hinweisen, wie z.B. Dan Docherty. Dessen Verlag, in dem Dochertys nicht unumstrittene Interpretationen der Klassiker erschienen sind, firmiert wie bereits erwähnt, bezeichnenderweise unter dem Namen „Red Cinnabar". Hier fällt es tatsächlich zumindest gebildeten Chinesen, die auch heute noch Elemente ihrer Mythologie kennen, leichter, entsprechende Hinweise zu entdecken.

Die Trigramme Qian und Kun (Himmel und Erde)

3.6. *Qian* und *Kun*

Die Trigramme *Qian* und *Kun* (Himmel und Erde) spielen *die* zentrale Rolle im alchemistischen Prozess des inneren Elixiers.[115] *Qian* (Himmel) besteht in der Symbolik des *Yijing* aus drei durchgezogenen (*Yang*-)Linien, *Kun* aus drei unterbrochenen (*Yin*-)Linien.

Aus *Wuji* entstand *Taiji, Taiji* besteht in der beginnenden Existenz von *Yin* und *Yang*. *Yin* und *Yang* sind Mutter und Vater aller Dinge. Ebenso sind *Qian* und *Kun* Vater bzw. Mutter,[116] und so kann durch Manipulationen von *Qian* und *Kun* in den Prozess des Entstehens der Dinge eingegriffen, dieser umgekehrt und dadurch der Urzustand *Wuji* wiederhergestellt werden. Dies wird auch als (sexuelle) Vereinigung des Hirtenjungen mit der Weberin dargestellt.[117] *Qian* ist das höchste *Yang*-Trigramm, im alchemistisch symbolisierten Körper kann es als Gefäß „Dreifuß" des alchemistischen Verschmelzungsprozesses fungieren.[118] Um den Prozess der Entstehung des Nachhimmlischen umzukehren und somit wieder in den vorhimmlischen Zustand des *Wuji* zurück zu gelangen (kosmologisch und gleichzeitig psychologisch), müssen sich *Qian*, das „wahre *Yang*", und *Kun*, das „wahre *Yin*",[119] vereinigen.[120] Diese Rückführung aus der Welt der Vermischung geschieht indirekt, indem Feuer und Wasser, in deren zugeordneten Trigrammen das *Yang* das *Yin* umfängt (bzw. umgekehrt), in der zur gegenseitigen Durchdringung neigenden Kombination (Wasser über Feuer) verbunden werden.[121] Das *Taiji*-Diagramm kann als Hinweis auf das Umfassen des *Yin* durch *Yang* und umgekehrt gelesen werden.[122] Interessant ist auch der Bezug zum Schöpfungsmythos der Kampfkunst Taijiquan, nach der Zhang Sanfeng durch die Beobachtung des Kampfes eines Vogels mit einer Schlange inspiriert worden sein soll.[123] Der Vogel kann als Repräsentant des Feuers (*Yang*) gelesen werden, die Schlange als Repräsentant des Wassers (*Yin*), was auf die - nicht notwendigerweise sexuelle - Vermischung von Feuer und Wasser oder *Yin* und *Yang* in der alchemistischen bzw. Taijiquan-Partner-Praxis vorausweist. Interessant ist hier aber auch die Verschiebung in Form der Darstellung des *Xuanwu*, dessen Embleme Schildkröte und Schlange alchemistisch Wasser respektive Feuer repräsentieren.[124] Deren verschlungene Darstellung bildet wiederum eine Variante anderer gewöhnlich verschlungener Darstellungen von *Yin*-und *Yang*-Aspekten, beispielsweise im „Doppelfisch"-förmigen *Taiji*-Diagramm.

Es folgt eine Andeutung der Parallelen zwischen der Schöpfung und der alchemistischen Rückkehr, wie sie sich, graphisch aufbereitet, auch in verschiedenen Varianten des *Taijitu* findet:

<u>Kosmogonie: („mit dem Verlauf gehen")</u>
Dao generiert das Eine
Das Eine generiert die Zwei
Die Zwei generieren die Drei
Die Drei generieren die 10.000 Dinge

<u>Neidan: („den Verlauf umkehren")</u>
10.000 Dinge.
„Die Fundamente legen"
-> die Essenz (*Jing*)
Von der Essenz zum *Qi*
-> *Qi*
Vom *Qi* zum *Shen*
-> shen
Von *Shen* zur Leere
-> Leere

Girardot fügt dem auf kosmisch-mythologischer Ebene die analoge, ebenfalls umkehrbare Stufenfolge hinzu:

1. *Präkosmische „Ordnung":* Chaos, Kosmisches Ei, Ur-Raupe, Körper des *Pangu* (als Zustand chaotischer Ganzheit oder embryonaler (sic!) Einheit enthält dieses Stadium bereits *in nuce* die späteren Kategorien der manifesten Schöpfung)

2. *Agens der Transformation - Schöpfung: Pangu*, das Schöpfungspaar

3. *Kosmische Ordnung:* Dualität: Himmel/Erde...[125]

Im *Jindan Dayao* (Große Grundlagen des Goldenen Elixiers) heißt es:

"Those who practice the great cultivation intend to search for the body of the Great Ultimate (taiji) before its division, the true instant of the creation of the world. Therefore the exalted immortals and the highest saints search for the Breath prior to the generation of Heaven and Earth within the state posterior to heaven and earth. (...) You should search for the state prior to Heaven and Earth, before the rise of forms (...)."[126]

„Diejenigen, die die große Kultivierung praktizieren, streben danach, nach dem Körper des Höchsten Letzten (*Taiji*) vor dem Beginn seiner Teilung zu suchen. Darum suchen die erhabenen Unsterblichen und die höchsten Heiligen nach dem Atem *vor* der Erzeugung von Himmel und Erde innerhalb des Zustandes *nach* Himmel und Erde. (...) Du solltest nach dem Zustand vor Himmel und Erde, vor dem Entstehen von Formen suchen (...)."

Insbesondere der Sun-Taijiquan-Stilbegründer Sun Lutang macht die Bedeutung dieses Umkehrungsprozesses im Taijiquan explizit:

„Die beste Art der Kultivierung (...) ist „Der Weg der inneren Bewegung". Diese Methode vertauscht Qian (Himmel) und Kun (Erde), dreht das Qi des späten Himmels (den geborenen Menschen) in die Funktion des frühen Himmels (der ungeborene, vorgeburtliche Mensch)."[127]

Ebenso betont Chen Weiming, Schüler von Yang Chengfu, im Vorwort zu Sun Lutangs Buch, das er unter dem Namen Zheng Ze verfasste, die Ausrichtung der Praxis auf das Vorhimmlische:

"One should avoid using the clumsy post-natal strength (...)."[128]

„Man sollte vermeiden, die plumpe/unbeholfene nachgeburtliche Kraft zu benutzen (...)."

Das Vorwort seiner Publikation über die Kampfkunst Taijiquan (der ersten überhaupt) beginnt Sun mit den Worten

„Qian and Kun are the original creative Principles"

„*Qian* und *Kun* sind die ursprünglichen kreativen Prinzipien"

und einer kompakten Darstellung der Entstehung der 10.000 (nachhimmlischen) Dinge aus dem Vorhimmlischen:

"The pre-heaven original qi becomes the intrinsic essence of the post-heaven manifestations that have shape."[129]

„Das vorhimmlische, ursprüngliche *Qi* wird zur inneren Essenz der nachhimmlischen Manifestationen, die eine Form besitzen."

"They [the martial arts] sought to recover the ‚insubstantial' [pre-heaven] qi".[130]

„Sie [die Kampfkünste] strebten danach, das 'nicht substanzielle' [vorhimmlische] *Qi* wieder zu erlangen."

Die Umkehrung von Feuer und Wasser zu Himmel und Erde und schließlich zum Vorhimmlischen, die auf (subtil)-körperlicher Ebene der Umkehrung (Rückfluss) der Körpersäfte entspricht, wird in der inneren Alchemie durch Versiegeln der unteren Pforte, des Perineums bewerkstelligt.[131] Exakt die gleiche Prozedur ist bei Sun Lutang unter der Überschrift „ A Study of Taiji [Posture]" beschrieben:

"The tongue touches the roof of the mouth. The anus is lifted. The result of this is called ‚turning Qian and Kun', which refers to revolving the qi and causing the true pre-heaven qi to flow in reverse. This qi is called Tai Ji."[132]

„Die Zunge berührt den Gaumen. Der Anus wird angehoben. Das Ergebnis wird bezeichnet als ‚*Qian* und *Kun* drehen' - ein Kreisen des *Qi* und Umkehren des Flusses des wahren vorhimmlischen *Qi*. Dieses *Qi* heißt *Taiji*."

Auch bei Wu Kung Cho, dem Sohn des Wu-Stil-Begünders Wu Jianquan, lässt sich ein fließender Übergang zwischen kampfkünstlerischer und alchemistischer Terminologie feststellen. In dem augenscheinlich rein martiale Belange thematisierenden Kapitel „Tai Chi Explanation of understanding *Jin* Energy" heißt es:

"The process of understanding Jin energy and approaching spiritual illumination occurs when intellectual aspects are achieved prior to doing battle. (...) When Yang is matched by Yin, fire and water benefit each other, and Qian (Heavenly) and Kun (Earthly) aspects interrelate peacefully. And so one's nature and fate are truly nourished."[133]

„Das Erlangen eines Verständnisses von *Jin* Energie und eine Annäherung an spirituelle Erleuchtung geschieht, wenn mentale Aspekte erreicht werden bevor man kämpft. (...) Wenn *Yang* und *Yin* übereinstimmen, fördern Feuer und Wasser einander, und *Qian* (himmlische)- und *Kun* (irdische)-Aspekte stehen in friedvollem Austausch. Und so werden die Selbstnatur und das Schicksal des Übenden wahrhaft genährt."

Im Wu-Stil Taijiquan der „Shanghai-Linie" (Ma Juehliang) gibt es daneben eine Schwertform, die den Namen „*Qian Kun Jian*", also „Himmel-Erde-Schwert" trägt, wobei die Authentizität der Existenz und Benennung zweier verschiedener Schwertformen allerdings nicht nachgewiesen ist.

Taijiquan

Die Trigramme Qian und Kun im Zentrum der acht Trigramme und zwölf Tierkreiszeichen

In verschiedenen Yang-Stil-Traditionslinien und im Wu Stil als Abkömmling des Yang Stils gibt es Übungsformen, die den Fokus noch stärker als sonst im Taijiquan auf die Entstehung äußerster Härte aus völliger Weichheit legen. Diese Übungsmethoden, die viel mit äußerlich bewegungunglosen Haltungen (*Ding Shi*) und dem Training der Sehnen als Kraftquelle arbeiten, werden als „Vereinigung von *Qian* und *Kun*" bezeichnet. Diejenigen in den genannten Traditionen, die die „*Qian-Kun*-Sehnenformen" üben, tun dies bewusst und kennen auch die entsprechende Terminologie. Diese Praxis ist allerdings selten, und wird grundsätzlich nicht öffentlich unterrichtet.

Dezidiert alchemistische Praktiken wie das Umwandeln des Nachhimmlischen in das Vorhimmlische (einschließlich der Kenntnis der entsprechenden Terminologie) finden sich öffentlich in der heutigen Zeit vor allem in Qigong-Schulen. Dabei ist bemerkenswert, dass ausgerechnet zwei der derzeit weltweit wohl erfolgreichsten Qigong-„Meister", die sich auch explizit als Lehrer des Daoismus verstehen, der Amerikaner Bruce Kumar Frantzis und der Taiwanese Mantak Chia, ihre Praktiken nicht ausschließlich (wahrscheinlich gar nicht) als daoistische Linienhalter einer religiösen Qigongtradition, sondern im Bereich der Kampfkünste gelernt haben. Beide haben Wu-Stil-Taijiquan gelernt, und bei beiden sind „Qigong"-Methoden nachweisbar, die im Wu-Stil-Taijiquan als *Neigong*-Übungen nur dem durch die *Baishi*-Zeremonie Initiierten vorbehalten sind, wenn auch teilweise in leicht veränderter Form. Hier scheint das größere Interesse „Qigong"-Praktizierender an spirituell interpretierbaren Inhalten dazu geführt zu haben, dass die entsprechenden Methoden für genau dieses Publikum aufbereitet und in entsprechenden Kreisen tradiert wurden.

3.7. 108 Formbewegungen

Traditionelle Taijiquan-Formen umfassen stets 108 Bewegungen. Ein Zufall ist auszuschließen, da sowohl Hand- als auch Schwert- und Säbelform des traditionellen Wu-Stil-Taijiquan jeweils genau 108 Bewegungen aufweisen. Die Zahl 108 in mehrerlei Hinsicht in bedeutsame Zahlen der daoistischen Zahlenmystik zerlegbar: 3 x 36, wobei die ebenfalls im Daoismus z. B als Zahl des *Qian*, des *Yang*-Feuers bedeutsame Zahl 36[134] dem Vierfachen von neun entspricht, der Zahl der Vollendung, dem Sechsfachen von sechs oder auch dem Dreifachen der speziell bei den Himmelsmeistern bedeutsamen Zahl zwölf. Die zwölf Tierkreiszeichen des Sternenhimmels sind in die Bezeichnungen der 24 *Neigong*[135] -Übungen im Wu-Stil eingegangen. Aus zwölf Übungen besteht das berühmte - meist dem Buddhismus zugeordnete - *Yijinjing* des Bodhidharma, dem ein weit reichender Einfluss auf die Entwicklung der chinesischen Kampfkünste und sicherlich speziell auch auf deren meditative Elemente zugesprochen wird.

Isabelle Robinet unterstreicht die Bedeutung von Vervielfachungen heiliger Zahlen, insbesondere neun und zwölf, deren Produkt 108 ergibt, für den Daoismus.[136] 108 Sterne des Schicksals stehen im Zentrum des Chinesischen Klassikers *Shui Hu Zhuan*. Die Geschichte gründet auf dem daoistischen Konzept, dass das Schicksal jedes Menschen an einen Stern gebunden ist. Ein anderer Name für die 108 Sterne des Schicksals ist „108 Sterne des Himmels und der Erde".

Folgende ausführliche Erklärung gab mir ein Linienhalter der Wu/Cheng-Linie; ich zitiere den vollständigen Wortlaut, trotz der relativen Weitläufigkeit, um die komplexen Verweisungszusammenhänge zu demonstrieren, die es nicht zulassen, *eine* der Erklärungen als die Übergeordnete festzulegen:

3. Begrifflichkeiten aus der Praxis

„*[108] is [the]chinese Daoist number, sky 72, and land 36. adding up into 108.*

Which means it include[s] everything. and also it represents a sphere: in Chinese ancient astronomy, 5 days is a sector. they named it as Ji. that is 5 days one ji. Sky 72 times 5 chi equal to 360. Which is generally the circle of one year. Hence, it also means a sphere in an object, which covering the earth. out of this 72 Ji or Chi, 1/3 (1/3 means the middle) of it drives or maks the importnat climate changes of a year, that is the well known 24 chi. Ancient China was a farmers' country."[137]

Zusammengefasst steht die Zahl 108 also für die Vereinigung von 72 und 36 (für Erde und Himmel, hier hat mein Interviewpartner augenscheinlich die Zuordnungen vertauscht), *Qian* und *Kun*, und die Form eines Kreises, wobei hier sowohl Rückkehr zum Anfang als auch der leere Kreis, der das *Wuji* symbolisiert, als Konnotationen mitschwingen.[138]

Die Zahl 108 spielt noch in anderen daoistischen Zusammenhängen eine signifikante Rolle: Puppenspiele, wie sie von daoistischen Meistern aufgeführt werden, sind ein Beispiel für die enge Verbindung von Religion/Ritual und Drama, das unter anderem liturgische Funktion erfüllt. „(...) puppets do not just represent the gods: the *are* the gods"[139] Hierbei gilt als Regel, dass das Marionettenensemble aus 36 Körpern und 72 Köpfen besteht. Die Summe 108 entspricht der Gesamtzahl der kosmischen Konstellationen. Die Puppen repräsentieren alle Elemente des Universums.[140] So könnte auch die These aufgestellt werden, die 108 Bewegungen der Taijiquan-Formausübung (*Taolou*) repräsentieren alle Elemente des Universums.[141]

Die meisten fortgeschrittenen Taijiquan-Übenden kennen die Zahl der 108 Formbewegungen in traditionellen Formen im Gegensatz zu „modernen", meist deutlich kürzeren Formen. Viele vermuten auch einen religiösen Ursprung, und es ist zu beobachten, dass die entsprechenden Formen aufgrund dieser Tatsache ein höheres Ansehen genießen. Ein genaue Erklärung habe ich allerdings bis auf die Antwort des oben genannten Lehrers noch nie erhalten. Wie bei anderen Detailfragen werden hier häufig wenig fundierte synkretistische Erklärungen wie die von der heiligen Zahl des Buddhismus genannt.

Eine Reihe weitere Begrifflichkeiten gelten als Kandidaten für Interaktionen zwischen Daoismus und Taijiquan anzuführen. Einige werden im Folgenden aber lediglich genannt; ausführliche historisch-philologische Nachweise werden künftiger Forschung überlassen:

3.8. *Xuan Xuan Dao*, Der goldene Hahn, Wolkenhände, Die *Pipa* spielen, Die goldene Glocke aufhängen, Einfache Peitsche, Xu Xuanping

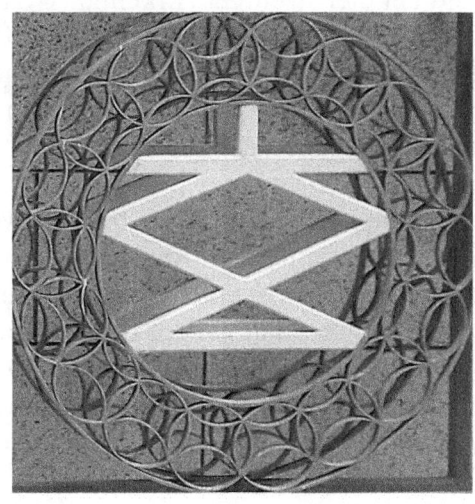

Yuen / Xuan: „Dunkel, Geheimnisvoll"
Symbol am Tempeltor. Yuen Yuen Institut, Sam Dip Tam, Tsuen Wan

Xuan Xuan Dao

Im Wu-Stil-Taijiquan gibt es eine Säbelform, die die Bezeichnung *Xuan Xuan Dao* trägt.[142] Da *Xuan Xuan* ein daoistisches Pseudonym von Zhang Sanfeng ist, bezieht sich die Namensgebung dieser Waffenform auf den daoistischen mutmaßlichen Begründer des Taijiquan.[143]

Xuan, das Dunkle, Geheimnisvolle, schwer Fassbare, aber auch Subtile, wird im ersten Kapitel des Daodejing eingeführt und ist ein ontologischer Grundbegriff des Daoismus,¹⁴⁴ der für das Dao selbst stehen kann, aber auch Bestandteil in Wortverbindungen wie ‚dunkle Tugend' oder ‚dunkel eindringend' ist, die Wirkungen des *Dao* beschreiben¹⁴⁵ und der bspw. der *Tang*-zeitlichen dao-buddhistischen Denkrichtung „Zweifaches Geheimnis" *Chong Xuan* ihren Namen gab.¹⁴⁶ Die mehrfache Wiederholung von *Xuan* bildet die Kulmination des berühmten ersten Kapitels des Daodejing, das das *Dao* als des „Dunklen Dunkelstes, das Tor aller Geheimnisse", als absolute Transzendenz, beschreibt. Die genannten Aspekte von wesentlicher religiöser Bedeutsamkeit bei gleichzeitiger (Erkenntnis-)Transzendenz bilden das Zentrum des Bedeutungsfeldes dieses Begriffs und schlagen sich beispielsweise in der alchemistischen Bezeichnung „Geheimnisvoller Pass" *Xuanguan/Xuangan yiqiao* nieder.¹⁴⁷ In Kapitel 56 des Daodejing erscheint der Begriff als Ausdruck für die soteriologische Wirkung erkenntnismäßiger Askese: „verborgene Gemeinsamkeit" (Wilhelm), „primal union" (Lin Yutang) bzw. „mysterious union" (Erkes).¹⁴⁸ Daoistische Institutionen wie beispielsweise der große Tempelkomplex *Yuen Yuen* in Hongkong sind (hier in der kantonesischen Variante) nach ihm benannt. Auch die neodaoistische¹⁴⁹ Strömung der *XuanXue/Hsüan-Hsüeh*, der „Lehre vom Dunkeln", der berühmte Kommentatoren von Laozi, Zhuangzi und Liezi angehören¹⁵⁰ und die sich intensiv der Frage nach dem Grund und ersten Anfang unter Zuhilfenahme der Begrifflichkeiten von *Wuji* und *Taiji* widmet.¹⁵¹

Das Zeichen „bedeutet im alten Gebrauch „Schwarz", „Dunkel" und wird später als „fern", „fernliegend" erklärt".¹⁵² Robinet berichtet über eine zeitweise Ersetzung aufgrund eines Tabus durch das bedeutungsverwandte *Yuan*, dessen Hauptbedeutung „Ursprung" ist.¹⁵³ Hierin wird - genau wie in der ontologischen „Lokalisierung des „Geheimnisvollen Weiblichen" *Xuanpin* am ungreifbaren Übergang zwischen Nichtsein und Sein¹⁵⁴ - eine Bedeutungsnuance von *Xuan* evident, die deutliche Bezüge zu *Taiji* (und *Wuji*) aufweist. Bei Laozi und Zhuangzi wird *Xuan* schwerpunktmäßig im Sinne von „geheimnisvoll" gebraucht, und zwar zunehmend nicht umgangssprachlich, sondern genuin religiös terminologisch.¹⁵⁵ Dies führte - gemäß der

3. Begrifflichkeiten aus der Praxis

schon beobachteten Tatsache, dass manche Begriffe sowohl kosmologische als auch metaphysische Verwendungen aufweisen[156] - bis hin zu einer Gleichsetzung von *Dao* und *Xuan*.[157] „Das T'ai-hsüan ching erfreute sich (...) großer Beliebtheit, die sich gleichsam einen neuen Kanon in den „Drei Dunklen (Schriften)" (san-hsüan) - I ching, Lao-tzu und Chuang-tzu - schuf."[158] Der Begriff *Xuan* bildet eine Brücke zwischen verschiedenen Ausgestaltungen daoistischer Schöpfungsmythen wie den in *Daodejing* Kapitel 25 und 42 thematisierten; im *Huai Nan Tzu* sind die Verbindungen des *Xuan* als Metonymie des *Hundun* (Urchaos, aber auch Ur-Ei) mit dem *Pu* (unbehauener Klotz) und die Benennung wiederum des *Hundun* als *Taiyi* (Ursprüngliches Eines, eine Variante des *Taiji*) explizit benannt.[159] Dabei ist zu beachten, dass das Motiv des *Hundun* mit seinen schamanischen Konnotationen im Konfuzianismus so weit wie möglich vermieden wurde, im Daoismus dagegen zur vollen Ausgestaltung und Blüte kam,[160] und dort insbesondere mit der Inneren Alchemie assoziiert ist.[161] Auch daoistische Klöster wie bspw. das Kloster des Subtilen Geheimnisses *Xuanmiaoguan* tragen das Dunkle, Geheimnisvolle, *Xuan* im Namen.[162] Der Terminus *Xuanmen* (Tor der Geheimnisse) ist auch eine Bezeichnung des Daoismus selbst.[163]

Taijiquan

Altar des Pak Tai (=Xuanwu, dunkler Gott) im Cheung Chau Pak Tai Tempel.
Archiv Markus Wagner

Querverbindungen zwischen Daoismus, Zhang Sanfeng und den Kampfkünsten lassen sich im Zusammenhang mit dem „vollkommenen Krieger" *Zhenwu* (bzw. bis zur Song-Dynastie: „dunklen Krieger" *Xuanwu*)[164] ziehen: Die Gottheit, die schon im Namen das gleiche Element „*Xuan*" („dunkel", „geheimnisvoll") enthält wie Zhang Sanfengs Pseudonym „*Xuan Xuan*" ist wie Zhang Sanfeng den Wudang-Bergen zugeordnet (in denen sich auch Chen Tuan aufgehalten hat) und wird in der Zhang Sanfeng Legende von diesem verehrt.[165] Auf Amuletten wurde Laozis Name mit dem des *Zhenwu* in Beziehung gesetzt,[166] und der vollkommene Krieger *Zhenwu* wird häufig mit der Handhaltung der „Drei Berge-Mudra" dargestellt, was Entsprechungen zu Zhangs Beiname „Zhang Drei Gipfel" aufweist. Letztlich ist auch *Zhenwu* eine Verkörperung des *Taiji*, steht somit in direkter Beziehung zum *Dao* und wird daher speziell von den Alchemisten verehrt.[167] Der Ritus des „Verwandelns in *Zhenwu*" vollzieht sich unter Verwendung bestimmter Handhaltungen (*Mudra*) der Neun Paläste (*Bagua* zuzüglich des zentralen Palastes) als Konzentrationspunkte auf der Hand des das Ritual Durchführenden.[168]

Eine weiterer Verweis auf alchemistische Begrifflichkeiten ist darin zu sehen, dass die Säbelform dem Tiger, die Schwertform dem Drachen zugeordnet wird.

Yuen / Xuan: „Dunkel, Geheimnisvoll"
Fenster / Steinornament. Yuen Yuen Institut, Sam Dip Tam, Tsuen Wan

Der goldene Hahn

Eine der Formbewegungen heißt „Der goldene Hahn steht auf einem Bein". Der Hahn ist in der inneren Alchemie mit Gefahren (auf dem spirituellen Selbsterkundungsweg) assoziiert und muss daher unter Kontrolle gebracht werden.[169] Im Gegensatz zu Dan Vercammen bin ich von der Evidenz dieser Verbindung zum Daoismus nicht überzeugt, stelle hier aber trotzdem der Vollständigkeit halber die Beobachtung Vercammens zur Diskussion.

Wolkenhände

Eine der bekanntesten und unverzichtbaren Figuren des Taijiquan ist die Formfigur „Wolkenhände".[170] Wolken bilden einen Bestandteil der frühen Schreibweise für *Qi*.[171] Die Fähigkeit, durch die Wolken zu fliegen als Metapher für die Ekstase und den Zugang zur transzendenten (Himmels-)Welt ist ein grundlegendes Kennzeichen des daoistischen Unsterblichen und sicherlich ein Residuum schamanistischer Praxis. „Ein Stück Wolke" ist ein Bild für den Bereich der Unsterblichen.[172] Das Aufsteigen in den Himmel im hellen Tageslicht

(Mittag), das ein grundlegendes Kennzeichen daoistischer Unsterblicher ist, wird in daoistischen Texten oft mit dem Bild eines von Drachen gezogenen Schlittens aus Wolken assoziiert.[173] Die Etymologie von Wolke (*Yün*) weist einen Zusammenhang mit derjenigen der dem Himmlischen zugeordneten *Hun*-Seelen des Menschen auf,[174] was man soteriologisch dem Dao als Ziel zuordnen kann, andererseits werden Wolken oft auch als Hinweis auf ein Chaotisch-Unverfügbares (*Meng-Hung*) dargestellt, was auf das Dao als unerkennbaren Ursprung hinweist.[175] Im daoistischen Text *Chongyang Lijiao Shiwu Wen* („redoubled Yang's fifteen Discourses") wird zwischen zwei Weisen des Wolkenwanderns unterschieden: Dem „leerem Wolkenwandern", bei dem man sich immer noch lediglich der Schönheiten und Reichtümer dieser Welt erfreut, und dem „Wolkenwandern im eigentlichen Sinne", bei dem der Adept sein transzendentes Innerstes ergründet und den Weg der Selbstvervollkommnung mit Hilfe der Meister, die er beim Wolkenwandern antrifft, beschreitet. Dieser Textabschnitt mag eine Anspielung auf die beiden Arten des Wanderns bei Zhuangzi sein. Der extatische Flug der Unsterblichen in den Wolken ist ein archetypisches Element des Daoismus in allen Epochen.

Catherine Despeux hat die Bedeutung der Wolken in China in ihrem Artikel „Célestes randonnées. La symbolique du nuage dans la culture chinoise" erörtert: Die Wolke, zwischen Himmel und Erde schwebend, enspricht dem *Qi* der Berge und Täler, aber auch des Himmels. Im Pangu-Weltentstehungsmythos verwandelte sich der Atem des Pangu nach dessen Tod und Auflösung in die Wolken. Despeux vermutet sogar, dass der in China allgegenwärtige Drache eine animistische Verkörperung der Wolken darstellt - auf Wolken kann der Unsterbliche ebenso reiten wie auf dem Drachen. Wolken werden weiterhin als (Schrift-)zeichen des Himmels gedeutet und in der Wahrsagekunst interpretiert, nach diesen Himmelszeichen ist die esoterische „Wolkenschrift" (oder auch „Wahre Schrift" des vorhimmlischen Chaos) benannt, derer sich Daoisten bei der Erstellung ihrer Talismane (*Fu*) bedienen, was wiederum mit der Funktion der Wolken als Tor zur transzendenten Welt der Unsterblichkeit, aber auch als Metonymie derselben in Einklang steht. Generell symbolisieren Wolken in der Chinesischen Kunst die die Grenzen der Erkenntnisfähigkeit bzw. der sinnlichen Erkennbarkeit, also den Übergang zum Übersinnlichen bzw. Vorhimmlischen, Chaotischen; Metamorphose und Transzendenz.

Die allgemeinchinesische Redewendung vom Spiel der Wolken und des Regens als poetische Umschreibung des Sexualaktes hat ihre Wurzel in dem grundlegenderen Bezug auf die nicht anthropomorph, sondern metaphysisch gedachten *Yin* und *Yang*. Bezüge zum Daoismus liegen also mannigfaltig vor, wenn auch ein Rekurs auf Wolken weit entfernt davon ist, ausschließlich daoistisch gedeutet werden zu müssen.

Daoistische Gottheiten mit Laute und Schwert

Spiele die Laute (*Pipa*)

Verbreitet sowohl in Erläuterungen der Taijiquan-Praxis als auch in daoistischen Texten[176] ist das Beispiel von der Laute/Zither, deren Saiten weder zu fest, noch zu locker gespannt sein dürfen. Die chinesische Laute oder Zither ist das Instrument daoistischer Unsterblicher[177] und wird auch in daoistisch-monastischen Ritualen verwendet. Im angeblich von Zhang Sanfeng verfassten „Lied vom Schlendern/sich treiben lassen" erwähnt der vermeintliche Urahn des Taijiquan sein Schwert und seine Zither, seinen Strohhut und seinen Mantel als einziges bzw. wichtigstes Reisegepäck.[178] In einer bildlichen Darstellung der „Instrumente für Himmlische Musik" von 1309 finden sich drei verschiedene Arten von Lauten/Zithern.[179] Nach Dan Vercammen bezeichnet der Begriff *Pipa* neben der Handtechnik des Taijiquan auch einen bestimmten Punkt im Mikrokosmos des menschlichen Körpers.[180]

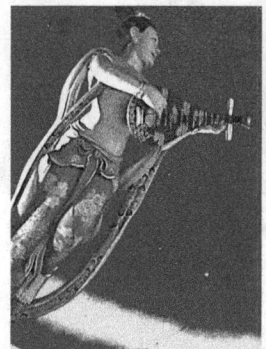 

Plastiken von lautespielenden himmlischen Schönheiten am Deckengewölbe der Tai Sui Yuenchen Halle im Untergrundpalast des Wong Tai Sin Tempels, Sik Sik Yuen, Chuk Yuen, Kowloon, H.K.

Tempeldetail mit goldfarben metallenen Glocken

Die Goldene Glocke aufhängen

Dies ist der Name einer Bewegung aus der Säbelform des Wu-Stil-Taijiquan. Die Glocke ist eines der magischen Instrumente des daoistischen und Wu-schamanistischen Rituals.[181] Solche Glocken waren aus Kupfer, Gold, Silber, Eisen oder Stein gefertigt[182] und hängend angebracht.[183] „Eiserne Glocke" bzw. „Goldene Glocke" ist die Bezeichnung einer kampfkünstlerischen Übung „innerer Arbeit" *Neigong*, in Ergänzung der Abhärtungsübung „Eisernes Hemd".[184] In einem der Türme, die im daoistischen Meditationsbild *Neijingtu* die Ohren des Adepten symbolisieren, ist eine solche daoistische Ritualglocke abgebildet. Auch in der oben zur *Pipa* erwähnten Abbildung himmlischer Instrumente finden sich (neben Flöten, Trommeln und *Pipas*) fünf verschiedene Arten von Glocken.[185]

Klösterliche Ritualglocke

Einfache Peitsche

Die Pferdehaarpeitsche ist ein traditionelles daoistisches Utensil, verbreitet beispielsweise in den *Emei-* und *Wudang*-Bergen.[186] „The whip features in Daoist rituals, much in the same way as a wooden straight sword has religious significance in combating demons."[187] Die Peitsche hat einen Griff in Form eines Schlangenkopfes. Die Pferdehaarpeitsche wird heute auch als Waffenform des Taijiquan geübt, es scheint aber nicht nachweisbar, ob dieser Gebrauch traditionell oder, wie leider im chinesischen Kulturkreis nicht unüblich, neu entwickelt und zum Zwecke der Autoritätssteigerung zurückdatiert wurde.

Peter Nickerson berichtet in „Attacking the Fortress. Prolegomenon to the study of Ritual Efficacy in Vernacular Daoism" von daoistischen Ritualen unter Verwendung der Pferdehaarpeitsche (*Fabian*) zur Purifikation des religiösen Raumes,[188] der Unsterbliche Lü Dongbin trägt einen Fliegenwedel in Form eines Pferdeschweifes, „Wolkenfeger" genannt, mit sich.[189] Das Instrument, das der Daoist und legendäre Taijiquan-Begründer Zhang Sanfeng auf Abbildungen mit sich führt, könnte als eine solche Pferdehaarpeitsche *Fabian* gedeutet werden.[190] Inwieweit bei der Bezeichnung der Formbewegung „Einfache Peitsche" auf die religiöse Verwendung der Pferdehaarpeitsche Bezug genommen wird, kann derzeit meines Wissens nur spekuliert werden.

3. Begrifflichkeiten aus der Praxis

Daoistische Unsterbliche mit Fliegenwedel / Pferdehaarpeitsche

Die Bewegungen von Xu Xuanping

Eine der in Schriften der Yang-Familie veröffentlichten Varianten der Ursprungsgeschichte des Taijiquan nennt den Daoisten Xu Xuanping, den angeblichen Lehrer von Zhang Sanfeng, als Schöpfer des Taijiquan. Bedenkt man, bei welchen Formnamen des neuzeitlichen Taijiquan ich weiter oben die deutlichsten Evidenzen für einen daoistischen Einfluss aufzeigen konnte, so ist die Übereinstimmung mit den angeblich von Xu Xuanping geschaffenen Figuren doch bemerkenswert:

- „Spiele die Laute",
- „Einfache Peitsche",
- „Hinaufsteigen zu den Sieben Sternen",
- „Das Jademädchen arbeitet am Webstuhl",
- „Hoher Klaps auf das Pferd" / "Hoch stehen um das Pferd zu suchen" (gāo tàn mǎ, die Übersetzungen variieren stark),
- „Der Phönix flattert mit den Flügeln" (weißer Kranich?).[191]

Dies sind genau die Bewegungen, bei deren Namensgebung sich ein deutlicher daoistischer Einfluss nachweisen ließ.

An weiteren Namen für Formbewegungen, die dem daoistischen Weltbild entnommen sind, nennt Dan Vercammen aus seiner Tradition noch:

- „The immortal showing the Way"
- „Holding the Ivory tablet in one's hand (referring to Taoist Ritual)"
- „Embracing the sword to return to the origin (paraphrasing the Laozi: embracing the one and returning to the origin)"
- „*Xiao kuixing*: one of the stars of the Big Dipper, essential in Taoist Cosmology and ritual."[192]

Himmlische Musik auf Lauten, Marmorwand, Ausschnitt.

3. Begrifflichkeiten aus der Praxis

Fensterornament: "dunkel, geheimnisvoll"

3.9. Taijiquan-Prinzipien 1: Weichheit (*Rou*), Nachgeben (*Zou*), Folgen (*Sui*), Kleben (*Nian*), Hören (*Ting*), Stille, Mitte (*Zhong Ding*)

Weichheit (*Rou*), Nachgeben (*Zou*)

Die Überwindung von Härte mittels Weichheit ist *die* zentrale Taktik des Taijiquan als Kampfkunst, von deren Beherrschung die Effektivität des Taijiquan als Kampfkunst maßgeblich abhängt.

Auch wenn die bloße Erwähnung von Weichheit als der Härte entgegengesetzte Taktik analog zu entsprechenden Aussagen beispielsweise des *Daodejing*[193] nicht ausreicht, die Taijiquan-Methode als dezidiert daoistische Praxis zu identifizieren, so ist doch zu konstatieren, dass in Taijiquan-Anweisungen dem „Nachgeben" (*zou*) tatsächlich über die eigentliche Kampfkunst hinaus grundsätzliche Bedeutung zukommt und die entsprechende geistige Haltung als Lebenshaltung empfohlen wird. Im Taijiquan Lun heißt es:

"When my opponent is hard, I am soft; this is called ‚yielding'."[194]

„Wenn der Gegner hart ist, bin ich weich; dies wird bezeichnet als ‚Nachgeben'."

Die antiutilitaristische Tendenz von *Rou* und *Zou* (und der Techniken zu ihrer Erlangung) ist bekanntlich auch eine zentrale Wertorientierung und Praxis des Daoismus, die im daoistischen Textkorpus vielfach impliziert ist. Deutlich wird dies beispielsweise in folgender Passage:

„Ein Meister Keng antwortet auf die Frage, wie die Lehren des Tao zu
praktizieren seien:
,Mache Deinen Körper ganz,
halte deine Lebensgeister fest,
lass keine Pläne oder Berechnungen in deine Gedanken eindringen'
(...)"[195]

Ich hatte bereits auf Zheng Manchings Motto „in den Verlust investieren" hingewiesen. Die Bemühungen, leer und damit in gewisser Weise „selbstlos" zu werden bzw. sich entsprechend zu (de-)konditionieren /deautomatisieren werden teilweise sehr intensiv und mit großer Ausdauer geübt und haben bei vielen Taijiquan Übenden tatsächlich dann auch einen zumindest subjektiv tiefgreifenden Effekt auf die Persönlichkeit. Das gilt in geringerem Maße auch für die Entwicklung einer gewissen Form von Geduldigkeit, die durch das langsame und endlos wiederholte Durchlaufen der Form gefördert wird. Auch die mit dem Begriff des „Hörens" (*Ting Jing*) bezeichnete Fähigkeit der konzentrierten Aufmerksamkeit auf die Aktionen des Gegenübers ohne rigide Einflussnahme wirkt sich - ähnlich wie das „Stillsein" „Kleben" und „Folgen" - meiner Erfahrung nach in vielen Fällen persönlichkeitsverändernd aus. Diese Veränderungen werden von Praktizierenden auch oft als spirituell wahrgenommen und gefördert. Als weitere technisch-terminologische Begriffe im beschriebenen semantischen Feld können beispielsweise genannt werden: Hören (*Ting*), Neutralisieren (*Hua*), Folgen (*Sui*), Kleben (*Nian*), Kraft sich ausüben lassen (*Jin*). All dies lässt sich in einen Zusammenhang einordnen, der von Louis Komjathy als Erzeugung eines mystischen Körpers erklärt wird, welcher transpersonal und mit der Numinosität des Dao getränkt ist.[196]

Folgen (*Sui*), Kleben (*Nian*), Hören (*Ting*)

Allein die paradoxe Situation, dass diese Eigenschaften/Tätigkeiten des Praktizierenden, die einer grundlegend rezeptiven Passivität bedürfen, im Taijiquan auch und sogar vorwiegend als Fähigkeiten bzw. Kräfte fungieren, zeigt eine der daoistischen Weltsicht entsprechende Umwertung von Aktivität und Rezeptivität an. Im *Taijiquan Lun* heißt es beispielsweise:

„Wenn (er) sich schnell bewegt, folge (ich) schnell. Wenn (er) sich langsam bewegt, folge (ich) langsam".[197]

Der Klassiker zitiert Mencius:

„Sich selbst aufgeben, um anderen zu folgen".

Die kämpferische Taktik des Taijiquan („[to] detach yourself from the outcome or from trying to set the agenda, whether physically or mentally")[198] deckt sich mit dem daoistischen Heilsweg, hier exemplarisch durch Wei Bo Yangs alchemistische, auf Laotse zurückweisende Beschreibung dargestellt:

"The Man of highest virtue never acts /
And so has no need to apply force to things, /
The man of inferior virtue tries to bend things to his will /
And so in the end there is just (unsuccessful) force."[199]

„Der Mensch höchster Tugend agiert nie /
Und muss somit keinen Zwang auf die Dinge ausüben, /
Der Mensch geringer Tugend versucht, Dinge seinem Willen zu biegen unterzuordnen/
Und so ist da am Ende nur (erfolglose) Kraft."

Stille, *Zhong Ding*, Zentrum

Bedenkt man, dass *Yin* ein Äquivalent der Ruhe und *Yang* der Bewegung ist, und vergegenwärtigt man sich weiterhin die alchemistische Praxis, einer Grundkategorie (z.B. dem vollständig aus *Yang*-Linien bestehenden Trigramm Himmel) die ihr entgegenstehende Qualität beizugeben (die innere Linie wird durch eine *Yin*-Linie ersetzt), um so die Vermischung und Umkehrung zu ermöglichen, so wird sogar in einer altbekannten Formulierung wie der von der „Ruhe in der Bewegung und Bewegung in der Ruhe" eine entsprechende alchemistische Komponente erkennbar.

Zhong Ding, ein weiterer zentraler Begriff des Taijiquan, wird meist als „zentrales inneres Gleichgewicht" übersetzt. Bei allen Bewegungen (in die acht Richtungen) muss immer das zentrale innere Gleichgewicht, die Mitte, bewahrt werden. Die Innere Alchemie betont analog die Wichtigkeit der Wandlungsphase Erde, der Mitte.

3.10 Taijiquan-Prinzipien 2: *Aligning*/Ausrichtung

Aligning/Ausrichtung

Bei der im Daoismus zentralen Meditationsmethode „Das Eine bewahren/bewachen" werden in bestimmten Varianten (im *Shangqing*-Daoismus) die Visualisationen der „Drei Einen" in den drei Zinnoberfeldern angeordnet. Diese drei Zinnoberfelder im Unterbauch, Brustraum und Kopf werden dann in einer vertikalen Linie in Beziehung zueinander gesetzt; dieser Vorgang wird mit dem Terminus „Ausrichten" bezeichnet.[200] Das „Ausrichten" (*„Aligning"*) bzw. „Ordnen" des Körpers und Geistes ist zwar konfuzianischen Ursprungs, wurde aber in daoistische Praktiken wie beispielsweise in die im *Nei Yeh* beschriebenen Methoden integriert (die Anweisung des Ausrichtens wird dort mehrfach wiederholt) und ist seither wesentlicher Bestandteil dieser Methoden.[201]

3. Begrifflichkeiten aus der Praxis

Meditation über die Gottheiten des Scheffels

Harold Roth untersucht die Praxis des Ausrichtens (als spezielle daoistische Bedeutungsnuance von „*Cheng*") in der daoistischen Meditation im Klassiker *Nei Yeh* und kommt zu dem Schluss, dass es in diesem daoistischen Klassiker im Sinne von „positioning the body" interpretiert werden müsse.[202] Roths weitergehender Interpretation, dass es sich hierbei um ein Positionieren in der „squared posture of sitting meditation"[203] handeln müsse, kann ich mich in dieser Ausschließlichkeit nicht anschließen: Im Taijiquan ist das Ausrichten der drei Dantian eine vielfach praktizierte Technik, bei der durch ein entsprechendes In-Beziehung-Setzen der drei *Dantian* in vertikaler Ebene unter anderem das zentrale innere Gleichgewicht *Zhong Ding* perfektioniert werden und der Praktizierende einen gesammelten Geisteszustand erreichen soll.[204] Das trifft sich mit Roths Beobachtung, dass das *Aligning* regelmäßig dem „attainment of tranquility"[205] vorausgeht. Roth formuliert seine Interpretation von *Aligning* als Einnehmen der Position für die Sitzmeditation bewusst vorsichtig: „(...) they seem to refer (...)", „While we cannot be certain of such details [Roths Deutung], passages like those (...) make it clear that the position was designed to keep the body stable (...)."²⁰⁶

Diese und weitere Aussagen Roths wie bspw. die, dass das Bedeutungsspektrum auch „adjusting or ligning up something with an existing pattern or form" beinhalte,²⁰⁷ machen die Übereinstimmung zwischen dem daoistischen *Aligning* im *Nei Yeh* mit dem Ausrichten des Körpers bzw. seiner Zentren in der Taijiquan-Praxis sehr wahrscheinlich. Die in einer Linie ausgerichteten Zentren liegen auf dem Durchdringungsgefäß *Chong Mai*, das in der daoistischen Kultivierung (anders als in der traditionellen chinesischen Medizin) durch den Körperkern von *Huiyijn* bis *Baihui* verläuft.²⁰⁸

Judith Berlinger beschreibt eine meist übersehene Bedeutungsebene von Zhou Dunyis *Taiji*-Diagramm: „When fire and water (the two lights) are united, the three elixir fields (the small circle at the bottom; the central circle labeled ‚Earth", equivalent to the yellow chamber; and the central point at the top linked to the Center; they become functionally one."²⁰⁹ Dem entspricht die von Michael Saso beschriebene Mikrokosmos-Makrokosmos-Analogie der drei Zentren Himmel-Erde-Wasser bzw. Kopf(zentrum)-Brust(zentrum)-Bauch(zentrum).²¹⁰ Die jeweilige Abbildung der mikrokosmischen auf die makrokosmischen Elemente ist als Ausrichtung (*Aligning*) des Selbst mit dem Kosmos zu interpretieren.²¹¹ Die dreigeteilte Natur der Seele ist Basis der Konzepte des Ausrichtens und der entsprechenden Meditationstechniken im Daoismus.²¹² Hier wäre zu überlegen, ob nicht das Ausrichten (*Aligning*) der drei Anteile eine zur Inklusion des *Yin* und *Yang* im Taiji analoge nichtmonistische Harmonisierung der drei Seelen/Weltteile darstellt.

In den beschriebenen Zusammenhängen zeigt sich eine Verwandtschaft zwischen der räumlichen Dimension des *Aligning* im Taijiquan und der soteriologischen Dimension des *Aligning* im Daoismus, insbesondere angesichts der Tatsache, dass auch die soteriologische Dimension im Daoismus auf makrokosmischer Ebene räumlich strukturiert ist.

Abschließend sei noch angemerkt, dass der Zhang Sanfeng zugeschriebene „Kommentar zu Urahn Lüs ‚Inschrift der Hundert Zeichen'" folgende Anweisung enthält, die ebenfalls auf eine Form der wechselseitigen Ausrichtung verweist:

„Das Geheimnis liegt darin, dass du durch die Augen zur Nase schaust und durch die Nase zum Nabel schaust. Bringe oben und unten in eine vertikale Linie."[213]

3.11. Taijiquan-Prinzipien 3: Diener- und Lenkergefäß, Embryonalatmung, die Elsterbrücke, Dantian[214], Ming-Men, Die drei Tore, Der kleine himmlische Kreislauf

Diener- und Lenkergefäß, Embryonalatmung, die Elsterbrücke, *Dantian, Ming-Men*, die 3 Tore

Ich liste diese Begriffe an dieser Stelle nur als weitere Berührungspunkte zwischen der Taijiquan-Praxis und dem Daoismus auf. Jeder dieser Begriffe könnte ausführlich untersucht und Gegenstand einer eigenen Abhandlung werden. Hier nur einige wenige Hinweise:

Der Begriff **Embryonalatmung** hat, wie schon weiter oben beschrieben, verschiedene Bedeutungsebenen: Technisch bezeichnet er eine Form der umgekehrten Zwerchfellatmung, die auch im Taijiquan zur Kraftentwicklung praktiziert wird, als höchste „Atem"-technik im Daoismus die rein innerliche „Atmung" ohne Gasaustausch in den Lungen und als daoistische Visualisation das Ergebnis der Schaffung des inneren Embryos. Die daoistische Embryonalatmung[215] steht in engem Zusammenhang mit Akupunkturpunkten wie den *Dantian* und dem Tor des Lebens/Tor des Schicksals (*Mingmen*).[216] Der „Gelehrte Boxer" Chang Naizhou identifiziert das (untere) *Dantian* als *Taiji*, Quelle der zentralen Energie.[217]

Die **Elsterbrücke** (die Zungenposition) zur Schließung des kleinen kosmischen Kreislaufs wird wie im Taijiquan so auch in der Inneren Alchemie benutzt. Das Schlucken des Speichels (Jadetau, Jadenektar, Spirit Water[218]) hat zentrale Bedeutung in der Erzeugung des Elixiers der Unsterblichkeit[219] und wird beispielsweise bei Sun Lutang als Praxiselement des Taijiquan beschrieben.[220]

Der Punkt **Mingmen** spielt in der Inneren Alchemie eine wesentliche Rolle, sowohl als imaginärer Eintrittspunkt, auch zeitlich verstanden im Verlauf des alchemistischen Feuerungsprozesses,[221] als auch als konkret-räumlicher (Akupunktur-)Punkt im Körper des Adepten. Komjathy listet den Begriff *Mingmen* unter „esoteric names for the Daoist subtle body".[222]

Eine ausführliche Darstellung der Bedeutung der **Dantian** im Daoismus und im Taijiquan erübrigt sich an dieser Stelle; in vielen Werken sind Erläuterungen hierzu zu finden. Nur ein einschlägiges Beispiel einer expliziten Bezugnahme in der Taijiquan-Literatur sei hier erwähnt: In der Inneren Alchemie *Neidan* ist der Adept bestrebt, das Innere Elixier bzw. Goldene Elixier *Jindan* (so auch die Bezeichnung verschiedener daoistischer Sekten, die sich hierauf konzentrieren) zu erzeugen. Der bekannte Taijiquan-Lehrer Zheng Manqing schreibt in seinem Nachwort zu „Neue Methode zum Selbststudium":

„*Sechzig bis siebzig Prozent derjenigen, die T'ai Ch'i Ch'uan erlernen, eignen sich den Ablauf der Einzelübung in relativ kurzer Zeit an und glauben, dass damit die Sache beendet sei. (...) Mit leeren Händen kehren sie von einem Berg voller Reichtümer zurück. Denn man kann das Tai Ch'i Ch'uan tatsächlich als eine Methode bezeichnen, mit der „die Knochen in goldenes Elixier umgewandelt" werden können. Dies wird aber nicht dadurch erreicht, dass man einfach eine Pille „Gold-Elixier" schluckt. Das I Ging sagt: „Die Bewegung des Himmels ist kraftvoll. Der verständige Mensch stärkt sich selbst unaufhörlich." Das bedeutet, dass der Mensch danach streben soll, sich selbst zu stärken und dass er niemals damit aufhören soll. (...) Wer Tai Ch'i Ch'uan übt, wird auf diese Weise die Wohltaten des „Umwandelns der Knochen in goldenes Elixier" erlangen können.*"[223]

Im Taijiquan spielen die genannten Punkte eine wichtige Rolle. Besonders ausführlich beschäftigen sich hiermit z.B. die Anleitungen zum *Taolou* von Wang Peisheng[224] und die Abbildung eines Praktizierenden bei Zheng Manqing/Chen Man-ch'ing, in der die Punkte „Lao-kung, Tan-t'ien, Yung-ch'uan, Wei-lü, Ming-men, Yü-chen und Ni-wan"[225] verzeichnet sind. Alle genannten Punkte haben jeweils Funktionen als Elemente des kleinen bzw. großen himmlischen Kreislaufs. Neben der räumlichen Bedeutung als Bezeichnung von Körperregionen haben die genannten ‚mystischen Orte' aus daoistischer Sicht auch nichträumliche Dimensionen als Ingredienzien des alchemistischen Prozesses.[226] Yang Chengfu bezieht sich explizit auf diese daoistische, spezifischer: alchemistische Bedeutung:

> „When *ch'i* is made to revert to the *tan-t'ien*, the body and ch'i do not ‚lean or incline'. (…) The Buddhists call this method 'holy relics' (…) and Taoists call it 'cultivating the elixir' (*lien-tan*). (…) Practicing in this way, one will become strong and virile."[227]

"Gelingt es, das *Qi* zum *Dantian* zurück zu leiten, sind Körper und *Qi* nicht gebeugt oder geneigt. (…) Die Buddhisten nennen diese Methode ‚heilige Reliquien' (…), und die Daoisten nennen sie ‚das Elixier kultivieren' (*Lien-Tan*). (…) Auf diese Weise übend, wird man stark und lebensstrotzend."

3. Begrifflichkeiten aus der Praxis

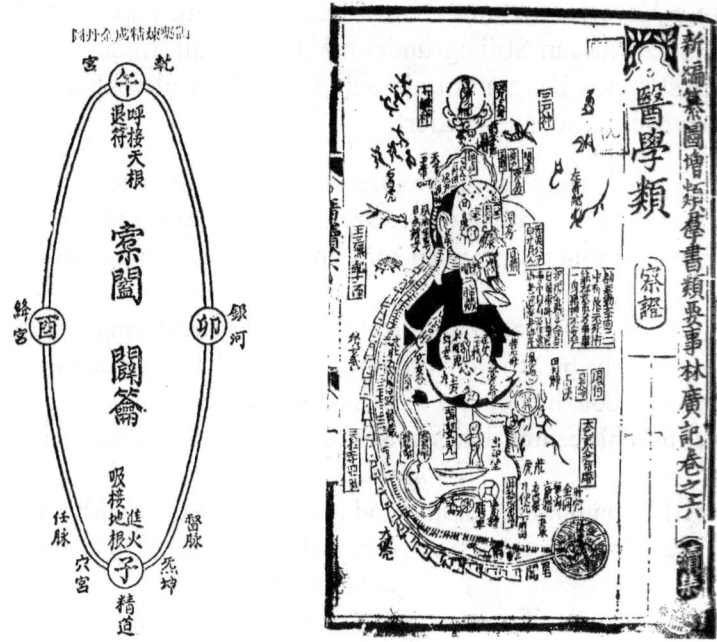

Alchemistische Kreislaufmodelle.

Der kleine himmlische Kreislauf

Joseph Needham nimmt an, dass bei der Entstehung des kleinen himmlischen Kreislaufs die Beobachtungen, die die naturverbundenen Daoisten an der Natur und ihren Zyklen machten, eine Rolle spielten. Diese wurden dann in Form einer Mikrokosmos-Makrokosmos-Entsprechung in der Meditation im Körper abgebildet.[228] Diener- und Lenkergefäß stellen die Bahnen dieses Kreislaufs im menschlichen Körper dar. Das Ausführen des kleinen himmlischen Kreislaufs entspricht in der Taijiquan-Praxis auch einer Atmungsmethode, die unter anderem die Kraft von Schlägen unterstützen soll. Die daoistische/alchemistische Meditationsmethode des „himmlischen Kreislaufs" ist in die Taijiquan-Praxis verschiedenster Gruppierungen eingegangen.[229]

In einer Veröffentlichung Tinn Chan Lees, eines späten Schülers des Wu-Stil-Taijiquan Stilbegründers Wu Jianquan, findet sich ein kunstvoll gestaltetes Diagramm, dessen Titel einen gleichlautenden daoistischen Meditationstext zitiert:

"The esoteric aspect of Taiji Development.
Steps leading to the Secret of the Golden Flower:
(I) Transforming the physical body through motion to generate more life fluid
(II) Transforming this life fluid into circulating breath
This is not the breath from ordinary exercise which inflates and deflates the lungs but the primary breath which is created or generated in the lower psychic center that moves through the body in harmony with sustained rhythm.
(III) Combining life fluid and circulating breath with life spirit
(IV) Transforming the life spirit into the void (Tai Chi is in the spiritual dimension)
(V) Transforming the void into the Tao"[230]

„Der esoterische Aspekt der Taiji Entwicklung.
Stufen auf dem Weg zum Geheimnis der Goldenen Blüte:
(I) Den physischen Körper durch Bewegung transformieren, um mehr Lebensessenz zu erzeugen
(II) Diese Lebensessenz in kreisenden Atem umwandeln
Dies ist nicht der Atem gewöhnlicher Übung, der die Lungen erweitert und entleert, sondern der ursprüngliche Atem, der im unteren psychischen Zentrum erschaffen oder erzeugt wird und sich in ununterbrochenem Rhythmus durch den Körper bewegt.
(III) Lebensessenz und kreisenden Atem mit dem Lebensgeist verbinden
(IV) Den Lebensgeist in die Leere umwandeln (Taiji ist [auf dieser Stufe] in der geistig/spirituellen Dimension)
(V) Die Leere in das Dao umwandeln [transfomieren]

Hier wird also von einem Schüler der zweiten Generation des Wu-Stil-Taijiquan die Kampfkunst Taijiquan definitiv als Methode der daoistischen Inneren Alchemie eingeordnet.

Ähnlich unmissverständlich sind die Worte Sun Lutangs:

"You must become empty [at the end of the form] and return to Wu Ji state. This is the way of spirituality."[231]

„Du musst leer werden [am Ende der Form] und zum *Wuji*-Zustand zurückkehren. Das ist der Weg der Geistigkeit/Spiritualität."

"Correct practice will enable the student to acquire all of the abilities contained within the Art, and perhaps even to approach the Dao."[232]

„Das richtige Üben ermöglicht es dem Lernenden, alle Fähigkeiten, die die Kunst umfasst, zu erlangen, und sich vielleicht sogar dem *Dao* anzunähern."

4. Abschluss und Fazit

Bisher ist es niemandem gelungen, die Geschichte des Taijiquan definitiv auf eine Version festzulegen bzw. „den" Ursprung des Taijiquan dingfest zu machen. Dementsprechend kann auch für daoistische Elemente, die die Kampfkunst Taijiquan mit Sicherheit (mit-)geprägt und befruchtet haben, nicht bewiesen oder behauptet werden, sie seien zu einem wie auch immer zu datierenden Zeitpunkt an der Entstehung des Taijiquan konstitutiv beteiligt gewesen. Es handelt sich um ein hermeneutisches Problem, dessen Variablen sorgfältig dargestellt, das aber wohl bei der gegebenen Datenlage nicht gelöst werden kann.

Der Ansatz von Anna Seidel in Bezug auf die Position Zhang Sanfengs im Daoismus: „whatever the core of historic fact was, the relevant question here is what beliefs crystallized around this figure (...)."[1] kann als Leitlinie meiner gesamten Untersuchung dienen: Die letzten Ursprünge des Taijiquan sind nicht geklärt und werden wohl auch weiterhin im Dunkeln bleiben. Ein sinnvoller Forschungsansatz kann lediglich die Frage sein, ob Taijiquan in den verschiedenen Epochen, über die gesicherte historische Informationen in Schriftform vorliegen, von Vertretern dieser Kampfkunst als daoistisch oder nicht daoistisch wahrgenommen und praktiziert wurde. *Beides* war und ist der Fall. Bei zentralen Aspekten wie den Bezeichnungen von Übungselementen und Zielen der Praxis besteht ausreichend Grund zu der These, dass daoistische Symbolik eine zentrale Rolle spielt bzw. gespielt hat.

Aus diesem Grund habe ich es bewusst in Kauf genommen, auch Zusammenhänge darzulegen, die keinen zwingenden Beweischarakter haben (können), dennoch aber in ihrer Häufung die historische enge Verknüpftheit des Taijiquan mit dem Daoismus belegen.² Hier wäre viel weitere Arbeit zu leisten, beispielsweise im Bereich der Formnamen, und ich möchte alle mit dem Thema Befassten dazu ermutigen, ihre diesbezüglichen Kenntnisse darzulegen; es besteht ein gewisser Wissenshunger in der nicht kleinen Gruppe der Praktizierenden selbst. Selbst wenn Taijiquan mit einiger Wahrscheinlichkeit nicht „ursprünglich" daoistisch ist, ist doch mit Douglas Wile zu konstatieren, dass (inzwischen) eine Konsonanz der Taijiquan-Theorie und -Praxis mit daoistischer Philosophie in vielen zentralen Punkten vorliegt.³

Zusammenhänge von auslegungsbedürftigen und nur wenigen Taijiquan-Übenden im Detail vertrauten Elementen wie den in Kap 3.9. - 3.11. genannten Prinzipien der Praxis mit ethischen, ontologischen, kosmologischen, metaphysischen und epistemologischen Konzepten des Daoismus sind aufgrund der Tendenz zum Allgemeinphilosophischen noch schwieriger nachzuweisen. Auch wenn diesbezügliche Kategorisierungen sichtlich ins Allgemeine tendieren, wäre es doch eine Verschwendung der ohnehin spärlichen Informationen, Aussagen wie bspw. die von Kristofer Schipper - der ordinierter Priester der taiwanesischen *Zengyi*-Schule des Daoismus ist - zu ignorieren. Schipper zufolge ist Taijiquan „an excellent initiation into the very essence of Taoism (...) which, through daily practise, conditions one for Keeping the One."⁴ In solchen Zusammenhängen finden sich dann bei genauerem Hinsehen auch explizitere Bezugnahmen wie die im Folgenden kursiv hervorgehobenen:

"After a while, the exercises and the *discipline* become *spontaneous* and the *integration into the cosmic rhythm* is achieved with *less and less effort*, while *the individual's spiritual strength inceases* (...)".[5]

„Nach einer gewissen Zeit werden die *Übungen spontan* und die *Integration in den kosmischen Rhythmus* wird mit *weniger und weniger Anstrengung* erreicht, während *die geistige/ spirituelle Stärke des Übenden zunimmt* (...)."

Möge es genau so eintreten!

Markus Maria Wagner (Wat Maan Kei)

"Crowded Corner", 2014

„Den Geist mit dem Geist ergreifen (verstehen) zu wollen - Ist das nicht ein großer Irrtum?"
Kalligraphie eines Verses aus Sengcans Xinxin Ming.
Archiv Markus Wagner

4. Abschluss und Fazit

Endnoten

Einleitung in das Thema und kurzer Abriss bisheriger Forschungsstränge

[1] Yang 1996, 234. "Song of the real meaning".
Eine Anmerkung zu den Fußnoten: Die Verweisstrukturen im Daoismus und der Inneren Alchemie sind komplex und vielschichtig. Um die Lesbarkeit des Haupttextes zu gewährleisten war es umgänglich, ein Großteil der zu konstatierenden Zusammenhänge und Querverbindungen in die Fußnoten zu verlegen, die somit zumindest abschnittsweise einen großen Raum einnehmen. Hätte ich alle inhaltlichen Querverweise in den Haupttext einbinden wollen, wäre dies nur auf Kosten eines deutlich höheren Vernetzungsgrades der Argumentationslinien möglich gewesen, was in der Konsequenz die Länge des Haupttextes in meinen Augen unverhältnismäßig erhöht hätte. Ich habe mich daher bewusst für den ausführlicheren Fußnotenapparat bei gedrängterem Haupttext entschieden.

[2] „Tai Chi Chuan is, however, Tao in Action (…)" Docherty 1995, 17. Dochertys Buch ist im Verlag: „Red Cinnabar" erschienen, diese Namensgebung ist ein bewusster Hinweis auf die von Docherty postulierte Beziehung des Taijiquan zu alchemistischen Strömungen. Docherty unterrichtete mich in der daoistischen Übung der „sitzenden 8 Brokatübungen" die er von seinem Lehrer Cheng Tin Hung gelernt hatte, dieser von dem Wu Jianquan-Taijiquan-Meisterschüler Cheng Wing Kwong (Zheng Rongguang). Zur daoistischen Einordnung der „sitzenden 8 Brokatübungen" vgl. Komjathy 2013, 199 ff. Hier auch der Hinweis auf den daoistischen Unsterblichen, dem die Übungen zugeschrieben werden; Zhengyang, „Aligned Yang". Zum Konzept des „Aligning" im Daoismus und im Taijiquan vgl. weiter unten.

[3] Übersetzungen von Zitaten aus in englischer Sprache erschienenen Veröffentlichungen ins Deutsche wurden soweit nicht anders gekennzeichnet von Markus Wagner angefertigt.
Im englischsprachigen Original: „The internal martial arts originated from Chang San-feng of the Sung dynasty (…)." "The legends are beautiful, but research shows reality to be different." "Pointing out these flaws (…) is in no way to belittle Taoists' very essential contribution." Huang 1993, 46, 58.

[4] "The philsophy of T'ai Chi Ch'uan has its base in CHOU-I, Lao Tzu's TAO TE CHING and Hui Nan's LIU TSO TAN CHING." Liu 1978, 50.

[5] „(…) that the practice of T'ai Chi cannot be separated from ist Taoist context (…)." Fowler/Ewers 2005, 1. Das Werk gibt sich wissenschaftlichen Anstrich, kann und will aber eine

gewisse Voreingenommenheit nicht verleugnen und arbeitet beispielsweise noch mit der mittlerweile obsoleten Trennung eines philosophischen von einem religiösen Daoismus.

[6] "This Art has all the elements of taoistic practice, including physiological alchemy, ritual initiation, oral formulars and traditions, taoistic teminology, and a theoretical and symbolic element drawn largely, though not exclusively, from Taoist philosophy and religion". Docherty, Cf. Fowler 43.

[7] "There was another person in the tang dynasty who was said to be a tai chi teacher. His name was Li Baozi. He called his tai chi chuan long fist or *pre-heavenly fist*. Today's tai chi got its start (...) with a scholar named Zhang San-Feng. (...) a Taoist priest named (...) Fire Dragon Real Man visited Zhang." Wong / Hallander 1991, 4 f.

[8] Habersetzer 2000. Bezeichnend für seine wenig analytischen Darstellungen ist es, dass er insbesondere bei den zahlreichen aus den verschiedensten Zusammenhängen zusammen getragenen Abbildungen - unter Anderem von alchemistischen Diagrammen - grundsätzlich keine Quellen angibt.

[9] „The Art of T'ai Chi originated from a philosophy based on the Yin/Yang theory. (...) Around 1200 C.E., the T'ai Chi theory was described in the T'ai Chi Classics I as a way of discipline and meditation for human life. At that time, success in developing internal energy through Taoist meditation formed the basis for the Tai Chi meditative Movement. (...) Over hundreds of years (...) students came to reverse the proper procedure. (...) students began to copy the movements without practicing meditation or internal energy development. Therefore, around 1850 C.E. Master Wu Yu-hsing wrote a treatise advising students that to practice T'ai Chi properly, one must drive the internal energy to move the entire body (...)." Liao 1977, 110 f.

[10] So zum Beispiel der Artikel „Movement in Stillness and Stillness and Movement", der es sich nach eigener Aussage zur Aufgabe gemacht hat, „the contemplative charakter of Tai Chi Chuan" darzustellen. (Lee 1987, 25 u. ff.) und schon im einleitenden historischen Teil scheitert, indem wissenschaftlich überholte Thesen wie die „Erfindung" des Taijiquan durch Zhang Sanfeng unhinterfragt reproduziert und buddhistische Konzepte (bspw. Verlust des Ego und aktuale, nondualistische Wahrnehmung des Hier und Jetzt) als Kernelemente des Daoismus fehlinterpretiert bzw. zwischen diesen keinerlei Unterscheidungen thematisiert werden (Op. cit. 31). Lee nennt mit Relaxation, Langsamkeit, Gleichmäßigkeit, Verbindung, Atmung und Spontaneität tatsächlich anschlussfähige Punkte im Taijiquan an daoistische Werte, führt diese allerdings nicht weiter aus. Die meines Erachtens für unsere Fragestellung wertvollste Passage soll dennoch zitiert werden: "For Taoists, T'ai Chi, the primal creation, is essentially Tao. But it is different in that it is Tao with a form. This individualized Oneness is now dualistic – composed of yin and yang. Thus we can say that yin and yang are components of T'ai Chi and T'ai Chi is but the manifestation of Tao." Op. cit. 29.

[11] Diese Unterscheidung ist nach Schlicht 2013, 185 zuerst von der „konfuzianischen Gelehrtentradition geprägt worden, die dem Daoismus zumeist nicht vorurteilsfrei und in Unkenntnis gegenüberstand." „Gehen wir hingegen von einem religionswissenschaftlichen Ansatz aus, lässt sich durchaus eine frühe Einbindung ehemals schamanischer Ekstasetechniken im Daoismus ausmachen", so Schlicht im Folgenden.

[12] Kirkland in Kohn 2000.

[13] Wu bedeutet auch metonymisch ritueller Tanz, womit eine mögliche Brücke zu den Schrittfolgen des Taijiquan in Erwägung gezogen werden muss. Needham 1970 vermutet dass die Übungen des *Daoyin* auf Regentänze von Schamanen zurückgehen. Zum fortdauernden Einfluss des Schamanismus auf den Daoismus vgl. z.B. Schipper, 1993, 6 ff.

[14] Vgl. auch Robinet 1995, 19 und 1993b, 653.

[15] Vgl. z.B. Michael Saso: "Daoism, As Taught By Daoists In China": „During the "Spring" of Daoist history, what we call "Daoism" (Daojiao)was seven separate streams of spiritual practice, called Daojia, (schools of Daoism) which became a powerful river (Daojiao)– combining inner cultivation + ritual, during the summer of Daoist history. The seven separate streams of Daoist "Spring" are: 1. Apophatic or Wu-wei meditation, based on the books of Lao-tzu and Chuang-tzu. 2. Yinyang Five Element cosmology, a Yu-wei "visible Dao" (kataphatic), image filled system describing cyclical change in nature. 3. Neidan, inner alchemy, or meditation, uniting seasonal changes, colors, and unseen forces as visualized spirits within the interior organs of the meditator's body. 4. Li Yi, Ritual meditation, used to celebrate "Rites of Passage" and annual change in nature. The founder of Celestial Master Daoism, Zhang Daoling, (ca. 145 CE), based early Daoist rituals on the Monthly Commands (Yueling) chapter of the Confucian Book of Rites (Li Ji), and the "Ancient Weft" writings. 5. Fangshi, the ancient healers and ritual experts of fang rural villages and suburban villages, and cities. Fangshi became Daoshi or Daoists in the Han Dynasty. 6. Wushu, Martial Arts; the Taiping Great Peace Martial forms of Daoism, evolved during the Han dynasty into multiple non Daoist physical formats, until today. 7. Yijing, the Book of Changes, the earliest source of apophatic and kataphatic prayer images, it is used in all later Daoist rituals and meditations. These many sources became a great river called "Daoism" (Daojiao) of inner cultivation and festive rites of passage, during the summer of Daoism, from the Later Han through the Tang dynasties (145-906 CE) (…)." http://www.michaelsaso.org/?p=2111&cpage=1#comment-38758 , abgerufen 10.10.2014.

[16] Wile 1990, 60. Brennan datiert die Texte aufgrund ausführlicher weiterer Überlegungen auf ca. 1875: http://brennantranslation.wordpress.com/2013/09/14/explaining-taiji-principles-taiji-fa-shuo/ abgerufen 11.09.2014.

[17] „Daoists did not invent Taiji quan nor was it traditionally a major form of Daoist cultivation." Bidlack 1995, 194. Bidlack weist auf eine wichtige Beobachtung in Bezug auf daoistische und Taijiquan-Praxis hin: "(…) some lay Daoist sects use Taiji quan as a window through which to judge the charakter of prospective members."

[18] "(…) Taiji quan is a valid and popular Daoist practice today (….)". Bidlack 1995, 198.

[19] "Not born from Daoism, it was absorbed into it." Bidlack 1995, 199.

[20] Wile 1996, XI.

[21] Bohn 2013.

[22] Zur inneren Alchemie vgl. zur ersten Orientierung Baldrian-Hussein: Art. „Neidan" in Pregadio 2007, 762 ff, besonders die Hinweise auf in unserem Zusammenhang wichtige Grundbegrifflichkeiten auf S. 763 f.

[23] Vgl. Berlinger 1980, passim, z.B. 40. In dieser Hinsicht sind die Formulierungen des Sun Taijiquan Stilbegründers Sun Lutang bemerkenswert: „The ancients have said, ‚From Wu Ji comes Tai Ji.' This principle is not an exclusive tenet of the martial arts. This same concept was described by the sages [gemeint sind Konfuzianer] when they spoke of moderation and keeping to the mean. The Buddhists refer to the same idea when they speak of 'enlightenment'. The Daoists refer to this concept as the 'valley spirit'. Although the concept is called by different names, they all refer to allowing the qi to flow smoothly. The internal martial arts and the methods of the Daoists are the same inside and out. This principle ('From Wuji comes Tai Ji') has applications beyond merely strengthening one's body and lengthening one's life." Sun 2003, 74.

[24] Berlinger 1980, 39. Nach Song 1991, 54 soll Zhang Sanfeng zwischen 1314 und 1327 in die Geheimnisse des Jindan eingeführt worden sein.

[25] Needham 1980, 304.
[26] Schlicht fasst die *Yin/Yang*-Lehre und die Lehre von den Fünf Wandlungsphasen als „Duopentaismus" (2013, 372 und passim) zusammen und weist damit auf die Signifikanz eines in kontinuierlich beibehaltener konzeptueller Relation erscheinenden Auftretens beider Lehren in einem Denkgebäude hin. Er zeigt, dass die Lehre vom *Qi* und der damit verbundene Duopentaismus wahrscheinlich einer schamanisch-kultischen Vorstellungwelt entwachsen sind, bevor sie zu einer [!] entsprechungssystematischen Lehre funktionalisiert wurden. Op. cit. 499. Vgl. auch Saso (1975): „The principles from which Taoism derives, descending from the Yin-Yang five-elements school of ancient Chinese philosophy, are the same basic principles that guide the chinese religion."
[27] So zum Beispiel Breslow, 1995, 23 und Komjathy 2013. Die Historie des Taijiquan ist bei Komjathy allerdings verkürzt und meines Erachtens nicht korrekt dargestellt. Wichtig sind dennoch die Hinweise auf die historische Unhaltbarkeit von Authentizitätsbehauptungen im späten 20. Jahrhundert entstandener „Wudang-daoistischer" Taijiquan-Institutionen. Vgl. zur Geschichte des Taijiquan unbedingt die philologisch gründlichen Arbeiten von Waley, Davis und Vercammen.
[28] Vgl. Isabelle Robinet: Art. Syncretism, in Pregadio 2007, 20 ff, die von einem entsprechenden "conceptual framework" des Daoismus spricht. Ähnlich Roths (1999, 8) an Wortfeldgruppen orientierte Vorgehensweise bei der Bestimmung des Daoismus: „The common thread that ties together these three philosophical orientations of early Taoism and that differentiates them from other early intellectual lineages is their shared vocabulary of cosmology and mystical self-transformation. This distinctive shared vocabulary helps distinguish the meaning of the category "Taoism" (…)". Vgl. Auch Kubny 2002, 182 und passim, der anhand der differierenden Beschreibungen der vorhimmlischen und nachhimmlischen Welt ausführt, die Ordnung des Ablaufs der Prozesse in der inneren Alchemie basiere "einerseits auf dem Entsprechungssystem der 5 Wandlungsphasen und der 6 Yin- und Yang-Kategorien und andererseits auf dem Konzeptrepositorium der 64 Hexagramme des *Yijings*." Damit sind aber genau die Konzeptionen thematisiert, die auch im Taijiquanjing im Zentrum stehen.
[29] Saso 1990, vi ff, 3, 15, 193 und passim. Hier findet sich eine bildliche Anordnung der Wandlungsphasen im *Taiji*-Diagramm auf S. 4. sowie der „numerischen Schöpfungsmythe" auf S. 9.
[30] Fabrizio Pragadio: Art. *Jindan*, in Pregadio 2007, 552. Vgl. auch Russell Kirkland: Art. *Taoism and early Cinese thought*, op. cit. 132 ff.
[31] Vgl. z.B. Sun Lutang, der auch in seinem Buch über Xinyiquan aus dem Jahre 1915 in der Überschrift des ersten Kapitels gleich mehrere der genannten Elemente vereinigt: „Part One: The Study of Xing Yi an Wu Xing Since the Separation of Heaven and Earth." Sun, 2000, 67.
[32] Vgl. auch die Ausführugen von Livia Kohn, die für Motivkomplexe, die der Daoismus mit der chinesischen Mainstream-Mythologie teilt, darstellt, inwieweit sie neu interpretiert und mit anderen Schwerpunkten (z.B. „elements of transcendence, teleological linearity, and a strong concern with origins" statt „concern for sage rule, heroic conquest, and perfect social harmony") versehen wurden. Kohn: Art. *Taoism and Chinese mythology*, iin Pregadio 2007, 129 ff.

1. Taijiquan

[1] Davis 2004, 3 ff. Vergleiche beispielsweise auch den unübersehbar tendenziösen Artikel von Michael DeMarco. Für ihn ist es „beyond all doubt", dass vor über 200 Jahren in Chen-

jagou Taijiquan praktiziert worden sei (DeMarco 1992 ,10). DeMarcos „clearly applicable historic Setting" (ebd.) ist inzwischen mehrfach fundiert angezweifelt worden, z.B. von Vercammen, Docherty, Waley. DeMarcos Anspruch, unter Hintanstellung philologischer Methodik (es spiele keine Rolle, dass die - eine daoistische Grundausrichtung der Kampfkunst signalisierende - Namensgebung *Taijiqua*n nachweislich auf Wang Tsung-yueh zurück geht) auf „the boxing Form itself" zu referieren, scheint mir überzogen und spekulativ. Dies insbesondere auch aufgrund der Tatsache, dass DeMarco außer dem *Chen* Taijiquan allem Anschein nach keine anderen Stile mehr als oberflächlich bekannt sind. Entgegen seinen Darstellungen gilt z.b. für *alle* Taijiquan-Stile, dass sie durch private Instruktion weitergegeben wurden, dass die Kraft durch die Ferse...in die Hand gelangen soll (hier zitiert DeMarco - möglicherweise ohne sich dessen bewußt zu sein - einen der Klassiker-Texte aus der *Yang*-Tradition!). Auch in anderen Stilen gibt es eine vom *Yang*-Stil differierende Fußhaltung in der Figur „Der goldene Hahn...", und die von DeMarco für den *Chen*-Stil reklamierte kämpferische Anwendbarkeit jeder einzelnen Bewegung ist in *allen* traditionellen Stilen eine Selbstverständlichkeit (14, 15). Sowohl in dem Gesagten als auch in der ermüdenden Wiederholung , der *Chen*-Stil sei „always been a rare Style" „for the selected few" (14 und passim) zeigt sich die unreflektiert apologetische Tendenz des Artikels.

[2] Vercammen 2000, 47 ff. und passim.

[3] Wile 2007, 12.

[4] Zum Beispiel Davis 2004, 7. Der Name Taijiquan beispielsweise taucht in den sonst sehr ausführlichen Geschichtsschreibungen des *Chen*-Clans nicht auf. Entsprechende Beobachtungen und Erörterungen finden sich auch in verschiedenen Arbeiten Dan Vercammens.

[5] Davis 2004, 7. Hervorhebungen und geklammerte Spezifikation vom Autor. Davis wählt für die nach Angaben der Chenjagou-Bewohner von Chen Wangting entwickelten Kampfkunst die historisch differenziertere Bezeichnung „proto-taijiquan" (Op. cit. 8).

[6] Docherty 1995, 31.

[7] Watson 2010, 266.

[8] Oaks / Sutton 2010, 14.

[9] Amos 1983, xi und passim. Im Gegensatz zum als „feudalistisch" und „reaktionär" wahrgenommen zweckfreien (/spielerischen) Ausübung der Künste. Amos' Arbeit basiert auf Feldforschungen in den Jahren 1976 bis 1981. Eine der Thesen von Ames' Dissertation besagt, die Machteliten seinen bestrebt, das Ausüben von Kampfkünsten als politisch korrekte „produktive Tätigkeit" (Leibeserziehung) umzudeuten. Op. cit. 15 und passim. Amos formuliert: „(...) they perceive Chinese kung fu as a scientific sport, rather than a sacred play." Op. cit. 17.

[10] Filipiak 2001, 9 f., 125, 246 und passim mit Hinweis auf Weichheit als Kampfprinzip.

[11] Amos 1983, 16.

[12] Amos 1983, 16 und passim.

[13] Amos 1983, 42, 49, 261.

[14] Oaks / Sutton 2010. 6.

[15] Vgl. Amos 1983 passim.

[16] Vgl. z.B. Filipiak 2001, 105 - 112 und passim.

[17] Ich habe beobachtet, dass realistische Demonstrationen kämpferischer Anwendungen bei einem *Duan*-Graduierungs-Test von den Angehörigen des offiziell eingesetzten chinesischen *Wushu*-Kommitees als unerwünscht abgelehnt und stattdessen die Vorführung einer standardisierten und kämpferisch gänzlich unbrauchbaren Choreographie verlangt wurde.

[18] Sutton, 1993, Salzman 1986.

[19] Vgl. z.B. Sutton 1993, 104 f.

[20] Das wird dann üblicherweise von Befürwortern der Daoismus-These begeistert aufgenommen, was letztlich aufgrund der Unstimmigkeiten in den Argumentationslinien fatal ist und zu berechtigter Zurückweisung dieser Behauptungen führt. Als ein Beispiel von vielen sei Mark Hawthorne genannt, der seine Thesen mit Zitationen der Werke von Eva Wong (als historische Quelle über die chinesischen Kampfkünste höchst zweifelhaft) belegen will. Hawthorne 2000, 75.

[21] Holcombe 1990, 424.

[22] Holcombe deutet den Unverwundbarkeitskult als zentral für die chinesischen Kampfkünste allgemein. Op. cit. 425f. Besonders Taijiquan mit seinen Neigong und Eisenhemd, Eiserne Glocke etc. Techniken ist hier paradigmatisch. Noch heute gilt die entspannte Unbewegtheit bei einem harten Fauststoß in den Bauch als Beweis entsprechender Fähigkeiten. Ein Beispiel einer solchen Demonstration lieferte Cheng Wing Kwongs Schüler Wu Sing im Rahmenprogramm des legendären Kampfes zwischen der Taijiquan Berühmtheit Wu Gongyi und einem White Crane Kämpfer 1954 in Macau, heute öffentlich auf YouTube zu sehen. Auch Wu Sings Lehrer Cheng Wing Kwong war bekannt für diese Art von Demonstrationen: „ Danach reiste er [Cheng Wing Kwong] in Macau ein und ließ sich von einem portugiesischen Kämpfer zehn mal Schlag in seinen Bauch hauen ohne sich ein bisschen zu rühren. 1951 reiste der Weltmeister-Boxer Joe Louis) Hongkong und traf sich mit Zhèng aufgrund seiner Bekanntheit. Auch ihm hat Meister Zhèng angeboten, zehn Schläge in seinen Bauch zu geben. Dies wurde aber von Louis abgelehnt mit der Begründung, dass er schnell zurückkehren musste." Zhao 1967, 26 mit Abbildung an anderer Stelle. 2014 musste ich selbst (als einziger anwesender Europäer und relatives Schwergewicht) bei einem Jubiläumstreffen der Schülerschaft von Wu Sing in Hongkong einem seiner Schüler in den Bauch boxen, was ich erst zögernd tat, dann immer härter in der wachsenden Sicherheit, dass es dem Demonstrierenden absolut nichts ausmachte.

[23] Holcombe 1990, 411, 419, 431 und passim. Hilfreich sind auch die weiterführenden Literaturhinweise zu daoistischen Geheimgesellschaften und kultischen Einflüssen auf die Kampfkünste, z.B. 414.

[24] Holcombe 1993, 20.

[25] Eher selten werden die Berührungspunkte konkret genannt, wie etwa im folgenden Text aus einem Diskussionsforum der Yang-Familientradition, der Zhou Dunyis Taijitu behandelt: „Sprinkled throughout are terms familiar to us in Taijiquan theory, including taiji, wuji, yin/yang, hard/soft, movement/stillness, trigger/pivot (ji, and shu-niu), qi, shen, ti/yong, "centrality" (zhong), as well as bagua and five phases language." „I think this is an effort to place the boxing art into a wider cultural frame of reference, with the theme of taiji being seen as a model for an ultimate psycho-physical stance involving the cultivation and maintenance of equilibrium. This can also be seen in the embedded quotes from Zhu Xi's commentary to Doctrine of the Mean, "wu guo bu ji" in line two, and further down in line nine, "bu pian bu yi." (…) how far does the topic "Supreme Limit" (the Taiji/Tai Chi) extend over the following phrases? Do they all apply to the Taiji, or do some of them apply to that which has no limit (Wuji) or perhaps even to the practitioner him or herself?' As I see it, the opening lines are descriptive, but the voice changes to prescriptive somewhere in line two, perhaps with the phrase "Follow, bend, then extend" (sui, qu, jiu shen). This interpretation is consistent with the Chinese philosophical impulse to embody macrocosmic ideas at the microcosmic level. So, the opening lines set up the macro ideal, but the text then proceeds to get to more practical, experiential detail." http://www.yangfamilytaichi.com/phpBB3/viewtopic.-php?f=7&t=740 abgerufen am 22.9.2104.

[26] Vercammen 2000, 47. Noch entschiedener behauptet Douglas Wile, die Klassiker doku-

mentierten die Verbindung von Meditation, Medizin und Bewegung bei der Entstehung bzw. Interpretation eines Qigong und die Übertragung von Elementen dieses Qigongs auf die Körpermechanik einer Kampfkunst. Wile 1996, 38.

2. Die klassischen Taijiquan-Schriften

[1] Kohn 2000, 648.

[2] Vgl. Wile 2007, 35. Zweifelhaft sind verkürzende Argumentationen im Stile derer von Dennis Willmont 1997, mit teilweise forcierten Interpretationen, bspw. 13, 16, 23, wenig gefüllten Schlagwörtern wie „Philosophy in Practice", 15, gelegentlichen treffenden Beobachtungen („The Key to both of these maps is no other than the philosophical term taiji, the invisible gate between the unmanifest and the manifest"), 14 und in der traditionellen Lehrer-Schüler-Bindung eher unwahrscheinlichen Behauptungen wie „Xai Tao (…) practices a variety of Taijiquan Styles. He embodies the spiritual Traditions in each Style", 24.

[3] Wile weist auf das Kuriosum hin, dass in einem auf den Bestsellerlisten zu findenden chinesischen Buch mit dem Titel „500 ungelöste Mysterien in Chinas Kulturgeschichte" die Geschichte des Taijiquan als eine von Chinas umstrittensten Fragen gelistet ist. Wile 2007, 9.

[4] Wile 2007, 11. Wile geht so weit, an der Anwendbarkeit des Begriffes „Faktum" in den entsprechenden Zusammenhängen zu zweifeln. In Zusammenhang mit dem von Wile postulierten Narrativ und Holcombes später Darstellung der Matrix, in die Taijiquan neben Laozi etc. kulturhistorisch einzuordnen ist, soll auch auf die umgekehrte Beobachtung von Johnson hingewiesen werden, dass - Johnson stellt diese These anhand des alchemistischen Begriffes „Dan" auf - „in it, a single idea is made to represent an entire system of thought". Diese Beobachtung könnte man auch auf Begriffe wie Wuji, Taiji und manch andere daoistische Termini übertragen könnte. Johnson 1974, 43.

[5] Davis, 2004, 75. Docherty (1995 47) übersetzt: „The Chi (Vital Energy) should be aroused and agitated, while the Shen (Spirit) must be internally hoarded". Wu Jinghua ordnet diesen Text - anders als alle anderen Kommentatoren - Wang Zhong-Yueh zu (1991, 154). Sie übersetzt hier unglücklich für Shen: „The chi should be stirring, and the vital force is concentrated inwardly". Horwitz (1985, 75): "The intrinsic energy or "Chi" should circulate actively, The Spirit should be retained internally." Yang (1996, 211): "Qi should be full and stimulant, Shen (Spirit) should be retained internally". Liao (1977, 88) in enger Anknüfung an traditionelle Bilder: „The internal energy should be extended, vibrated like the beat of a drum. The spirit should be condensed in toward the center of your body."

[6] Davis 2004, 75.

[7] Davis 2004, 75. Horwitz' (1985, 77) Übersetzung ist nicht ganz korrekt, aber für Fachfremde leichter verständlich: „However ultimately everything depends on one's will or mind, and not on the external appearance of the movements." Docherty (1996, 48) hebt mehr auf die nicht muskuläre Kraftentfaltung ab: „In general this is controlled by the yi (Intent) and not externally."

[8] Docherty 1996, 48. Davis 2004, 75: "If one intends to move upward, then send the yi downward."

[9] Wu 1991, 154.

[10] Deutsche Übersetzungen aus dem Englischen unter Zuhilfenahme verschiedener Varianten von mir.

[11] Despeux, 1981,107.

[12] Milanowski 2004, 72.

[13] Op. cit. 74.
[14] Kubny 2002, 183.
[15] Pregadio 2012, 3.
[16] Pregadio 2012, 40. Dagegen bezeichnet Isabelle Robinet im Vergleich Neidan als „lediglich spätere, in größerem Maße verinnerlichte und sublimere Phase (…)", macht also nur einen graduellen und historischen Unterschied zwischen Innerer Alchemie Neidan und Äusserer Alchemie Waidan. Robinet 1995, 304. Das würde beispielsweise den Wortgebrauch Zheng Rongguangs (Cheng Wing Kwong) erklären, der seine Versionen der Körperübungen mit meditativen Elementen „Yijingjing" und „Baduanjin" unter den Oberbegriff „Waidangong" subsumiert, wobei keinerlei materielles Elixier hergestellt wird. Zheng, 1954, Inhaltsverzeichnis.
[17] Needham, cf. Kubny 2002, 179.
[18] Kohn 2000, 98.
[19] Kohn, 2000, 99.
[20] Robinet 1993, 87.
[21] Pregadio 2012, 2.
[22] Robinet 1993, 83.
[23] Liu 1970, 293.
[24] Vercammen 2003, 72.
[25] Eine Untersuchung der Beziehungen des *Nei Yeh* zum Taijiquan würde wahrscheinlich genügend Material für eine eigene umfangreiche Arbeit ergeben. Beispielsweise ist zu vermuten, dass zwischen der Anweisung „you must coil, you must contract, you must uncoil, you must expand" und der daoistischen Embyonalatmung einerseits und den im Taijiquan geübten Praktiken des „condensed breathing" bzw. „Bend the Bow to shoot the Arrow" (als Übertragung des grundlegenden Prinzips der altertümlichen *Daoyin*-Übungen in die Kampfkunst) andererseits wesentliche Entsprechungen bestehen.
[26] Kubny 2002, 299 - 302. Kubny weist (Op. cit, 300) zur Untermauerung dieses konzeptionellen Zusammenhangs weiter auf die Beschreibung von *Yin* und *Yang* als *erqi* (die zwei *Qi*) hin. Vgl. auch Op. cit. 104 f.
[27] Kubny 2002, 303.
[28] Kubny 2002 passim, vgl. insbesondere das Kapitel „Die Entwicklung des Qi-Konzepts seit Ende der späten Han-Zeit (…) unter der Dominanz daoistischer Weltbilder".
[29] Kubny 2002, XXIV.
[30] Cf. Kubny 2002, 104.
[31] Kohn 2000, 99.
[32] Kubny 2002, 103.
[33] Von nicht zu unterschätzender Bedeutung scheint mir Kubnys Bemerkung, dass der Unterschied zwischen den vor-und nachhimmlischen Zuordnungen der Wandlungsphasen bzw. Trigramme in einer ontologischen (vorhimmlisch) repektive phänomenologischen (nachhimmlisch) strukturierten Konzeption der Entsprechungen besteht. Kubny 2002, 191.
[34] Kohn 2000, 487.
[35] Yang 1996, 245.
[36] Cf. Davis, 2004, 65.
[37] Davis 2004, 64.
[38] Saso 1990, 34, 54.
[39] Zahlreiche heute in den genannten Gebieten ansässige Lehrer lehren unbeeinflusst von staatlichen Einflussbestrebungen noch immer die Curricula der jeweiligen Gründerväter. Persönliche Beobachtung des Autors. Vgl. hierzu auch Sutton, 1993, 105.

⁴⁰ Davis 2004, 75. Wu 1991, 154: „If there is something on the top, there must be something below...."
⁴¹ Horwitz 1985, 76. Wu, 154: "The changing of solid and void must be distinct.(...)."
⁴² Yang, 1996, 213. Davis 2004, 75: "Each point [in your body] in this way has empty and full."
⁴³ Übersetzung M. W..
⁴⁴ Übersetzt nach Wile, 1983, cf. Bidlack 1995, 196.
⁴⁵ http://scheele.org/lee/classics.html abgerufen 10.11.2014.
⁴⁶ Mazaheri 1992, 344.

2.2. „Taijiquan Jing" / Taijiquan Abhandlung (2): „13 Positionen"

¹ Wu 1991, 151 schließt diesen Teil als zweiten Teil an Taijiquan Jing (von ihr Zhang Sanfeng zugeschrieben) an. Huang 255, bei dem Taijiquan Jing den Schlussabschnitt eines laut Huang erstmalig von ihm veröffentlichten längeren Textes vorstellt, listet diesen - sonst gewöhnlich als Teil 2 des Taijiquan Jing angesehenen Text - als eigenständigen Klassiker („Long Chuan") und nennt Wang Zongyue als Verfasser.
² Davis 2004, 76.
³ Liao 1990, 95.
⁴ Berlinger 1980, 135. Der erklärte Konfuzianer Lin Chao-en erwähnte solche dezidiert daoistischen Elemente nicht, um sich weiterhin als echter Konfuzianer darstellen zu können, trotz der von Berlinger aufgezeigten unzweifelhaft daoistischen Beeinflussungen.
⁵ Robinet 1995, 25, vgl. Op. cit. 19.
⁶ Robinet 1995, 61.
⁷ Holcombe 1990, 420.
⁸ Saso 1990, 29. Zu den Fangshi als Einfluss auf die Daoisten der Han-Dynastie vgl. Saso 1990, 17.
⁹ Gim, H. Won und Lau, Waishing. Persönliche Mitteilung.
¹⁰ Zu den Wandlungsphasen als Grundlage sämtlicher Neidan-Techniken vgl. Milanowski 2004, hier 142, der im Folgenden im Zusammenhang mit dem Duopentaismus (Verbindung der Yin–Yang-Lehre mit der Lehre der fünf Wandlungsphasen) auch darauf hinweist, dass „die *Yinyang*-Lehre, aber auch die der *Fünf Wandlungsphasen* im Daoismus zur vollen Blüte reifte und dort die Jahrhunderte überdauerte - z.B. ganz konkret innerhalb der magischen Körper-Geistübungen. Letztlich, und das zeigt erneut, wie schwierig die Zuordnung einzelner Theorien zu bestimmten Schulen ist, baute später der Neokonfuzianismus auf dem nur noch im Daoismus lebendig gebliebenen Wissen der *Fünf Wandlungsphasen* sowie der Kräfte *Yin* und *Yang* (...) auf." Op. cit. 145.
¹¹ Young Wa Bu , o.J.
¹² Davis 2004, 76.
¹³ Z.B. bei Sun Lutang 2003, 49. Sun zieht die Verbindung explizit: „He practiced cultivating the Dan Tian as well as martial arts. (...) he practiced the Tendon Changing and Marrow Washing, as well as utilizing Zhou Zi's Tai Ji Symbol. From these he came to understand the principles of flow and the interchanges of the pre-heaven and post-heaven states." Op. cit 53.
¹⁴ Docherty 1995, 32.
¹⁵ Wong 2012, 32, 30.
¹⁶ Vgl. Wong, 1998, 148. Ein interessanter Zusammenhang, den Catherine Despeux beobachtet, soll mit Bezug auf unsere weiter unten folgenden Erörterungen zum „Neun-Paläste-

Schritt" schon hier nicht unerwähnt bleiben: Elemente der Legende von der Entstehung des Taijiquan nach Beobachtung des Kampfes einer Schlange mit einem Kranich tauchen - mit umgekehrten Vorzeichen - auch schon in der Legende von der Entstehung des die Welt in neun Regionen teilenden Schrittes des *Yu* auf. Beachtenswert ist bei dieser zu konstatierenden Umkehrung die Methode daoistischer alchemistischer Praktiken, den Prozess der Weltentstehung umzukehren, negativ zu spiegeln um so zum uranfänglichen Zustand (*Hundun, Wuji*) zurückzukehren. Vgl. Despeux 1981, 17f. Zur Umkehrung einschlägig ist Robinet 2011.

[17] Wile 1992, 168 ff.
[18] Needham 1980, 307. Seidel 1970, 485. Im Daozang stehen allein 45 Texte mit der personifizierten Gottheit Xuantian Shangdi in Verbindung. http://xuantianshangdi.blogspot.de/2006/05/xuantian-shangdi-texts-in-daoist-canon.html , abgerufen 10.10.2014.
[19] Overmeyer 2009, 134. Ausführlich zu *Zhenwu/Xuanwu*: Chao 2011.
[20] Seidel 1970 493.
[21] Theodore A. Cook, Artikel *Zhenwu*, in Pregadio 2007, 1267.
[22] Seidel 1970, 487, 518.
[23] Hier seien Boodberg's Bemühungen um eine Definition zitiert: "hsüan (…) ‚somber-coloured', ‚brownish', ‚darkling (as the color of depth, such as that of water or of the darkening sky)', ‚fuscous', ‚fusco-hyaline (dusky, but semitransparent)', ‚dim', ‚dun'. Probably a cognate of hsün, ‚smoky', and hsün, ‚purple', ‚brown'. By extension, particularly in the Taoist vocabulary, ‚darkling into the distance', ‚profound', ‚mysterious', ‚abstruse', ‚mystical' (…) "". Boodberg 1957, 615. Sehr interessant ist Boodbergs Vorschlag einer Übersetzung des *hsüan chih yu hsün* aus Daodejing Kapitel 1 durch „decrease it and again decrease" , die unabsichtlich ein Schlaglicht auf die Methodik daoistischer Meditation zu werfen scheint. Op. cit, 617.
[24] Despeux, 2011, 28. Vgl. auch Wong, 1979.
[25] Wong 1979, 23.
[26] DeMarco 1992, 10.
[27] Wong 1979, 49.
[28] Biographie von Zhang Sanfeng aus der *Ming* Zeit, cf. Filipiak 2001, 23.
[29] Chen 1929, 1967, 13f.
[30] Wong 1979, 40.
[31] Cleary 1996, 234 f.
[32] Cf. Clark, LeRoy: "Tung on Chang San Feng", http://www.chipellis.com/Writings/Tung%20on%20Chang%20San%20Feng%20by%20LeRoy%20Clark%208-00.pdf , abgerufen 10.10.2014. Vgl. hierzu die Ausführungen zur „Einfachen Peitsche" im Taijiquan.
[33] Vgl. Filipiak 2001, 25.
[34] Song, 1994, 321.
[35] Anna Seidel berichtet von Feiern zu Ehren Zhang Sanfengs in Hongkong 1966 (Seidel 1970, 484), Cai Naibiao, Vertreter des Wu Shi Taijiquan in Hongkong, spricht - ohne Einschränkung auf ein eventuell nur mythologisches Verstehen - von der Feier zum „Birthday of Daoist Grandmaster Zhang Sanfeng". Cai 2010, 79.
[36] Docherty 1995, 32. Im modernen regierungskontrollierten Taijiquan wird auch diese für das Taijiquan seit jeher grundlegende Praxis der Betrachtung der Relationen zwischen Angehörigen einer Kampfkunstgruppierung gemäß Familienverhältnissen (*Zushi*/Vorfahre-Lehrer, *Shigong*/Lehrer-Lehrer, *Shibo*/älterer Bruder des Lehrers, *Shifu*/Lehrer-Vater…) als feudalistisch gebrandmarkt und durch Begriffe aus dem Amateur- bzw. Profisport wie

„Trainer", „Klassenkamerad" etc. ersetzt. Vgl. Amos 1983, 41, 170 der einen interessanten offiziellen Text von 1978 ausführlich zitiert.

[37] Davis 2004, 76.
[38] Vgl. Kohn 2000, 117 ff. Zur Darstellung von daoistischen Unsterblichen bei Zhuangzi vgl. Needham 1976, 8.
[39] Robinet 1995, 45.
[40] Kim 2014, 156.
[41] Baryosher-Chemouny 1996, 15.
[42] Saso 196.
[43] Kim 2014, 156.
[44] Vgl. Kohn 2000, 119.
[45] In: Kohn, 1993, 80.
[46] Breslow, 1998.
[47] Henning 2007, 24.

2.3. "Taijiquan-Lun" / Taijiquan-Klassiker

[1] Davis 2004, 77. Yang 1996, 214 beginnt: „What is Taiji? It is generated from Wuji." Liao 1977, 97: "T'ai Chi is born out of infinity. / It is the origin of the positive and the negative. / When T'ai Chi is in motion, the positive and the negative separate; / When T'ai Chi stops, the positive and negative integrate." Wu 1991, 150: "Tai-Chi is infinity, the absolute. / It is created from „no limit". / It involves the mechanism of dynamic and static movement, the mother of yin and yang. / In movement, it separates; in stillness, it combine." Docherty 1995, 67: "Tai Chi (the Supreme Ultimate), / It was born from Wu Chi (No Ultimate). / It produces both movement and stillness; / It is the mother of yin and yang." Horwitz 1983, 77: "Tai Chi has evolved from Wu Chi (The Void Terminus)."
[2] Filipiak 2001, 246.
[3] Dass der Terminus *Taiji* in der Kampfkunst Taijiquan im Rahmen kosmologisch-ontologischer Denkfiguren, wie sie vor allem im Daoismus zentral sind, zu verstehen ist, wird explizit zum Beispiel in Xu Zhiyi's Kompendium aus dem beginnenden letzten Jahrhundert: „A taiji ("grand pivot") is the condition before dividing into the dual polarities of passive and active. When there is movement, it splits into passive and active. When there is stillness, they merge to become a taiji again." Transl. Brennan, http://brennantranslation.wordpress.com/2012/05/08/wu-jianquans-taiji/ abgerufen am 23.9.2014.
[4] Wu Jinghua, Tochter des Wu Stil Begründers Wu Jianquan ordnet nicht Taijiquan Lun sondern Taijiquan Jing dem legendären Daoisten Zhang Sanfeng zu und setzt - ebenfalls anders als das Gros der Übersetzer und Kommentatoren - Taijiquan Jing an die erste Stelle ihrer Auflistung der Klassiker. Damit unterstreicht sie die Verbindung von legendärer daoistischer Herkunft und daoistischem Inhaltsschwerpunkt dieses wichtigsten Klassikers. „Tai-Chi is infinity, the absolute. / It is ceated from "no limit" [Wuji]. / It involves the mechanism of dynamic and static movement, the mother of yin and yang. / In movement, it separates, in stillness, it combine". Wu 1991, 150.
[5] Anonym 2014.
[6] Peng 2014.
[7] Zhang 2014.
[8] Wu 1980.
[9] Zhao 1967, 73. Übertragung Zhao, Gengshen und Markus Wagner.
[10] Zhao 1967, 74. Übertragung Cang, Boyu und Markus Wagner.

Endnoten

[11] Ebd.
[12] Beky 104. Vgl. Op. cit 101 ff zur Rolle des Taiji als Platzhalter für das Dao als „das Eine", aus dem die weltkonstituierende Zweiheit emaniert.
[13] Kubny 2002, 289. Die im Folgenden aufzuzeigenden Wechselbeziehungen zwischen Taiji, Wuji, Hundun (Urchaos) unter dem Aspekt der Kosmogonie und der Potentialität sind in K'oung Ing-Ta's Definition größtenteils schon vereinigt: „C'est la matière primordiale de l'univers à L'état gazeux, quand toutes choses étaient encore en confusion, avant la formation du ciel et de la terre" Cf. Beky 101. Auch die noch zu entfaltende Problematik der Abgrenzung und Zuordnung von Anfang und Voranfänglichem im Spannungsfeld von *Taiji* und *Wuji* ist schon in frühen Interpretationen wie der von Ricci als ‚materia prima' immanent. Ebd. Hierzu auch die Erörterungen über das Dao als das Eine. Op. cit. 102 f
[14] Adler 2008, 67. Mu Xiu hatte das *Taijitu* von Chong Fang, dieser seinerseits von dem berühmten daoistischen Priester Chen Tuan, ebd. Bei Chen Tuan bezeichnete das Diagramm allerdings den Weg der Rückkehr und war folgerichtig als „*Wuji*-Diagramm" betitelt. Vgl. Geldsetzer-Hong, die auf eine systematische Verwandtschaft des *Wuji* mit dem westlichen Begriff des *Apeiron* hinweisen (1986, 87 ff). Vgl. hierzu weiterhin Vercammen 2003, 76. Vercammen nennt *Taiji* „the highest and closest to the Dao", eine Charakterisierung, die mit Robinets Beobachtungen übereinstimmt. „Obwohl der Daoismus und auch der Buddhismus an Bedeutung verloren hatten, war ihr Einfluss auf die Begriffsbildung des Neokofuzianismus unübersehbar" Kubny 2002, 289. Eine bisher kaum beachtete biographisch-systematische Verbindung Zhous zum Daoismus kann auch in den verschiedenen Anekdoten über Zhous außergewöhnliche Liebe zur wilden Natur gezogen werden. Vgl. Chang 1957, 139 f.
[15] Kubny, 2002, 298. Vgl. auch den Disput zwischen den Neokonfuzianern Chu Hsi und Lu Hsiang-Shan über die Frage, ob Zhous „Wuji" neokonfuizianisch interpretiert werden solle oder ob er als genuin daoistischer Begriff überhaupt keine konzeptionelle Position im Neokonfuzianismus innehaben dürfe. Wing 1967, 369.
[16] Zang Dainian, 2002, 73.
[17] „I agree with those who hold the view that this Diagram was drawn first by the Taoist School, and that subsequently Chou Tun-i revised it and put it in its present form." Chang 1957, 141.
[18] Wile 2007, 13.
[19] Breslow 1995, 150 ff.
[20] Knaul 1981, 38.
[21] Kubny 2002, 101. Der Rückkehr-Gedanke erfährt eine weitere Ausprägung beispielsweise in der Bezeichnung eines daoistischen Elixiers, das Verstorbene wiedererwecken soll als *Taiji juanming shenwan* - göttliche Pille des größten Letzten/Poles um zum Leben zurück zu kehren. Vgl. Pregadio 2008, 132.
[22] Die Übersetzungsmöglichkeit von *Hundun* als „unentfaltet", „ungetrennt" verweist auf die gegenseitige Stellvertretung des vor aller Entfaltung zu situierenden Hundun und des *Wuji* als Zustand vor der Entstehung aller Vielheit. Auch der im *Hundun* mittransportierte Aspekt der epistemologischen Unzugänglichkeit findet seine Entsprechung in *Wuji* und *Dao* als systematische Grenzbegriffe, denen „Seinsmodi" zugeschrieben werden müssen, die von denen von Positiv Greifbaren deutlich abweichen. Vgl. Beky 1972, 60 ff. - eine wichtige und philosophisch äußerst aufschlussreiche Arbeit über viele im Daoismus zentrale Begriffe.
[23] Kubny 2002, 300.
[24] Despeux 1998, 40.
[25] Erörterungen hierzu bei Komjathy 2009, 74 f. Schlicht hat beschrieben, dass auch die Gesamtanordnung des *Neijingtu* sich als *Taiji*-Diagramm darstellen lässt. 2013, 327 ff.

[26] Sun 2003, 59. Suns erstes Kapitel, das die unbewegte Position des *Wuji* behandelt und bemerkenswerterweise das längste Kapitel der gesamten Formerklärungen darstellt, beginnt: „Wu Ji is the natural state occuring before one begins to practice martial arts." Op. cit. 69. Auch in Suns Buch über *Xingyiquan* ist das Anfangskapitel über *Wuji* (treffend unter der Überschrift „General Principle" dem ersten Kapitel noch vorangestellt!) metaphysisch ausführlich und thematisiert sowohl (in einer Fußnote von Suns Tochter Su Jian Yun) den Hervorgang - in der Reihenfolge *Wuji*, *Taiji* (entspricht dem einen *Qi*), *Yin und Yang* - als auch den intendierten Rückgang vom postnatalen zum pränatalen Zustand. Die folgende „Section One: The Study of Qi in the Emptyness of Xing Yi" zeigt dann Diagramme für *Wuji* (leerer Kreis) und *Taiji* (Kreis mit vertikaler Mittellinie), welche Vereinfachungen der aus den *Taijitu* bekannten Diagramme darstellen. Der kosmogonischen Logik gemäß folgen „Section Two: The Study of Taiji in Xing Yi" und "Section Three: The Study of Liang Yi in Xing Yi". *Liang Yi* sind die beiden *Qi Yin* und *Yang*, symbolisiert durch die unterbrochene und die durchgezogene Linie, die aus *Taiji* entstanden sind. Im darauf folgenden Kapitel sind dann *Luo Shou*, das kosmogonische Kapitel 42 des *Daodejing*, die Neun Paläste und die goldene Pille der inneren Alchemie *Jindan* thematisiert und *Hetu* und *Luo Shou* als Diagramme abgebildet. Auch die Vorworte von Ai Yu Kuan und Chen Zeng Ze referieren wiederholt auf *Wuji* als Ursprung dieser Kampfkunst und *Taiji* als Essenz des *Xingyiquan* und der (inneren) Kampfkünste überhaupt.

[27] Zit. nach Bohn, 2013.

[28] In Bezug auf das Diagramm des Zhou Dunyi siehe auch Martin Bödicker 2004, der in einer erfreulich gründlichen Untersuchung dennoch - wie im Folgenden zu zeigen sein wird - letztlich verkürzt argumentiert .

[29] Liu 2003. Abgesehen von dieser Information ist der Artikel inhaltlich enttäuschend. In feierlichem Redeton (besonders Abschnitt 2) wird hier der Vermittlung von Fakten nur ein geringer Wert beigemessen, was bis in die Wortwahl („Viele daoistische Grundsätze können wir wieder erkennen", „Vielmehr ähnelt vieles" „Man kann in manchen Handlungen Ähnlichkeiten erkennen", „können wir passende Analogien finden") spürbar ist. Am Ende des Artikels erfolgt dann auch unweigerlich die implizite Aufforderung, das Wudang-Gebirge aufzusuchen, um an den heiligen Stätten der Religionen Rat einzuholen. Zur (Nicht-)Authentizität des angeblichen Wudang-Taijiquan vgl. die Internetpräsenz von Louis Komjathy 2013, Artikel „Wudang style."

[30] Saso 1974. Saso verwendet für die kosmologischen Ursprungsspekulationen des Daoismus mittels der Begriffe *Wuji* und *Taiji* den treffenden Begriff „protogenesis".

[31] Despeux, 1998, 42

[32] Despeux, 1998, 45. Vgl. zu den Konzepten der Rückkehr *Fu-kuei* und *Fan* (das von Fung Yu-lan als Grundgedanke des Laozi angesehen wird): Beky 135 ff. Der Rückkehr wird als *Terminus ad quem* (paradox) *Wuji* zugeordnet, gelegentlich wird die Rückkehr im Sinne der daoistischen Kosmogonie auch als „Rückkehr zum Ursprung" *Fan Ben* spezifiziert. *Ziran* wäre ein weiteres Ziel der Rückkehr, die auch als *Huanyuan* (Rückkehr zum Ursprung) gemäß dem Prinzip der Umkehrung (*Ni*) benannt wird.

[33] Die in den abwärts und dann wieder spiegelsymmetrisch aufwärts zu lesenden Diagrammabschnitten verbildlichte Aufeinanderfolge von Entfaltung und Rückkehr in die Einfachheit ist auch verbal - erkennbar struktur-isomorph, wenn auch nicht ausdrücklich gemacht - im Textteil des *Taijitu* dargestellt: „The alternation and combination of *yang* and *yin* generate water, fire, wood, metal, and earth. With these five [phases of] *qi* harmoniously arranged, the Four Seasons proceed through them. The Five Phases are simply *yin* and *yang*; *yin* and *yang* are simply the Supreme Polarity; the Supreme Polarity is fundamentally Non-polar." (tr. Ad-

ler 1999:673-4), http://www2.kenyon.edu/Depts/Religion/Fac/Adler/Writings/Chou.htm abgerufen 23.9.2014.
Dieser Aufsatz enthält die wichtigsten Informationen zur daoistischen Einordnung des *Taijitu (Shuo)*.
[34] Vgl. z. B Verellen, 173.
[35] Girardot, 1974, 11,13, 57. Bei Girardot finden sich auch vielfältige Hinweise auf die Bedeutungsäquivalenz von *Taiji* und *Hundun*, z. B. 50 und den im Wesentlichen apophatischen Charakter beider Begriffe (50). Zu *Taiji* und *Hundun* vgl. auch Saso 1990, z. B. 10.
[36] Zu der Pangu- und anderen Schöpfungsmythen vgl. Bodde 1961.
[37] Vgl. Christie 1968, 49, 54.
[38] Vgl. Gottschalk 1978, 275. Bezüge zwischen dem mythologischen Himmelsbaldachin, seinem höchsten Punkt, dem Polarstern, dem Großen Wagen und *Taiji* beschreibt Granet 1985, 264 und passim.
[39] Granet 1985, 264. Aus dem Holz von Pawlowina-Bäumen werden Ritualmusikinstrumente wie Lauten (*Pipa*) geschnitzt.
[40] Filipiak 2001, 239 f.
[41] Berlinger 1980, 130.
[42] Zhang Dainian 2002, 71. Wie so oft scheint auch für diesen Begriff die Verwendung bei Zhuangzi höhere terminologische Signifikanz zu haben, als durch den augenscheinlich metaphorischen und sprachlich leger wirkenden Gebrauch nahegelegt wird: „I was astounded and scared by his words, which went *into the limitless* like the Milky Way." Cf. Zhang Dainian 2002, 72 [Hervorhebung von mir].
[43] Diesen könnten auf einer eher praktischen Ebene die ebenfalls apophatischen bzw. auf eine epistemische Reduktion basierenden daoistischen Meditationsformen *zuowang* (Sitzen in Vergessenheit) und *xinzhai* (Fasten des Herzens) hinzugefügt werden. Die Anleitungen zum Fasten des Herzens, nicht mit den Ohren, sondern letztlich mit dem *Qi* zu hören, finden wiederum Anklang in der Idee des *Ting Jing*, der Fähigkeit,die Energie des Opponenten im Taijiquan gleichsam zu „hören". Vgl. Kim 2014, 135.
[44] Bei Liezi steht der *Dao*-Lehrer („Meister des Kürbis") weit über dem von ihm durch Gestaltwandlung verwirrten Schamanen. Diese Gestaltwandlung ist ebenfalls ein Sinnbild des Vorgestalthaften des Urchaos oder *Wuji*. Vgl. Kim 2014, 111 f. Der daoistische Patriarch Qiu Chuji gab seiner Höhle, in der er Innere Alchemie praktizierte, die Bezeichnung „Kürbis von *xiao pengu*", die oft auch für den Daoisten selbst gebraucht wird. Ge Hongs Biographien von Geistesunsterblichen enthalten die Geschichte des „Kürbis-Alten", dessen Schlafplatz ein Kürbis ist, der erstaunlicherweise eine ganze Unsterblichkeitswelt mit dreistöckigen Palästen enthält. Vgl. Kim 2014, 173 f.
[45] Wile 1996, 24.
[46] Robinet 1990, 376 ff. Vgl. auch Kohn 2000, 737.
[47] Baryosher-Chemouny 1996, 17 und passim. Baryosher-Chemouny übersetzt: „Diagramme sur la culture du Vrai, le Faîte Suprême et l'Origine chaotique" respektive „Diagramme sur la culture du Vrai, le Faîte Suprême, l'Origine chaotique et l'instruction au mystère". Die Rückkehr ist auch hier als Vereinigung von Drache und Tiger, Feuer und Wasser, Himmel und Erde gedacht. Op. cit. 133.
[48] Robinet 1990, 383.
[49] Bohn 2011.
[50] Hier drückt sich, anders gesagt, das Problem des Ursprungs von Spontaneität, *Ziran* aus (Robinet 409). Vgl. hierzu vom Autor: Wagner 2010, 2011, 2012.
[51] Vgl. Peerenboom 1990, 162 f.

[52] Die Unsicherheit bzw. Uneinigkeit aller klassischen und modernen Kommentatoren in Bezug auf brauchbare Methoden der Abgrenzung von voranfänglichem Ungegenständlichem und uranfänglichem Beginn bzw. von Wuji und Taiji (beide Abgrenzungen sind nicht notwendig gleichzusetzen!) hat eine historische Variante in der von Isabelle Robinet beobachteten Verschiebung der Zuordnung von *Dao*, *Wuji* und *Taiji*: „In other terms, while the Taoists state that *taiji* is metaphysically preceded by *wuji*, which is the Dao, the Neo-Confucians says that the *taiji* is the Dao." Robinet, 2008, 1058.

[53] Lu Gwei-Djien 1973, 79 weist auf die alchemistische Schrift „*Hsiu Chen T'ai Chi Hun Yuan T'u*" (Illustrated Treatise on the (Analogy of the) Regeneration of the Primary (Vitalities) (with the Cosmogony of) the Supreme Pole and Primitive Chaos)" hin, in deren Titel Bezug auf die Kosmologie des *Taiji* und *Wuji* als Analogon des "Primitive Chaos" genommen ist.

[54] Kubny 2002, 300.

[55] Vgl. auch Kohn 2000, 114.

[56] Dies deckt sich beispielsweise mit der Interpretation Isabelle Robinets, die *Wuji* als „the metaphysical One, a neutral ‚no-number' that is before movement and quiescence" bezeichnet. Robinet: Art.: *Wuji*, in Pregardio et al 2007, 1058.

[57] Robinet: Art.: *Wuji*, in Pregardio et al 2007, 1058. Im Folgenden ordnet Robinet Taiji der Grenze zwischen der phänomenalen und der noumenalen Welt zu und charkterisiert Wuji als dessen negativen, unsichtbaren Aspekt. „In this sense *taiji* is synonymous with illumination, divine knowledge, the ‚real nature' of things, and the elixir. (…) It is the Mysterious Pass (*xuanguan*) (…)." Auch hier finden sich also die Motive „spirituelle Erleuchtung" und *Xuan*/das Dunkle, Ferne, die im Umfeld des Taijiquan beschrieben wurden.

[58] Gerald Hofer, initiiert in Melacca durch Sim Tai Chen, persönliche Mitteilung.

[59] Vgl. beispielsweise Mazaheri 1992, 412 und passim, wo der genannte Zusammenhang mehrfach angedeutet bzw. stellenweise auch pointiert explizit ist.

[60] Vgl. Schipper 1986 und Michael Saso: Daoist Ritual. Inner Alchemy Meditation. http://www.michaelsaso.org/?p=1076 abgerufen 10.12.14.

[61] Wong 2010, referiert in Bohn 2011.

[62] Sun 2003, 57.

[63] Der Kult des *Taiyi* hatte viele Gemeinsamkeiten mit populären schamanischen Praktiken. Pregadio 2007, 958.

[64] So auch Kubny 2002, der detailliert beschreibt, wie sich „die Dinge aus dem Nichts repektive dem Qi ergeben" (Op. cit. 270) 1.) Aus dem absoluten vorexistentiellen Zustand *Hundun* entstehen 2.) die Strukturelemente „entweder vollständig unmotiviert , oder vollständig undimensioniert" (Ebd.), 3.) *Taiyi* (äußerste Einheit) / *Taishi* (äußerster Beginn) , 4.) *Taisu* (große Reinheit), 5.) *Taiji* („Urmonade", „Differenziertheit", „äußerste[s], immanente[s] Gesetz [der wahrnehmbaren Welt]" (ebd.)). Graham (1960, 18 f.) übersetzt die Stufenfolge von paradoxerweise aufeinanderfolgenden „Uranfänglichkeiten" bei Liezi: „Primal change (t'ai-i), Primal Commencement (t'ai-ch'u), Primal Beginnings (t'ai-shih), Primal Material (t'ai-su)". Einige der Elemente dieser „Sukzessionen" haben wiederum Funktionen in anderen philosophischen oder mythologischen Zusammenhängen des Daoismus, so z.B. der Gott *Taiyi*: „Taiyi was a cosmogonic god, a creator of the universe whose actions mirror those of the Tao (...). Taiyi is the first god described in the "Nine Songs" a series of shamanistic hymns found in the ancient anthology of the Songs of Chu (Chuci). (...) The inscription for Laozi (Laozi ming), the late Han stele documenting Laozi's divination, states that Laozi "concentraing his thinking on the cinnabar field [dan tian], saw Great Unity (Taiyi) in his purple chamber [gallbladder], became one with the Tao, and transformed into an immortal."

In Taoist inner alchemy, Tai Yi resides in the Purple Chamber and moves along the three fields of the body (i.e.: Three dan tians). In other writings he resides in the upper dan tian." Little, 2000, 75. Um den schwer fassbaren „grundlosen Grund" der entstehenden Emanationsbewegung anzugeben, wird in verschiedenen Zusammenhängen (*Daodejing* 25, *Yuanqi Lun*, vgl. Kubny 271) das Konzept *Ziran* (Selbst-so, Selbst-gemäß) herangezogen. Vgl. Wagner 2010.

[65] Wong 2010, 28 f. Ein Begriff, der augenscheinlich auf der Suche nach dem fragilen Moment des Übergangs vom Nichtsein zum Sein strukturell äquivalent zum Taiji gebildet sind, lautet *Taishi* (großer Beginn) (Girardot 1983, 57). Wong stellt im Folgenden Zusammenhänge zwischen dem großen Wagen, *Zhenwu/Xuanwu*, dem vollkommenen Krieger, *Huangdi* und *Taiji* dar und betont, dass *Taiji* ein Synonym des großen Wagens (Sieben Sterne) sei. „According to the Hundong Chiwen, Xuandi is the beginning Qi of the Anterior Heaven, an embodyment of Taiji". Op. cit 30.

[66] Adler 2008, 69.

[67] Baryosher-Chemouny 1996, 34 übersetzt: „Diagramme et son commentaire sur le Sans-Faîte". Zum *Taijitu* als metaphysisch dem Daoismus zuzuordnenden Konzept und zu historisch belegbaren Verbindungen (Baryosher-Chemouny referiert auf Zhong Liquan, Chen Tuan, Lü Dongbin, Shi Jianwu, Xiao Daocun) vgl. Op. cit. 37 ff. In Isabelle Robinets Artikel zum *Taijitu* finden sich Abbildungen von Variationen des Diagramms: *Taiji fenpan tu*/Division of the Great Ultimate, *Taiji xiantian zhi tu*/Diagram of the Great Ultimate before Heaven, *Yinyang bianhua tu*/Diagram of the Transformations of *Yin* and *Yang* sowie das eine Beschreibung des grundlegenden *Jindan*-Prozesses (der Umkehrung) explizit als Bezeichnung tragende *Taiji shunni tu*/Diagram of the Continuation and Inversion of the Great Ultimate, in dem bei der Darstellung der Rückkehr *Wuji* und *Taiji* bemerkenswerter Weise durch *Hundun* ersetzt sind. In: Pregadio 2007, 935.

[68] Neben der daoistischen Quelle des *Taijitu* weist Adler summarisch auf weitere "dubious Daoist connections" von Zhou Dunyi hin. 2008, 73.

[69] Ebd. „Taiji was found in several classical texts, mostly, but not exclusively Daoist. (…) However, the term was much more prominent and nuanced in Daoism than in Confucianism. (…) It became a standard part of daoist cosmogenic schemes, where it usually denoted a state of chaos later than wuji. (..) In Daoist neidan meditation, or physiological alchemy, it represented the energetic potential to reverse the normal process (…)" Op. cit 70.

[70] Adler 2012, 6. Adler weist auch auf frühe Verwendungen des Terminus bei Zhuangzi, Huainanzi, bei Sima Qian etc. und als Präfix der Namen daoistischer Unsterblicher hin. 2012, 6-7.

[71] Hier sei noch angemerkt, dass die vertikale „Mittelstütze", die nach antiken kosmogonischen Vorstellungen in Säulenform Himmel und Erde verband und oft auf einer Schildkröte dargestellt wird, als Vertikalverbindung des Niedrigsten und des Höchsten frappante Ähnlichkeit mit Taiji in der dafür verbreitetsten Übersetzung als „Dachfirst" aufweist. Vgl. Christie 1968, 49, 54, mit den entsprechenden Abbildungen.

[72] Vgl. Ming 2003, 197 f.

[73] Schwierig in ihrer dialektischen Gespanntheit wird eine Zuordnung auch bei Charakterisierungen von Taiji als „self-generationg process of the universe (…) ‚yuangqi' or the primal energy". Ming 2003, 197.

[74] Cf. Ming 2003, 198. Genauso dialektisch bleibt die Situation, wenn man sich Adlers Übersetzung mit „polarity" anschließt: „The Non-Polarity! And also the great Polarity" versus „The great Polarity originated from the Non-Polarity" (meine Übersetzung).

[75] Ebd. Ein weiterer Formulierungsversuch für die paradoxe Deckungsgleichheit von Ent-

standenem mit weiterem Schöpfungspotenzial und der wesentlich nicht manifesten Quelle desselben: „*Wuji er Taiji*, then means, that this most fundamental principle, bipolarity - despite its evident ‚twoness' and its role as the ultimate source of multiplicity - is itself, as a rational ordering principle, essentially *un*differentiated." Adler 2008, 71, Hervorhebungen im Original.

[76] Zum gesamten Komplex vgl Xu 1927/1958, Kap. 6.

[77] Zhou, cf. Adler 2012, 19. Wenn insgesamt bei Zhou *Taiji, Wuji, Yin-Yang (Jing-Dong), Wu Xing, Yi, Qian* und *Kun* zentral thematisiert werden, so deckt sich dieses Konglomerat daoistischer Begrifflichkeiten mit demjenigen in den Taiji-Klassikern.

[78] Robinet, cf. Adler 2012, 7.

[79] Zhao Qing Hui Guan 1967, 70ff.

[80] Davis 2004, 78. Huang 254: "Watching and understanding in silence, practicing and experiencing in feeling.

Gradually you will reach a level where you may act at will." Horwitz 1983, 80: "Under the yin-yang theory to adhere is to evade and to evade is to adhere."

[81] Robinet, 1995, 23. Vgl. auch Saso 36, 42 und passim.

[82] Davis, 2004, 63.

[83] Frank 2006, 39.

[84] Lehmann 2011, 24, in der Tradition von Sun Lutang.

[85] Wu Kung Cho, in Yang 1996, 53. Vgl. Davis 2004, 61: "In taijiquan practice, the opening movements of the form can be seen as re-enactment of the cosmology of the Universe." Dem wäre hinzuzufügen, dass sich die Umkehr, Rückkehr zum *Wuji* auch in der Formpraxis in der Namensgebung der letzten Bewegungen ausdrückt, unterschiedlich bezeichnet mit "*Yin* und *Yang* in Einheit" repektive "Rückkehr zum *Wuji*".

[86] Zheng Manqing/Cheng Man'ching 1988, 93. „Anweisungen zur T'ai Chi Ch'uan Form für Fortgeschrittene". Entnommen aus „Dreizehn Kapitel" und „Neue Methode zum Selbststudium".

[87] Yang / Zheng, cf. Davis, 2004, 61.

[88] Adler 2012, 27.

[89] Adler 2008, 73 u. passim.

[90] Adler 2008, 65.

[91] Op. cit 74. Hervorhebungen im Original. Hier ist mit der „*Yang*-Linie im Zentrum des Trigramms Wasser" eine alchemistische Entsprechung des vielzitierten Wechselspiels von Ruhe und Bewegung als Baustein des alchemistischen Sublimierungsprozesses mitgegeben. Es handelt sich bei dem Wechselspiel von Ruhe und Bewegung bei Zhu wie im Taijiquan nicht um eine zeitliche Abwechslung, sondern um metaphysische Interpenetration. Vgl. Adler 2008, 74.

[92] Adler 2008, 77.

[93] Ebd.

[94] Horwitz, 1983, 78.Davis 2004, 78: "Through understanding jin one can reach *divine-like clarity*" Wu 1991, 150: "From mastery of strength, you may advance step by step to *the miraculous state*." Liao 1977, 101:"After coming to an understanding of the internal power of movement, you can approach the theory of natural awareness." Hervorhebungen M. M. W.

[95] Davis 2004, 78.

[96] Horwitz 1983, 80.

[97] Davis 2004, 78. Yang 1996, 215:"After you have mastered techniques, then you can *gradually* grasp what "Understanding Jin (Dong Jin) means. From "Understanding Jin" you *gradually* approach *enlightenment* (intuitive understanding) of your opponent's intention.

However, without a great deal of study over a long time, you can*not suddenly* grasp this intuitive understanding of your opponent." Huang 1993, 252: "Through *gradually* realizing the awareness of jing comes the stage of *intuitive enlightenment*. Without a long period of arduous and persistent effort, one can *never suddenly* see the light." Hervorhebungen M. M. W. Zur Zweideutigkeit von einerseits kämpferisch-praktischen und andererseits auch spirituell interpretierbaren Textpassagen vgl. z.B. Wells 2005, 98. In Wells' Version op. cit. 233, lautet diese Textstelle:"(…) You by stages reach spiritual enlightenment (shenming)." Der daoistisch initiierte Michael Saso interpretiert *shen-ming* als „bright, enlightened by Tao's presence", Saso 1995, 114. Eine deutsche Taijiquan-Schule in der ehemals esoterischen Tradition des Yang Sau Chung, die sich auf geheim überlieferte Texte beruft, legte sich den Schulnamen *Shenming* zu.

[98] Liao 1977, 101.

[99] Liao 1977, 101, Hervorhebung im Original.

[100] Explizit zum Beispiel im *Tianyizi*, „Book of Master Celestial Seclusion", vgl. Komjathy 2008 b, 28.

[101] Cf. Kohn 1993, 82. Der auch schon von Martin Bödicker 2004 konstatierte Gradualismus der Taijiquan-Theoretiker ist also nicht notwendigerweise in die bekannte buddhistische Gradualismus-Subitismus-Debatte einzuordnen. Gerade der Umstand, dass die Taijiquan-Theoretiker wie auch die Daoisten ganz eindeutig im Sinne des Gradualismus Stellung beziehen, spricht an dieser Stelle für daoistische und nicht für buddhistische Einflüsse im Taijiquan, auch wenn das Vokabular des Daoismus teilweise dem Buddhismus entlehnt ist.

[102] Vgl. auch Breslow 1995, 274 zum Taijiquan-typischen Gradualismus im Gegensatz zum schwerpunktmäßigen Subitismus im Buddhismus.

[103] Pregadio 2012, 2. Rousselle 1965, 32, nennt den Begriff *Ju Sche*, „Initiation". Vgl. auch Needham 1967, 147.

[104] Vgl. auch Vercammen 2005.

[105] Robinet 1990, 38.

[106] Miller 2006, 151.

[107] Liao 1977, 107.

[108] Davis 2004, 78. Huang 1993, 254: "Basically, you should let go of yourself and be absorbed completely in responding to our opponent."

[109] Pregadio 2012, 21 ff.

[110] Needham 1970, 2, 61f.

[111] Nur zwei weniger bekannte Beispiele von vielen möglichen: Vercammen 1999, 20 (M. *De fijf karakter-formules*): „Komt het vannuit jezelf, dan word je geblokkeerd." (T.: *Het instructieve essay van taijiquan over de als een draad gewonden energie*): „(…) dan zal se (…) spontan over je spieren bewegen, sonder dat je het self weet (…)".

[112] Davis 2004, 78.

[113] Cheng 1988, 236.

[114] Seng Ts'an 1980, 3.

[115] Olson 1995, 29 f.

[116] Cf. Thiel 1968, 151.

[117] Op. cit. 62.

[118] Vgl. auch Wile 1992, 24.

2.4. „Darstellung und Einsichten in die dreizehn Positionen"

[1] Davis 2004, 79.
[2] Davis 2004, 79.
[3] Vgl. z.B. Robinet 1995, 343 ff. Komjathy 2013, 218.
[4] Baryosher-Chemouny 1996, 15.
[5] Vgl. auch „G: fundamentele belangrijke punten in verband met taijiquan", Vercammen 1999, 24 f.
[6] Vgl. Liao 1977, 110.
[7] In der Form ist diese Technik vermutlich in den Namen der Bewegung „Bend the bow to shoot the Tiger" eingeflossen.
[8] Vgl. z.B. Tangora 2012, 89 ff.
[9] Original: „Chung-yang jih-pao", In: Central Daily News, 10. Juni 1968. Übersetzt in: Cheng 1988.
[10] Song 1994, 314 f.
[11] Vgl. z.B. Komjathy 2013, 192 f.
[12] Vgl. Schlicht 2013, 290 ff, der auf die Verflechtungen mit den auf dem Meditationsbild *Neijingtu* dargestellten kleinen Himmelskreislaufs hinweist, dessen „historische Wurzeln (...) offensichtlich im Daoyin liegen (...)" Schlicht beschreibt analog zur „*Bend-the-Bow*"-Atmung in der Taijiquan-Kampfkunst eine „buddhistische" Form der Schildkrötenatmung unter Verwendung inverser Atmung, die er dann wiederum als daoistisch-inspiriert analysiert. Op. cit. 320 f. Kubny (2002, 200) gibt weitere Hinweise auf den in diesen Atemmethoden sowie im kleinen Himmelskreislauf wichtigen Bereich zwischen den Nieren, in dem „die geisthafte Schildkröte *shengui*" wohnt. Vgl. auch Breslow 1995, 141 ff.
[13] Während oft die Embryonalatmung als Aussetzen der äußeren Atmung und die Schildkrötenatmung als Umkehrung der Bauchatmung verstanden wird, gibt es umgekehrt auch Hinweise auf das traditionell angenommene Aussetzen der Atmung bei der Schildkröte, vgl. Despeux 1995, 208.
[14] Über die kosmologische Bedeutung des Embryonalstatus als „Vorzustand" der durch die Urpolarität initiierten Weltentstehung, zu dem in der kataphatischen Meditation wieder zurückgekehrt werden soll vgl. Girardot 1983, 177 ff.. Zur Darstellung der Rückkehr in numerisch-kosmologischen Termini im Meditationsmanual *Huang Ting Jing* vgl. ebenfalls Saso, 240 f. Zur Bedeutung von *Jing, Qi* und *Shen* hierbei Saso 285.
[15] Reiter 2014. Vgl. auch Kaltenmark 1981, 212 ff.
[16] Diese wiederum parallel auf zwei Ebenen: als makrokosmisch-kosmogonisches Modell der Umkehr der Weltentstehung und als dessen mikrokosmische Duplikation in der entsprechenden Meditation der Umkehrung des *Qi*-Flusses. Hierbei entspricht die mikrokosmische Rückkehr zum ursprünglichen *Qi* der makrokosmischen Rückkehr zum *Hundun*. Ein Äquivalent der hierbei angestrebten Wiedervereinigung von *Yin* und *Yang* stellt in der Taijiquan-Praxis das Verschmelzen der *Yin*- und *Yang*-Aspekte der Übenden in der Pushing-Hands-Praxis dar. Vgl. Girardot 1983, 288 f.
[17] Lagerwey 1987, 42.
[18] Little 2003, 139.
[19] Mündliche Mitteilung meines Lehrers Dr. Gerald Hofer.
[20] Vgl. Fabrizio Pregadio: Art. *Jindan*, in Pregadio 2007, 551 ff.
[21] Siehe z.B. Wells 34, der seine ausführlichen Erörterungen resümiert: „The ‚elixir' is outer health and inner strength."
[22] Fabrizio Pregadio: Art. *Jindan*, in Pregadio 2007, 554. Vgl. auch http://en.daoinfo.org/wiki/Refinement_of_Emptiness_into_Dao , abgerufen 25.5.2014.
[23] Chao 2011, 64 f., beispielsweise durch Vereinigen der Schlange und Schildkröte zu *Xuan-*

wu.
[24] Wang 2011, 52 ff.
[25] „ Both Chinese medicine and *neidan* (inner alchemy) focus their practices on loci in the body—e.g., the acupuncture channels (*jingluo*) and the Fields of the Elixir (*dantian*)—that have no physical correlate. These loci pertain to their *xing* (literally "form" or "shape'), rather than the physical body (*ti*). The notion of Refining the Form (*lianxing*) in inner alchemy shows that its inner transmutations do not take place in the physical body, but at a different level of personal existence that underlies and subsumes the physical body. In inner alchemy, *xing* denotes the body as an image (*xiang*) of the Dao; the immaterial loci of the *xing* are, in turn, images that guide adepts in their attempt to return to the Dao. Chinese cosmogonic theories, moreover, mark the emergence of "form" as one of the stages in the generation of the world. Refining the Form, therefore, means reverting to an earlier stage of the cosmogonic process, and is part of the "inversion" (*diandao*) that adepts attempt to enact. The notions examined in this exploratory paper could help to better understand the affinities and differences between inner alchemy and medicine." Pregadio 2000, 27. Vgl. auch Saso 2000, 196.
[26] Wang 2011, 53.
[27] Esposito 1993, 40.
[28] Girardot 1983, 291. Vgl. Weiterhin Saso 1990, 95 für eine Definition der Verfeinerungspraxis als alchemistische Praxis der kenotischen Umkehrung.
[29] Horwitz 1983, 84.
[30] Davis 2004, 80. Horwitz: "(…) one must allow the intrinsic energy [qi] to adhere to the back and be gathered into the spine."
[31] Horwitz 1983, 84 f.
[32] Yang 1996, 220.

2.5. „Lied der Dreizehn Positionen" – Shisan Shi Ge

[1] Chu 2006, 78. Übersetzungsvariante „raise" bei Scheele http://www.scheele.org/lee/classics.html
[2] Zhang 2002, 146, 170 ff.
[3] Op. cit. 170.
[4] Op. cit. 175, 176.
[5] Mazaheri 1992, 354.
[6] Davis 2004, 81.
[7] Davis 2004, 82. Wu 1980, 156: „Think what the final purpose is - / It is *longevity* with *eternal spring*. /
If you don't seek in this direction, it will be a sheer waste of effort and time." Hervorhebungen M. M. W.
[8] Liao 1977, 110 f.

2.6. „Sechs Schlüsselelemente der Praxis von Taijiquan"
[1] Huang 1993, 274.

2.7. Li I-Yü:" Lied von der Zirkulation des Qi"
[1] Wile 1996, 55.
[2] Die Interpretationsstränge „kenosis meditation" und „breath circulation" sind auch für die Meditationsanweisungen des *Huang Ting Jing* nachweisbar, vgl. Saso 1990, 63, Anm. 27.

251

[3] Wile 1983, 104.

2.8. (Yang/Wu) „Taijiquan 40 Kapitel"

[1] „Zur Zeit Yang Luchans und Wu Quanyous war das Taijiquan nur in einem sehr kleinen Zirkel von Kampfkünstlern verbreitet und Bezeichnungen wie Yang-Stil oder Wu-Stil gab es noch nicht." Bödicker 2014. "The founding father however of the other, currently more practiced Wu style which is the main subject of these articles, is a Manchu captain of the imperial guard named Chuan-Yuo (1832-1902); He too was a student of Yang Lu-Chan. His name is usually mentioned with two other master-students of Yang Lu-Chan, known as Wan Chun and Liu San (...) The three master students mentioned before, who were intimately related to Yang-Lu-Chan, would for this reason be officially called students of his son Yang Ban-Hou. Nevertheless they were intensively instructed and attended to by Yang Lu-Chan himself. As said, Chuan Yuo was one of those. A family-anecdote tells about Chuan Yuo doing Tui-Shou training with Lu-Chan's son Yang Ban-Hou. Continuously "pushed-out" by Chuan-Yuo, after a while Yang Ban-Hou complained to his father saying that he should better keep the family secrets. Yang Lu-Chan's reprimand carries a clear message: "I also was somebody from outside the family, who earned the family secrets by studying very hard and very long". The t.c.c.-style that descended from Chuan Yuo, was connected to the name "Wu" only one generation later, when his son changed the family name to bring it in accordance with the Chinese pronunciation of their Manchu name. (...) Both families had become very much engaged in each other, also because the circle of high-level t.c.c. adepts was still very small in that period. Therefore practicing together was as normal as it was necessary to maintain and develop the art. For instance, the sons of Yang Chien-Hou, Yang Cheng-Fu and Yang Shao-Hao, would be regular visitors to Wu Chian-Chuan's home during the period that he lived in Peking.(...) The cooperation was very intensive. Yang Cheng-Fu and Wu Chian-Chuan would be playing Tui Shou together every week. For that purpose they would retreat to a secluded room, from where outsiders could frequently hear them shout "hao hao", which means "good good".(...) Both families continued the pattern of practicing together also in the next generation. Wu Gong-Yi for instance, Wu Chian-Chuan's son, became very friendly with the 30-year elder Yang Shao-Hao and practiced quite a lot with him." Saris 1995. Vgl auch Bödicker 2014.

[2] Wile 1996, 57.
[3] Wile 1996, 70.
[4] Ebd.
[5] Ebd.
[6] Ebd.
[7] Ebd.
[8] So gibt es beispielsweise nach Tao Hongjing sieben Himmel, deren einer *Jiugong* (Neun Paläste) heißt - ein weiterer übrigens *Taiji*. Vgl. Pregadio 2008, 46, 48.
[9] Ebd.
[10] Ebd.
[11] Rump 1987, 78.
[12] Op. cit. 86.
[13] Die neue Übersetzung von Martin Bödicker lautet:
„Das Erbe des Zhang Sanfeng: Himmel und Erde sind die Trigramme quian und kun / (...) Die Fähigkeit sein Leben zu kultivieren und zu vollenden findet sich beispielhaft in den 72 Weisen und den Königen Wen und Wu /

Diese Lehre wurde auch an uns weitergegeben /durch Xu Xuanping. / Das Elixier des langen Lebens liegt in unserem Körper. / Man muss nur vom ursprünglichen Guten ausgehen. Der leere Geist kann zu innerer Kraft und grösster Klarheit führen. / Wo das Prinzip herrscht, werden Qi und Körper vollkommen sein. / Preise immer und immer wieder den ewigen Frühling. / Habe echte Wahrhaftigkeit im Herzen / Bewusstsein. / Konfuzianismus, Daoismus und Buddhismus sind keine getrennte[n] Schulen. / Sie alle sprechen vom Tai Chi. / Es findet sich überall und in allem / und ist für immer errichtet. / Setze das Werk der Weisen fort / und eröffne ihre Lehre denen, die noch kommen. / Wenn Feuer und Wasser einander unterstützen / dann ist dies die Erfüllung unserer Wünsche." Bödicker 2014.

[14] Vgl. Isabelle Robinet: Art. Syncretism, in Pregadio 2007, 22.
[15] Ebd.
[16] „Before there was the universe, there was the principle which governs the passive and active energies. This governing principle by which the universe exists is the core of the Way, and the way these energies flow is in the manner of complementary opposites. For passive and active to oppose and yet complement each other is a mathematical principle: to be [zeroed out in a half-and-half state of] one part passive and one part active is the Way. 'The Way that cannot be described is the origin of the universe itself. The Way that can be described is the source of all things within the universe. [Daodejing, chapter 1]' Before the universe existed, there was merely nothingness, and thus nothing to be described. Once the universe existed, there was finally somethingness, and thus things to be described. Before the universe existed, there awaited the principle of existence. Once the universe came into being, there was then the creative principle.

Pre-beginning, it was the principle of existence that brought about the balanced passive and active energies. Post-beginning, the creative principle then gave rise to the ways of coming into being: gestation in a womb, hatching from an egg, spontaneous generation from water, and metamorphosis. The Way is the way of neutrality, nourishing all things by being in a balanced position between skyness and groundness. The sky and ground are your greater parents, of the pre-beginning. Your mother and father are your lesser parents, of the post-beginning. When we are born, we are the recipients of the energies of passive and active, of pre-beginning and post-beginning, and on such a basis we begin. When we are born, we are given by our greater parents our life-force and disposition, and are endowed with reason. From our lesser parents come our physical essence, blood, and bones. By the merging of the life-force and body of the pre-beginning and post-beginning, we each then become a person. For us to align with the sky and ground, taking our place as one of the three substances, we cannot ignore our fundamental origin [as a product of both].

As long as we are able to follow our nature, we will not lose touch with our origin. By not forgetting where we come from, we will not lose touch with where we are headed, for if you want to know where you are going, you must first know where you are coming from. With our origin mapped out, our way ahead is a clear route that will be traversed by way of instinct. We all, whether smart or stupid, worthy or worthless, have an instinctive awareness that will point us to the Way (…)" Brennan, http://brennantranslation.wordpress.com/2013/09/14/explaining-taiji-principles-taiji-fa-shuo/ , abgerufen 24.8.2014.

2.9. Weitere Texte

[1] Vercammen, 1999.
[2] Vercammen 1999, 11.

³ Vgl. Robinet 1993,120.

3. Begrifflichkeiten aus der Praxis:

¹ Docherty 1995, 41.
² Mollier 2008, 160.
³ Zusammenhänge zwischen „Leibmeisterungsübungen" und Daoismus zeigen sich in dem Umstand, dass mit dem Alchemisten Sun Simiao und dem *Shanqing*-Patriarchen Sima Chengzhen zwei herausragende Persönlichkeiten der Inneren Alchemie der *Tang*-Dynastie auch Berühmtheit als Vertreter körperlich-gymnastischer *Yangsheng*-Praktiken erlangten. Schlicht 2013, 132, Komjathy 2013, 190.
⁴ Ich referiere hier größtenteils Begrifflichkeiten aus dem Wu (Jianquan) Stil Taijiquan, da ich mit diesem Stil besser vertraut bin als mit anderen Stilen. Die Überschneidungen z.B. mit dem Yang-Stil als dem weltweit bei Weitem meistpraktizierten Taijiquan-Stil dürften aber über 90 % betragen.
⁵ Vgl. Kohn 2000, 127, 795. Im Taijiquan *Neigong* gibt es eine Position der Schildkröte, die der „Schildkrötenhaltung" daoistischer Priester sehr ähnelt (vgl. Lagerwey 1987, Abb. 22) und weiterhin eine recht deutliche Übereinstimmung mit der Darstellung auf einer von Schlicht beschriebenen neolithischen Amphore zeigt, auf der eine heilkundliche Qigong-Technik abgebildet und beschrieben ist: „Die beiden unteren Gliedmaßen zeigen sich in einem gebeugten Zustand. Beide Füße sind parallel und etwa in Schulterbreite auseinandergehalten. Allgemein betrachtet nimmt der gesamte Körper eine gehockte Leistenhaltung ein. In Anbetracht der Gelehrtenforschung geht diese Pose auf eine gewisse, innerhalb der Schildkrötenatmung geübte Körperhaltung zurück, wie sie mit der bis heute überlieferten nahezu in Übereinstimmung steht." (Li Zhiyong 1987, zit. nach Schlicht 2013, 301). Nimmt man noch die Schildkrötenatmung - unter praktischen Gesichtspunkten der Embyonalatmung verwandt, metaphysisch betrachtet eine Vorform der vorhimmlischen/Embryonalatmung - hinzu, ergibt sich ein nur schwer auftrennbares Bedeutungsgeflecht, innerhalb dessen fortgeschrittene Praktiken des Taijiquan mit daoistischen Ritualen korellieren.
⁶ Im klassischen Taijiquan gibt es 37 verschiedene, einzeln benannte Bewegungen/Positionen, die teilweise wiederholt und verschieden kombiniert werden, so dass sich die gesamte Form dann aus 108 Bewegungen zusammensetzt.
⁷ Als Beispiel für bildliche Darstellungen der genannten Zuordnung: vgl. Needham, 1976, 30. Kohn, 2000, 725, 732.
⁸ Eberhard 1983, 163.
⁹ Herrmann 1958, 92.
¹⁰ Walters 1992, 175.
¹¹ Vercammen 2003, 43.
¹² Baryosher-Chemouny 1996, 15.
¹³ Op. cit. 98.
¹⁴ Holcombe 1993, 13. Zinnober, Gold, Silber und Jade stellen in der Alchemie die am stärksten vitalisierten Substanzen dar. Johnson 1974, 59. Saso weist auf die sogenannten Jade-Pavillon-(*Yü Fu*)-Daoisten der Himmelsmeister-Sekte hin. Saso 2000, 12.
¹⁵ Schlicht 2013, 263. Schlicht listet zahlreiche Beispiele für Synonyme von Unsterblichen, Schriftbezeichnungen, Leibessenzen, Körperstellen mit Bedeutung in der Meditation, Ursprungs-*Qi*, alchemistischem Kessel etc. unter Verwendung des Zusatzes „Jade- " auf. Bei Schlicht findet sich auch der Hinweis auf Sima Qians (Alchemist und Vertreter früher Formen des Daoyin) Schrift über die Schildkrötendivination. Op. cit 304. "By Western Han ti-

mes, some medical texts that describe self-cultivation use jade as a metaphor for the ideal of refining bodily essences.(…) They describe techniques of self-cultivation to nurture a "jade body" that is replete with strength, vitality and durability. In ensuing centuries, canonical medical writings attempted to focus the attention of the enlightened physician on a similar jade-like body.", Lo 2000, 26.

[16] Ebd. In der inneren Alchemie Ge Hongs werden beispielsweise genannt: der Jadeschlüssel der Lebenspforte, der Jadekessel [oberes Dantian im Gehirn], die Auffassung des Körpers als aus fünf Jadestücken [für die Elemente bzw. Jahreszeiten] bestehend. Kubny 2002, 230 f.

[17] Kohn 1989, 357. Auch die Darstellung des Jademädchens in einer Bildrolle aus der *Yuan*-Dynastie mit Unsterbichkeitspfirsichen folgt typisch daoistischer Bildlichkeit. Vgl. Little 2000, 276. und Schafer 1977, 132 f.

[18] Komjathy 2009, 87.

[19] Needham, 1983, 60. Jade ist ein Mittel zur Erlangung ewiger Jugend und das (schöne) Jademädchen insofern eine mythologische bzw. alchemistische Verdoppelung. Vgl. Needham 1976, 25. Vgl. zur alchemistischen Bedeutung des Jademädchens auch Wile 1992, 162.

[20] Am siebten Tag des siebten Monats. Hier könnten wiederum Bezüge zum großen Wagen/Siebengestirn vermutet werden.

[21] Komjathy 2009, 87 f.

[22] Komjathy 2009, 88.

[23] Im „Book of the Yellow Court", cf. Schipper, 141. Kohn 2000, 181, 530.

[24] Robinet 1993, 27, 41.

[25] Vgl. Needham 1976, 114. Rousselle, 1965, 23.

[26] Vgl. Needham 1976, 207.

[27] Vgl. Needham 1997, 197.

[28] Vgl. Pregadio 42: "Words, Images and metaphors (…) are often used with an awareness of their temporary function." „(…) the possibility of understanding statements and alchemical terms in different ways and at different levels is a peculiarity of Neidan and of alchemy as a whole, wherever it has existed."

[29] Mein Lehrer Lau, Wai Shing demonstrierte mir auf unvergessliche Art und Weise die vielfältigen Aspekte des „Vermischens von *Yin* und *Yang*" im *Pushing Hands*, wie sie auch Yang Banhou beschreibt. Vgl. Wile 2007, 25.

[30] Rousselle 1965, 27.

[31] Dieses grundlegende Bewegungsprinzip gilt für alle Taijiquan-Stile. Nach meiner Kenntnis haben mindestens einige klassische Stile eigene Übungsformen entwickelt, um die entsprechenden dynamischen Fähigkeiten auszubilden. Die neuerdings als einzigartig gerühmte Übungsmethode der Chen-Familie ist in dieser Hinsicht keineswegs einzigartig. Die heute recht bekannte Übungsreihe des Chen Clans wurde als solche erst in den 70er Jahren des zwanzigsten Jahrhunderts von dem Linienhalter Chen Xiaowang zusammengestellt, wie Chen selbst mehrfach öffentlich verlautete.

[32] Vergleiche Wu Yuxiangs 13 Positionen: „(…) move the jin like drawing silk". Davis, 2004, 80.

[33] Rousselle 1962, 28.

[34] Zur Numerologie im Daoismus allgemein vgl. Robinet 2011, 47 f.: „Numbers serve to distinguish and to group sets of items. In general, they emphasize the existence of a common element and make it possible to correlate those groups to one another, mainly on the basis of a single system of operation.By doing so, numbers provide a model and, through this model and the correspondences that numbers can establish, they serve to build the "miniature worlds" (or microcosms) on which the Taoist works. (…)Numerology plays an important

role in Taoist cosmology because it is one of the tools that establish relations between different domains (for example, the cosmos and the human body), which they also make commensurable. This is one of the foundations of analogy, which builds relations based on attributes or functions, and bridges the gaps between different areas in order to recover or introduce a unity of meaning. The "measures" established by the numbers are one form of these analogies. They make it possible to constitute something similar to "blocks" of thought that provide organizing structures. (…) Numbers assign a quality: for example, Yin or Yang, terrestrial or celestial, fullness, center, etc. Whether one takes into account their group of functioning or their quality, they establish affiliations, and therefore assign meanings."

[35] Lagerwey 1987, IX.
[36] Robinet 1993, 200 und passim. Auch Vercammen 2003, 45, Kohn, 2000, 510.
[37] Vgl. zum Großen Wagen als Element daoistischer Mythologie wie auch Meditationspraxis Needham 1976, 64 und passim.
[38] „Der nördliche Himmel wird mit dem Kriegerischen assoziiert und vom mystischen Krieger Zhen Wu beherrscht." Oster 2012. Manuskript ohne Seitenzahlen.
[39] Isabelle Robinet: Art. *Beidou*, in Pregadio 2007, 224 ff.
[40] Mollier, 2008, 157. Auch Robinet 1993, 127 und Kohn 2000, 202, 669.
[41] Robinet 1993, 208.
[42] Oster 2012.
[43] Zur Rolle des Sternbildes in der zentralen daoistischen Meditationsmethode „das Eine bewahren/bewachen" vgl. Kohn 138, 143 und passim.
[44] Wells 2005, 21.
[45] Huang 2010, 72 ff.
[46] Dabei ist insbesondere in Bezug auf den noch zu erörternden Schritt des *Yu* als Tanz und Hinaufschreiten zu den Sieben Sternen beachtenswert, dass die Bezeichnung *Wu*/Schamane etymologisch mit der Bezeichnung für Tänzer in Zusammenhang steht.
[47] Huang 2010, 50 f.
[48] Vgl. Isabelle Robinet: Art. *Hetu and Luoshu*, in Pregadio 2007, 483 ff.
[49] Art. *Bugang* in Pregadio 2007, 237.
[50] Schafer 1977, 238 ff zum Schritt des Yü im Schamanismus und Daoismus.
[51] Mollier 2008, 160.
[52] Mollier 2008, 156.
[53] Vgl. Lu 1973, 83.
[54] Vgl. hierzu Mollier 2008, 144 und passim.
[55] Saso 2000, 18.
[56] Robinet 1993, 167.
[57] Wong 2012, 61 ff.
[58] Robinet, 1995, 69.
[59] Weitere ausführliche Informationen zur Bedeutung des Sternbildes im Daoismus bei Robinet, 1995, 205 ff. Hier finden sich auch Hinweise auf die daoistische Methode „den Scheffel beschreiten", die sich gemäß dem Schritt des *Yu* vollzieht (Op. cit. 205) und auf die durch den Symbolismus und die entsprechenden Praktiken vergegenwärtigte Einheit von *Yin* und *Yang* (Op. cit. 205, 207) - ein Netzwerk von Bedeutungen, das eine weitere Evidenz für die aus daoistischer Sichtweise folgerichtige Bezugnahme auf das Sternbild innerhalb des Taijiquan („*Yin/Yang*-Boxen") bietet. Elemente des Rituals „Aufsteigen zum Scheffel" werden folgendermaßen beschrieben: "The ritual master, *wearing Cloud Shoes* [!], puts the Diagram of the Big Dipper on ground covering about ten square feet, which symbolizes the nine layers of the heavens. Accompanied by melodious Daoist music, the ritual master visualizes

the Nine Heavens, and paces the Big Dipper according to the positions of the stars and the 28 constellations as well as the Diagram of the Nine Palaces and the Eight Trigrams (...) It is generally thought that Pacing the Dipper was developed from the Steps of Yu (..) It is also said that Yu spent three years learning Breath Incantations, for as he harnessed the waters he saw that the bird was good at it. Later he paced the Nine Dippers, and matched his feet with the stars while reciting Breath Incantations. It is usually thought that the Steps of Yu and the pacing of the Big Dipper correspond to the Palaces and Eight Trigrams. This is called 'the three steps and the nine traces which constructed the Kan Trigram and the Li Trigram'". Die Verweise daoistischer Elemente untereinander sind hier vielfältig. Bemerkenswert ist in diesem Zusammenhang auch, dass Taijiquan-Übende traditionell die Namen der Formbewegungen (wie dargestellt großenteils mit daoistischem Inhalt) während der Ausübung ihrer choreographierten Schrittfolgen rezitierten. http://en.daoinfo.org/wiki/Pacing_the_Big_Dipper , abgerufen am 12.11.2013. Vgl. zu daoistischen rituellen Schrittfolgen auch Saso 1990, 49.

[60] „Grafische Erklärungen zum Taijiquan der Chen-Familie", cf. Song 1994,116.

[61] Bohn 2011. Behält man die daoistische rituelle Praxis des „Besteigens der Sieben Sterne" und den von Wong herausgearbeiteten Zusammenhang der S-Kurve des modernen *Taiji*-Diagramms mit der Form des entsprechenden Sternbildes sowie schließlich die anhand des Schittes des Yü dargestellte Verflochtenheit von Ritualtänzen und daoistischer Mythologie im Auge, dann dürfte es nicht mehr weiter überraschen, dass die S-Linie des *Taiji*-Diagramms rituell buchstäblich „durchlaufen" wurde (Vgl. Lagerwey 1987, 177). Auch in der Taijiquan-Praxis wird dieses „Nachzeichnen" der S-Linie (hier allerdings vorwiegend mit den Händen) kontinuierlich praktiziert.

[62] Huang 2010, 86.

[63] Sun 2003, 55. Fußnote des Übersetzers Tim Cartmell.

[64] Aus meiner Kenntnis stellt sich die Linienfolge anders als meist angegeben folgendermaßen dar: Yang Luchan - (Wu) Quanyu - Wu Jianquan –Wang Maozhai - Yang Yuting - Wang Peisheng. Definiert man den Wu (Jianquan) Stil als „kleinen Rahmen" (*small frame*), so trifft die Bezeichnung auf diese Linie, deren Bewegungen deutlich weniger kompakt, innerlich und aufgeladen sind, wie mir aus eigener Erfahrung bekannt ist, eher nicht zu.

[65] Zit. in Oster 2012.

[66] Schlicht 2013, 338.

[67] Despeux, Catherine: Art. „*Taijiquan*, boxing of the Great Ultimate", in Pregadio 2007, 932 f.

[68] Vgl. Granet 1959, 549 f.

[69] Milanowski, 2004, 115. Auch als Meditationsobjekt bei Visualisierungen wird das so genannte „Sieben-Sterne-Schwert" eingesetzt, vgl. Saso 1995. Abbildungen solcher daoistischen Ritualschwerter mit eingraviertem Sternbild und einer Inschrift, die sich auf die alchemistischen Ingredienzien *Qian* und *Kun* beziehen, bei Little 2003, 214 f. Man beachte hierbei, dass die zweite Schwertform im Wu Stil-Taijiquan mit „*Qian/Kun*-Schwert" benannt ist. Eine weitere Funktion des Schwertes im Daoismus ist das Abschneiden von Dämonen mit dem „Münzschwert", vgl. Cooper 1984, 124.

[70] Asano Haruji: Art. *Faqi*, in Preagdio 2007, 411 ff.

[71] „The transformation of the Dark Warrior (Xuanwu) into the anthropomorphic god known as the Perfected Warrior (Zhenwu) occurred in the early Northern Song dynasty (960-1126). Imperial recognition of this transformation happened during the reign of Song Zhenzong (r. 998-1022), who was deeply devoted to religious Taoism. Zhenzong was the first to build a temple to Zhenwu in the capital of Bianling (Kaifeng, Henan province), after the miraculous appearance of a tortoise and snake in 1017. Xuanwu's name was changed to Zhenwu at this

time, to avoid a taboo on the name of the Song imperial ancestor Zhao Xuanlang. Zhenwu was particularly associated with healing, and is said to have cured Emperor Renzong (r. 1023-64) from illness in 1056. (…) It is clear that by the mid-fifteenth century, Zhenwu had become the most important god in the Taoist pantheon, to some extent even supplanting the deified Laozi (…)." Litte 2003, 291 f. "The god is always represented with the seven-star sword (…)." Seaman 1994.

[72] Der Begriff bezeichnet beispielsweise die wichtige Meditationsmethode „Das geheimnisvolle Eine bewahren". Vgl. Pregadio 2006, 137 f.

[73] Ich möchte hier auf die Äquivalenz der Doppelung *XuanXuan* in Zhangs Pseudonym und der Formulierung „des Tiefen Tiefstes" (Strauss) bzw. „des Geheimnis noch tieferes Geheimnis" (Wilhelm) in Kapitel 1 des *Daodejing* hinweisen.

[74] Arichi 2006, 196 f. Die Verbindung von Sternritualen mit einer *Yin/Yang*-Schule (*Onmyodo*) ist für Japan nachgewiesen und auf chinesische Vorbilder zurückgeführt worden. vgl. Sekimori 2006, 217. Der japanische Gott des Scheffels *Myoken Bosatsu* wird ikonographisch mit einem Schwert in der rechten Hand dargestellt. Arichi 2006, 251 f.

[75] Für eine Beschreibung de Schritte des Yü als daoistischer Ritualtanz vgl. Schipper 1986.

[76] Kalinowski, 1985, 381, Kohn 212, 370.

[77] Robinet 1993, 215 f., Kohn, 2000, 220.

[78] Kim 2014, 161.

[79] Vgl. Robinet 1993, 127, Kohn, 205, 217.

[80] So Komjathy 2009, 78.

[81] Rousselle 1965, 24. Eine summarische Darstellung aller wesentlichen Aspekte der Neun Paläste findet sich in Mark Csiksentmihlyi's Artikel *Jiugong* in Pregadio 2007, 590 f.

[82] Wang 2006, 123.

[83] "The upper Field is located in the region of the brain and is the seat of spirit (*shen*). Also known as Muddy Pellet (*niwan*) or Palace of Qian (*qiangong*, with reference to the trigram representing Pure Yang), it is divided into nine palaces or chambers arranged in two rows." http://www.goldenelixir.com/jindan/dantian.html , abgerufen 25.5.2014.

[84] Pregadio, 2006, 122.

[85] Qi Hao 1991, zit. nach Schlicht 2013, 364.

[86] Ebd. Vgl. auch Lagerwey 1987, 99. „(…) walking like Yu on the Dipper (…)". Nach Lagerwey sind im daoistischen Ritual mindestens einige der Paläste explizit mit Trigrammen identifiziert (S. 101) . Weitere Erwähnung der Neun Paläste in daoistischen Ritualen Op. cit. 121 und passim. Yüs Vater Gun verwandelte sich nach der Geburt Yüs in einen Bären. (Op. cit. 365 ff) Das verleiht den von Wong beschriebenen kosmologischen Beziehungen der „Kampfkunst nach himmlischen Mustern" weitere Evidenz. Zu Zusammenhängen zwischen den Neun Palästen und den Sieben Sternen vgl:
http://japanesemythology.wordpress.com/2013/01/22/big-dipper-cult-and-myoken-worship-in-japan/
abgerufen 25.5.2014: „This sort of Dipper pacing can also represent the Nine Quarters, which refer to the nine regions: Yong, Liang, Yan, Yang, Qing, Xu, Yu, and Ji. The ancient people symbolized the whole territory of China with them, so pacing the Nine Quarters implies the patrolling of all the land on the earth.
Pacing the Dipper has the additional function of prohibiting and controlling the spirits and superhuman powers. Originally the Steps of Yu and the Pacing of the Big Dippers not only indicated flying over the Nine Heavens, but also prohibiting and controlling the spirits and superhuman powers. In the course of their development, their functions became specialized. Some of them were chiefly practised to fly over the Nine Heavens, while others were used to

control the spirits." Außerdem: http://en.daoinfo.org/wiki/Pacing_the_Big_Dipper , abgerufen 25.5.2014: „The three steps and nine traces of the Steps of Yu were thought to have the shape of the Big Dipper, so they were associated with Pacing the Big Dipper. (…) The basic function of Pacing the Dippers is to symbolize flying over the Nine Heavens, prohibiting evil things, and controlling spirits."
[87] Schlicht 2013, 372.
[88] Komjathy 2008, 80.
[89] Kalinowski 1985, 773.
[90] Auch für die räumliche Einteilung in 5 Richtungen (vier „Himmelsrichtungen" plus die Mitte/Erde) wurde die Bezeichnung „Fünf Paläste" benutzt. Walters 1987, 44.
[91] Docherty 2014, 22.
[92] Vercammen 2003, 67.
[93] Vgl. Esposito 2004, 32.
[94] Liang/Richter 2012, 109-111.
[95] Zu einer Darstellung der Terminologie des *Neidan* als Verwirrspiel im Stile von Koans vgl. Robinet 1993 und Robinet 2011.
[96] Wu 1980. Vgl. auch Wells 2005, 66 zur Verwendung im *Baguazhang* und zur mythologischen Herkunft solcher magischer Quadrate.
[97] Wile 1983, 117.
[98] Im Wu-Stil-Taijiquan existiert eine *Neigong*-Methode, in der dieser Entfaltungs-/Verdoppelungsprozess gemäß dem *Yijing* und die anschließende Rückkehr ins *Wuji* symbolisiert und mental inszeniert wird.
[99] Sun 2003, 53.
[100] Kalinowski 1985, 807 f.
[101] Kalinowski 1991, 105.
[102] Kalinowski 1991, 81.
[103] Kohn 2000, 205. Eine weitere bemerkenswerte Beobachtung leitet sich aus dem besonderen Verhältnis der Sieben Sterne zu den ‚neun Sternen' des Großen Wagens ab. Die sieben sichtbaren plus zwei weitere Sterne ergeben die neun Sterne. Dabei werden verbreitet die beiden ‚fehlenden' Sterne als für Uneingeweihte unsichtbare Sterne angesehen. Bestimmte Sekten nennen nach Oster 2012 allerdings hier den Polarstern und Vega, wobei Vega wiederum für das Jademädchen steht, das in den vorhergehenden Erörterungen eine wichtige Rolle gespielt hat. Das Netz von Bedeutungen ist dicht gewebt.
[104] Kohn 2000, 114 , 214.
[105] Robinet 2011, 52.
[106] Vercammen 2003, 67. Siehe auch Robinet 2011, 61.
[107] Robinet 1993, 215.
[108] Vercammen 2000, 51.
[109] Despeux 1981, 139.
[110] Robinet 1995, 137.
[111] Robinet 1995, 63.
[112] Münke 1976, 105.
[113] Huang 2010, 76, Fussnote 21. Zu Wechselbeziehungen zwischen den Sieben Sternen und Neun Palästen vgl. auch op. cit. 77 ff.
[114] Lee 1982, 15.
[115] Vgl. z.B. Berlinger 1980, 102.
[116] Pregadio 2012, 14.
[117] Schlicht 2013, 339.

[118] Little 2003, 139. Hier auch weitere Erklärungen zum alchemistischen Prozess: „Qian and Kun are the constants in the System (the 'completed procedures', chengwu), and Li and Kan are the principles of resonance (ganying) and growth and exchanges (jiaoji)."
[119] Pregadio 2012, 23. Vgl. auch Robinet 1993, 645ff.
[120] Zhang Boduan, zitiert in Vercammen 2003, 21. Zu den Trigrammen in der inneren Alchemie vgl. auch Robinet 1995, 329 ff.
[121] "In terms of trigrams, the picture can be described as follows. Two trigrams are at the origin of all others, their father and mother. They are Qian ☰ , which is related to Heaven and is made of three Yang solid lines, symbolizing pure Yang; and Kun ☷ , which is related to the Earth and is made of three broken lines, symbolizing pure Yin. Qian and Kun joined and gave birth to the other trigrams, two of which are especially important for the alchemist: Kan ☵ and Li ☲ . The inner line of Kan (a Yang line enclosed between two Yin lines) and the inner line of Li (a Yin line enclosed within two Yang lines) are True Yang and True Yin, respectively. (…) One text says: 'Reversal does not consist in thinking that the Yin is Yang, but in taking the Yang from the Yin. It does not consist in thinking that the Yang is Yin, but in taking the Yin from the Yang. When the Yin is the Yin and the Yang is the Yang, this the forward course, the ordinary way of the world. Taking the Yin within the Yang and the Yang within the Yin is the mechanism [of life] stolen by the immortals. (*Ziyang zhenren wuzhen pian zhushu*, 4.7a)'" http://www.goldenelixir.com/jindan/robinet_yin_and_yang.html , abgerufen 25.5.2014.
[122] Baryosher-Chemouny 1996, 59.
[123] In einer malaisischen Variante des Wu-Stils beginnt die Form (nach der *Wuji*-Haltung) mit einer typischen „Kranich"-Position als Übergang zur eigentlichen Form, die wiederum mit einer als „*Chansigong*: Schlange" bekannten Bewegung abschließt, bevor der/die Übende am Ende wieder zu *Wuji* zurückkehrt.
[124] Chao, 2011, 3. Schlange und Schildkröte wurden sogar als männliche und weibliche Ausformung einer Spezies angesehen. Op. cit. 14.
[125] Girardot 1983, 178.
[126] Chen Zhixu, in Pregadio 2012, 35.
[127] Lehmann 2011, 24. Warum Lehmann, der sicherlich aus der englischen Ausgabe schöpft, „inverse movement" mit „innere Bewegung" übersetzt, ist mir nicht ersichtlich. Aus der englischen Ausgabe, die den wesentlichen Punkt der Beziehung von *Wuji* und *Taiji* thematisiert: „The ultimate method of cultivation is called ‚the way of inverse movement'. This method turns Qian and Kun, revolving the qi until the post-heaven functions return to the pre-heaven state. (…) This is the meaning of the so-called 'Wu Ji gives birth to Tai Ji' (the one qi is the Tai Ji)." Sun 2003, 69 f. "From Wu Ji comes Tai Ji." Op. cit. 73. „The Tai Ji is contained in the Wu Ji." Op. cit. 73. In der Frage, wann eigentlich von „enthalten in…" gesprochen werden kann, spitzt sich die Dialektik in der Vorstellung von der Entstehung von Etwas aus Nichts zu. Zum Konzept der Umkehr und Wiedererlangung des *Wuji* im Daoismus ausführlich Robinet 2011, 1 ff.
[128] Sun 2003, 47. Zheng/Chen zitiert im Folgenden Laozi und Zhuangzi und bezeichnet das Konzentrieren des *Qi* mit dem Ziel, Weichheit zu erreichen, als „consistent with the teachings of the Daoist school" Op. cit. 48. Auch der Autor des zweiten Vorworts in Sun Lutangs Buch, Wu Xin Gu benutzt - sicher nicht zufällig - die gleiche Formulierung bezogen auf Suns ‚A Study of Tai Ji Quan': „After several readings I have found that the material is very consistent with the writings of Lao Zi. To me they are the same." Sun 2003, 49. Allerdings sind die Beispiele, die Wu nennt für mich, zumindest als Musterbeispiele solcher konzeptionellen Verwandtschaft nicht nachvollziehbar.

[129] Sun 2003, 51.
[130] Sun 2003, 52.
[131] Komjathy 2009, 72.
[132] Sun 2003, 75. Das Anlegen der Zunge an den Gaumen, die in der Inneren Alchemie so genannte „Elsterbrücke" wird vielerorts in der Taijiquan-Literatur beschrieben, beispielsweise bei Man Ch'ing 1988, 92.
[133] Wu 1980. Die auf einer zweiten Ebene mitgschwingende Bedeutung daoistisch-alchemistischer Theorie und Praxis zeigt sich eindrücklich am Anmerkungsapparat, der auch die Funktion eines Glossars erfüllt. Von 23 Anmerkungen beziehen sich lediglich sechs auf historische oder technische Sachverhalte, drei auf eindeutig spirituelle Zusammenhänge und 14 auf medizinische oder philosophische Themen, die durchweg auch in der Inneren Alchemie von Bedeutung sind.
[134] Robinet 2011, 69, 60, allgemein der ganze Artikel zur daoistischen Zahlenmystik.
[135] 24 ist auch die Zahl der „24 Breaths"; da die *Neigong*-Übungen in ihrer fortgeschrittenen Ausführung mit bestimmten Atemtechniken koordiniert werden, könnte das ein Grund sein, weshalb die Zahl 24 als Anzahl der Übungen gewählt wurde. Es handelt sich keineswegs überall um die gleichen Übungen, einige Traditionen verzichten ganz auf die Zählung und definieren ihr *Neigong* folgerichtig auch nicht als „24 Formen."
[136] Robinet 1995, 27.
[137] Persönliche Mitteilung.
[138] Zu den Zahlen 72 und 36 in daoistischen Zusammenhängen vgl. auch Baryosher-Chemouny 1996, 148 „Représentations des soixante-douze terres bènies de l'homme" im Xiuzhen Taiji Hunyuan Tu. Jiang/Richter 2012, 108 erklären, über den Körper verteilt gebe es 36 große und 72 kleine *Qi*-Tore. Ein Zusammenhang ist evident, wenn auch die genaue Verweisstruktur zwischen beiden Konzeptionen unklar ist.
[139] Schipper 1993, 45.
[140] Schipper 1993, 45.
[141] Zu ergänzen wäre: Marcel Granet hat die vorgegebenen Zahlenverhältnisse der Lichthalle Ming-t'ang beschrieben und nennt 81, 108 und 144 (2 x 72) als Seitenlängen des Daches. Auch bei etwas andern Bauformen kommt die Maßeinheit 108 (:72:81) vor. Granet 1985, 189, 204 ff.
[142] Wu 1984 Titel und passim. Vgl. auch Docherty 2014 (2): „The particular Dao form that I practice is called Xuan Xuan Dao. Xuan means dark, mysterious or profound and Xuan Xuan was the Taoist name for Chang San-feng, who is credited with being the founder of Tai Chi Chuan."
[143] Unabhängig davon, dass *Xuan* allgemein ein bedeutsamer Begriff in daoistischer Terminologie ist, ist zu konstatieren, dass das Zhang Sanfeng zugeschriebene Gesamtwerk unter anderem die „Erklärung der geheimnisvollen bewegenden Kraft" *Xuanji zhijiang* und die „geheimnisvollen Grundlagen" *Xuanyao* enthält. Pregadio 2007, 1235.
[144] Laut Zhang Dainian als zweiter der „apophatischen Begriffe" paradigmatisch für den Daoismus. Zhang 2002, 71, 74.
[145] Girardot 1983, 52.
[146] Darga 2001, 66.
[147] Catherine Despeux 1995, 208, betont die wichtige Tatsache, dass alchemistische Schriften auf die Nutzlosigkeit jeglicher Versuche, diesen Paß räumlich zu lokalisieren, hinweisen.
[148] Erkes 1958, 126.
[149] "'Neo-Daoism' (or 'Neo-Taoism' in the 'Wade-Giles' system of romanization) names the focal development in early 'medieval' Chinese philosophy, from the third to the sixth centu-

ry C.E. In Chinese sources, this development is called *xuanxue* (*hsüan-hsüeh*, in Wade-Giles), literally the 'learning' or study (*xue*) of the 'dark' or mysterious and profound (*xuan*). The word *xuan* is defined in two ways in the Eastern Han dynasty (25–220 C.E.) lexicon *Shuowen jiezi* by Xu Shen (fl. 100 C.E.), an important reference for the study of early Chinese texts. First, *xuan* denotes a shade of 'black with dark red.' (…) by extension *xuan* gains a richer meaning connoting what is 'hidden and far' (*youyuan*), as Xu Shen reports in the *Shuowen*. This echoes the *Laozi* (also known as *Daodejing*), the premier classic of Daoism, in which *xuan* figures metaphorically to bring out one of its central tenets—namely, the profound depth and unfathomability of the Dao or "Way." The Dao is 'nameless' and 'formless', (…).The subject matter of *xuanxue* in this formal sense seems to have centered on the *Yijing*, *Laozi*, and *Zhuangzi*, and selected commentaries to them (…)." Chan/Stanford Encyclopedia of Philosophy: Daoism, 2013.

[150] Vgl. Friedrich 1984. Hier findet sich vielfältiges Material für weiter gehende Untersuchungen zu den Zusammenhängen von *Xuan, Xuanwu, Zhenwu* und weiteren daoistischen Grundbegriffen. Hier sei nur kurz auf folgende Beobachtung verwiesen: Friedrich referiert auf S. 129, Anm. 9 Grahams Beobachtungen möglicher phonetisch-semantischer Verbindungen zwischen *Xuan/Hsüan* (dunkel…) und *Yüan/Hsüan* (rund, kreisen), das auch den Himmel bezeichnet. Das würde das metaphysische Bedeutungsspektrum des *Xuan* noch erweitern und noch deutlicher der kosmologischen Absolutsphäre/dem Uranfang zuordnen. Unterstützung gewinnt dieser Befund durch die Bezugnahme von „Dunkel" auf die Farbe des weit entfernten, nachtdunklen Himmels.

[151] Friedrich 1984, 2. Im Artikel „*Hsüan*" seines Glossars geht Wing-Tsit Chan auf die Schule ein: „Thus, *hsüan-hsüeh* should be 'metaphysical school', while *hsüan-te* should be 'profound and secret virtue'" Chan 1963, 788.

[152] Ebd.

[153] Robinet: Art. *Xuan*, in Pregadio 2007, 1127. Robinet stellt hier auch das Verhältnis zu *Hundun* sowie weitere prominente daoistische Verwendungsweisen des Begriffs heraus.

[154] Isabelle Robinet, Art. *Xuanpin* in Pregadio 2007, 1138.

[155] Op.cit 4.

[156] „Hsüan, ‚profound' or ‚mysterious'. This Word has a wide range of meanings as any other Chinese word. It means dark, abstruse, deep, profound, secret, etc. In Taoist religion the aspect of mystery should be stressed, but in Taoist philosophy, the profound or metaphysical aspect is paramount. (…) The word simply has to be understood in its context. Hsüan-ming, for example, is not just 'profoundly dark', but means noumenon." Chan 1963, 788. Chan unterscheidet - allerdings zu strikt - hier korrekterweise verschiedene, auf metaphysischen, kosmologischen, epistemologischen, kurz gesagt: kontaxtabhängigen Ebenen zu situierende Aspekte/Verwendungsweisen des Begriffs *Xuan*. Entgegen der veralteten strikten Trennung von philosophischem und religiösem Daoismus wäre in Anbetracht dieser Unterscheidungen zu untersuchen, inwieweit die genannten „Spielarten des Daoismus" selbst korrekter als auf verschiedenen Symbolebenen zu situierende Ausgestaltungen/Konzeptualisierungen der übergeordneten Weltdeutung „Daoismus" anzusehen sind. Nach meiner Ansicht wäre hier eine Aufnahme des wittgensteinschen Konzepts der „Familienähnlichkeit" weiterführend.

[157] Op. cit 37.

[158] Ebd.

[159] Girardot 1983, 53. Girardot nennt auf den folgenden Seiten weitere Belege für die motivischen Verflechtungen von *Taijyi, Taiji, Xuan, Hundun* etc. aus der daoistischen Literatur zum Themenkomplex *creatio continua*. Die Begriffe zusammen mit ihren Varianten bzw.

deren Verbindungen (z.B. *Hun-ming*, „chaotische Dunkelheit", 101, *Xuan-ming*, „dunkles Mysterium", 102) bilden die Matrix des vorgestaltlich unerkennbaren Ursprungs aus Kapitel 7 des Zhuangzi und aus den Kapiteln 25 und 42 des Daodejing.

[160] Girardot 1983, 110 f., 130.

[161] Op. cit. 131. Vgl. hierzu auch den Artikel „*Xuanguan*, Mysterious Pass" von Monica Esposito in Pregadio 2007, 1131 f. sowie „*Xuanpin*, Mysterious Female" von Isabelle Robinet, op. cit. 1138 f.. In beiden Artikeln werden "geheimnisvolle Eintrittsstellen" als Tore zwischen Nichtsein und Sein als überaus interpretationsbedürftig ohne feste Lokalisierung beschrieben. Daneben finden sich bei Pregadio noch einige weitere Artikel über daoistische Begriffe, die als Komposita mit *Xuan* gebildet sind.

[162] Richard G. Wang: "Four Steles at the Monastery of Sublime Mystery (Xuanmiao guan): A Study of Daoism and Society on the Ming Frontier (http://www.ihp.sinica.edu.tw/~asiamajor/pdf/2000b/ch 3 PRESS.pdf)" , zit. nach https://heathenchinese.wordpress.com/tag/xuan-tian-shang-di/ , abgerufen 7.9.2014.

[163] Isabelle Robinet, Art. *Xuan* in Pregadio 2007, 1127.

[164] "The transformation of the Dark Warrior (Xuanwu) into the anthropomorphic god known as the Perfected Warrior (Zhenwu) occurred in the early Northern Song dynasty (960-1126). Imperial recognition of this transformation happened during the reign of Song Zhenzong (r. 998-1022), who was deeply devoted to religious Taoism. Zhenzong was the first to build a temple to Zhenwu in the capital of Bianling (Kaifeng, Henan province), after the miraculous appearance of a tortoise and snake in 1017. Xuanwu's name was changed to Zhenwu at this time, to avoid a taboo on the name of the Song imperial ancestor Zhao Xuanlang. Zhenwu was particularly associated with healing, and is said to have cured Emperor Renzong (r. 1023-64) from illness in 1056." "It is clear that by the mid-fifteenth century, Zhenwu had become the most important god in the Taoist pantheon, to some extent even supplanting the deified Laozi (…)." Litte 2003, 291 f.

[165] Knaul 1981, 81 f.

[166] "The inscription on the charm at the left reads *yuan tian shang di* which translates as the 'Supreme Lord of the Primal Heaven'. This is actually a reference to a proclamation by Emperor Xuanzong in 754 further exalting the status of Laozi with the almost identical expression *xuan tian shang di* which means the 'Supreme Lord of the Dark (Mysterious) Heaven'." http://primaltrek.com/daoist.html , abgerufen 12.8.2014

[167] Wang 2006, 122.

[168] Chao 2011, 54.

[169] Vercammen 2003, 74.

[170] Dan Docherty vermutet hier einen Fehler in der Interpretation der altchinesischen Zeichen, der sich in eingebürgert habe. Die korrekte Überseetzung sei einfach „circling Hands". Persönliche Mitteilung. Bis zur endgültigen Klärung dieser Frage gehe ich von der verbreiteten und auch in China weiterhin vorherrschenden Lesart aus.

[171] Ho 1985, 147.

[172] Kim 2004, 212.

[173] Pregadio 2004, 122.

[174] Schafer 1977, 6.

[175] Op. cit. 27.

[176] Vgl. z.B. *Chongyang lijiao shiwu wen* (redoubled Yang's fifteen Discourses), Abschnitt: 9 „Die innere Natur verfeinern".

[177] Zum Beispiel eines der „Sieben Genien vom Bambushain", vgl. Christie 1968, 42.

[178] http://imos-journal.net/zhang-san-feng-and-the-ancient-origins-of-taijiquan/

abgerufen am 12.11.2013.
[179] Abb. in Verellen 2006, 170.
[180] Vercammen 2011, 104 f.
[181] Christie 1968, 130.
[182] Vgl. z.B. Cooper 1984, 124.
[183] Judith M. Boltz: Art. *Taoist music*, in Pregadio 2007, 126.
[184] Beide Übungsformen wurden als „superstitious practices" diffamiert. Amos 1983, 41.
[185] Verrellen 2006, 170.
[186] http://www.kungfu-taichi.com/servlet/kungfoo/Action/Resource/ResourceKey/1895 , abgerufen am 12.11.2013. Vgl. auch „ Lu Dongbin, known for his drinking and fighting abilities, carries a demon-slaying sword. He also carries a fly whisk which he uses to walk on clouds, fly to heaven, and sweep away ignorance." http://primaltrek.com/impliedmeaning.html#clouds , abgerufen 12.8.2014.
[187] http://www.kungfu-taichi.com/servlet/kungfoo/Action/BronzeIssuesScreen/issueID/12 , abgerufen am 12.11.2013.
[188] Nickerson 2005, 157.
[189] Herrmann 1958, 91.
[190] Z. B die Abbildung in Breslow 1998, 13.
[191] http://imos-journal.net/zhang-san-feng-and-the-ancient-origins-of-taijiquan-part-2/, abgerufen am 12.11.2013.
[192] Vercammen 2000, 49.
[193] Vgl. Davis 2004, 65.
[194] Davis 2004, 77.
[195] Schipper 1993, 198.
[196] Komjathy 2009, 70.
[197] Davis 2004, 66.
[198] Davis 2004, 67.
[199] Cf. Needham 1976, 52.
[200] Vgl. z.B. Komjathy 2013, 215. In der von Komjathy beschriebenen Meditationsmethode unter Ausrichtung der drei Zentren (*Niwan*, Herz und Unterbauch-Zinnberfeld) „New Method for guarding the one" wird auch das Siebengestirn bzw. der große Wagen visualisiert (2013, 214 f.), der Verflochtenheit beider Konzepte „Aligning" und „Seven Stars" im Daoismus entspricht also eine ebensolche im Taijiquan. Zum Aligning als Element der daoistischen Meditationsmethode *Zuowang* und der Interpretation einer der vier Aspekte des Aligning als vertikale Aufrichtung der Wirbelsäule analog zum Taijiquan vgl. Op. cit. 208 f.
[201] Robinet 1993, 125. Vgl. Auch Kohn 1989, 142.
[202] Roth 199, 4. Belegstellen von Cheng im Text z.B. Roth 56, 58, 60, 66, 70 und andere.
[203] Ebd.
[204] Eine Variante stellt die Technik dar, die Punkte Scheitelpunkt, Dammpunkt und den Punkt zwischen den Fersen in einer Linie zu verbinden. Vgl. Korischek 2009, 61.
[205] Roth 1999, 109.
[206] Roth 1999, 110.
[207] Ebd.
[208] Komjathy 2009, 91.
[209] Berlinger 1980, 131.
[210] Saso 1990, 46.
[211] Saso 1990, 29. Eine andere Zuordnung ist die auf einer *Mawangdui*-Begräbnisrobe abgebildete von Kopf-Brust-Bauch zu Himmel-Erde-Unterwelt, wobei in der Mitte, also beiden

Ebenen zugeordnet, an oberster Stelle das „*Dao* des *Wuwei/Taiji/Hundun*" symbolisiert ist. Saso 1990, 61. Vgl. auch Fabrizio Pregadio: Art. *Macrocosm and microcosm*, in Pregadio 2007, 56.
[212] Saso 1990, 19.
[213] Cleary 1996, 219.
[214] Needham 1976 nennt bspw. die Verwendung von Bildern/Begriffen wie Gold, Zinnober, Kräuter und Unsterblichkeit als Erkennungszeichen daoistischer Diskurse.
[215] Liu 1970, 296, Robinet 1993, 79.
[216] Z.B. Robinet 1993, 80.
[217] Wells 2005, 14.
[218] Komjathy 2009, 86.
[219] Komjathy 2009, 68.
[220] Sun 2003.
[221] Needham 1976, 145
[222] Komjathy 2009, 83.
[223] Zheng Manqing/Cheng Man'Ching 1988, 87 f. Kursivierung vom Autor. Zum „Goldelixir" als Frucht der Vereinigung von Drache und Tiger (und damit Feuer und Wasser und schließlich Himmel und Erde) vgl. z.B. Baryosher-Chemouny 1996, 169. In dem Zitat von Zheng Manqing findet sich auch die explizite Ablehnung subitistischer Lösungen der Äußeren Alchemie. Auf die Taijiquan-eigene Betonung eines notwendig graduellen Fortschreitens auf dem Übungsweg, die hierin der daoistischen Grundausrichtung entspricht, habe ich weiter oben bereits hingewiesen.
[224] Wang 1983 passim.
[225] Cheng 1977, 38.
[226] Komjathy 2008, 71, Fußnote 4.
[227] Wile 1983, 121.
[228] Needham 1980, 34, 141.
[229] Vgl. z.B. Liao 1995, 111.
[230] Lee 1982, 14. Lee bezieht sich explizit auf das *Yijing*, die *Yin/Yang*-Schule, Laozi und Zhuangzi. Seine Charakterisierung des Taijiquan als eine tausend Jahre alte Kampfkunst trifft sich in etwa mit den angenommenen Lebensdaten Zhang Sanfengs. Seine Einordnung der esoterischen und exoterischen Aspekte des Taijiquan ist eindeutig: "There is an esoteric as well as an exoteric side to Tai Chi Ch'uan and the former is by far more important than the latter, which is only an outer expression of the core of Tai Chi Ch'uan. Tai Chi Ch'uan is spiritual release and emancipation through meditation in motion." Op. cit. 10.
[231] Sun 2003, 193.
[232] Sun 2003, 59.

4. Abschluss und Fazit

[1] Seidel 1970, 484.
[2] Schriftliche Indizien für eine daoistische Beeinflussung des Taijiquan datieren zu einem großen Teil aus dem 19. und 20 Jahrhundert. Als einen der wichtigsten Kandidaten für die Darstellung von Gemeinsamkeiten der Praxis und Terminologie des Taijiquan und des Daoismus hat Louis Komjathy (2009, 66) Parallelen des Taijiquan mit der *Wu-Liu* Sub-Linie des *Longmen*-Daoismus und einer deren Sekten, der *Qianfeng*-Linie, genannt, die sich erst im frühen 20. Jahrhundert formierte und eine zentralen Position im modernen Daoismus einnimmt. Man sollte also die Frage nach einem antiken oder frühneuzeitlichen daoistischen

„Ursprung" des Taijiquan nicht zu drängend stellen, sondern sich stattdessen auf historische Wechselwirkungen in verschiedenen Epochen konzentrieren.
[3] Wile 2007, 18. Wile gibt in diesem zur Einführung empfehlenswerten Artikel einen Überblick über die Konvergenzen und eine kompakte Gesamtdarstellung der historischen Wechselverhältnisse.
[4] Schipper 1981, 138.
[5] Schipper 1981, 139.

Bibliographie

Adler, Joseph A.: Zhu Xi's Spiritual Practice as the Basis of His Central Philosophical Concepts. In: Dao 2008, 7. 57 - 79.

Adler, Joseph A.: On translating Taiji. Kenyon College 2009 / revised 2012.

Amos, Daniel Miles: Marginality and the Hero's Art: Martial Artists in Hongkong and Guangzhou (Canton). Diss. Los Angeles 1983.

Anonym: Zhao Bao Taiji Quan. http://www.taijiculture.com/theory_experience/taiji_category/alternative_taiji/zhao_bao_taiji_quan.html abgerufen 3.3.2014

Arichi, Meri: Seven Stars of Heaven and Seven Shrines on Earth: the Big Dipper and the Hie Shrine in the Medieval Period. In: The Worship of Stars in Japanese Religious Practice. Special double Issue of *Culture and Cosmos*. Vol 10, Nr. 1 + 2, 2006.

Bach, Gitta: Und tiefste Stille gebiert Bewegung. Das spontane Spiel der fünf Tiere (Zifa Wuqinxi). In: Die Welt der fünf Elemente. Anwendungsbereiche in Theorie und Praxis. Hg. Franz P. Redl. Schiedlberg 2002.

Baryosher-Chemony, Muriel: La quête de l'immortalité en Chine. Alchimie et paysage Intérieur sous les Song. Paris 1996.

Béky, Gellért: Die Welt des Tao. Freiburg und München 1972.

Berlinger, Judith, A.: The syncretic Religion of Lin Chao-en. New York 1980.

Bidlack, Bede: Taiji Quan: Forms, Visions, and Effects. In: Kohn, Livia (Ed.): Daoist Body Cultivation: Traditional Models and contemporary Practices. Magdalena, 1995.

Bodde, Derk: Myths of Ancient China, in *Mythologies of the Ancient World*, ed. by Samuel Noah Kramer, Anchor, 1961.

Bödicker, Martin: Von den Klassikern lernen. Zur schriftlichen Tradition des Taijiquan. In: Taijiquan und Qigong Journal, Heft 18, 4/2004.

Bödicker, Martin und Freya: Kurze Geschichte des Taijiquan. http://www.taiji-europa.de/taichi-taiji/#taijiquan abgerufen 3.3.2014.

Bödicker, Martin: Und noch mehr Tai Chi-Klassiker. Verlag Bödicker, ebook 2014.

Bohn, Hermann: Neues zur Geschichte des Taijiquan: die Faustkampfkunst nach himmlischen Mustern. In: Taijiquan und Qigong Journal. Heft 43, 1/2011.

Boodberg, Peter A.: Philological Notes on chapter one of Lao Tzu. In: Harvard Journal of Asiatic Studies. Vol 20, Dec. 1957.

Breslow, Arieh Lev: Beyond the closed Door. Chinese Culture and the Creation of T'ai Chi Ch'uan. Jerusalem 1995.

Breslow, Arieh Lev: Immortality in chinese thought and its Influence on Taijiquan and Qigong. In: Journal of Asian Martial Arts. Vol. 7, Nr. 2, 1998.

Cai, Naibiao: In Memoriam of Wu Daxin: Wu Family Taiji Boxing Gatekeeper. In: Journal Of Asian Marital Arts. Vol 15, No. 1, 2006.

Chan, Alan: "Neo-Daoism", *The Stanford Encyclopedia of Philosophy* (Fall 2013 Edition), Edward N. Zalta (ed.), abgerufen 28.4.2014. http://plato.stanford.edu/archives/fall2013/entries/neo-daoism.

Chan, Wing-Tsit: A Source Book in chinese Philosophy. Princeton 1963.

Chang, Carsun: The Development of Neo-Confucian Thought. New York 1957.

Chao, Shin-yi: Daoist Ritual, State Religion and Popular Practice. Zhenwu Worship from Song to Ming (960-1644). London/New York 2011.

Chen, Nancy: Breathing Spaces. Qigong, Psychatry, and Healing in China. New York 2003.

Chen, Wei-Ming: Questions and Aswers on T'ai Chi Ch'uan (T'ai Chi Ch'uan Ta Wen). Berkeley 1985, 1. Aufl. Shanghai 1929.

Cheng, Man-jan (Zheng Manqing): Lao-tzu: „My Words are very easy to understand". Richmond, 1981.

Cheng, Man-ch'ing (Zheng Manqing): Ausgewählte Schriften zu T'ai Chi Chuan. Basel 1988.

Christie, Anthony: Chinesische Mythologie. Wiesbaden 1968.

Cleary, Thomas: Die drei Schätze des Dao. Basistexte der inneren Alchimie. Frankfurt 1991.

Cooper, J. C.: Chinese Alchemy. The Taoist Quest for Immortality. Wellingborough 1984.

Darga, Martina: Taoismus. Kreuzlingen / München 2001.

Davis, Barbara: The Taijiquan Classics. An annotated Translation. Berkely 2004.

DeMarco, Michael: The Origin and Evolution of Taijiquan. In: Journal of Asian Martial Arts. Vol. 1 No. 1, Erie, 1992.

Despeux, Catherine: Taiji Quan - art martial, technique de longue vie. Paris 1981.

Despeux, Catherine: Gymnastics. The Ancient Tradition. In: Kohn 1989.

Despeux, Catherine: Das Mark des roten Phönix. Uelzen 1995.

Despeux, Catherine: Célestes randonnées. In: Les nouages er leur symbolique. Sous la Direction de Jacqueline Kelen. Paris 1995.

Docherty, Dan: Instant Tao. The Tai Chi Discourse and Canon. London 1995.

Docherty, Dan: The Tai Chi Bible: The Definitive Guide to Decoding the Tai Chi Form. London 2014 (1)

Docherty, Dan: Errant Knights, Part III. http://www.taichichuan.co.uk/information/articles/errant_knights_pt3.html abgerufen am 14.4.2014 (2)

Dolce, Lucia (Ed.): The Worship of Stars in Japanese Religious Practice. Special double Issue of *Culture and Cosmos*. Vol 10, Nr. 1 + 2, 2006.

Eberhard, Wolfram: Lexikon chinesischer Symbole. Köln 1983.

Erkes, Eduard: Ho-shang-kungs Commentary on Lao-tse. Ascona 1958.

Esposito, Monica: The Dragon Gate—The Longmen Tradition at Mount Jingai and its Alchemical Practices according to the "Daozang xubian" (Sequel to the Daoist Canon) Ph.D. thesis, University of Paris VII, 1993.

Esposito, Monica: Il Qigong. La nuova scuola taoista delle cinque respirazioni. Padova 1995.

Esposito, Monica: A thematic and annotated Bibliography of Isabelle Robinet. In: In Memoriam Isabelle Robinet. Cahiers d'Extreme Asie 14, 2004.

Filipiak, Kai: Die chinesische Kampfkunst. Spiegel und Element traditioneller chinesischer Kultur. Leipzig 2001.

Frank, Adam D.: Taijiquan and the search for the little old Chinese Man. Understanding Identity through Martial Arts. New York 2006.

Friedrich, Michael: Hsüan-hsüeh. Studien zur spekulativen Richtung in der Geistesgeschichte der Wei-Chin-Zeit (3. - 4. Jahrhundert). Unveröffentlichte Dissertation. München 1984.

Fowler, Jeaneane and Ewers, Shifu Keith: T'ai Chi Chuan. Harmonizing Taoist Belief and Practice. Brighton 2005.

Geldsetzer, Lutz / Hong, Han-Ding: Chinesisch-deutsches Lexikon der chinesischen Philosophie. Übersetzt aus dem Ch Hai von Lutz Geldsetzer und Hong Han-Ding. Aalen, 1986.

Girardot, N. J.: Myth and Meaning in early Taoism. The Theme of Chaos (hun-tun). Berkeley, Los Angeles, London 1983.

Gottschalk, Herbert: Sonnengötter und Vampire. Mythen und Legenden..., Berlin 1978.

Graham, A.C.: The Book of Lieh-tzu. London 1960.

Granet, Marcel: Danses et Légendes de la Chine Ancienne. Paris 1959.

Guo, Yuquio: Yan Xin Qigong. http://www.acupuncture.com/qigong_tuina/yanxin.htm, abgerufen 11.1.2014.

Habersetzer, Roland: Chi Kung. La maîtrise de l'energie interne. Paris 1990.

Hawthorne, Mark: Reviving the Daoist Roots of Internal Martial Arts. In: Journal of Asian Martial Arts. Vol. 9, Nr. 1, 2000.

Henning, Stanley E.: Ge Hong: Famous Daoist Thinker and practical Martial Artist. In: Journal of Asian Martial Arts. Vol. 16, Nr. 3, 2007.

Herrmann, Ferdinand (Hg.): Symbolik der Religionen. Bd. I: Der chinesische Universismus. Stgt. 1958.

Ho Peng Yoke: Li, Qi and Shu. An Introduction to Science and Civilisation in China. Hongkong 1985.

Holcombe, Charles: Theater of Combat: A Critical Look at the Chinese Martial Arts. In: The Historian. Malden, Mass. Bd. 52, 1990, 411-431.

Holcombe, Charles: The Daoist Origins of the Chinese Martial Arts. In: Journal of Asian Martial Arts. Vol. 2, No. 1, 1993.

Horwitz, Tem / Kimmelman, Susan: Tai Chi Ch'uan. The Technique of Power. London 1983.

Huang, Alfred: Complete Tai-Chi. North Clarendon 1993.

Huang, Susan (Shih-shan): Daoist Imagery of Body and Cosmos. Part 1: Body Gods and Starry Travel. In: Journal of Daoist Studies 3 (2010) 57-90.

Hubral, Peter: Dao-Meister Platon. Moderne Taiji-Lehre: Schlüssel zur philosophia. Giessen 2008.

Jiang, Xuelin / Richter, Cornelia: Selbstheilungsweg. Band 1 - Beginn des Weges. Mannheim 2011.

Jiang, Xuelin; Richter, Cornelia: Selbstheilungsweg. Band 2 - Fortschritte auf dem Weg. Mannheim 2012.

Jiao, Guorui: Youfagong. Methode der induzierten Bewegung; Lehrsystem qigong-yangsheng. Uelzen 1995.

Johnson, Obed Simon: A Study of chinese Alchemy. New York 1974.

Jou, Tsung Hwa: The Dao of Taijiquan. Way to Rejuvenation. Scottsdale 2001.

Kalinowski, Marc: La Transmission du dispositiv des Neuf Palais sous les six-dynasties. In: Tantric and Taoist studies. In Honour of R. A. Stein. Ed. Michel Strickmann. Vol 3. Bruxelles 1985.

Kalinowski, Marc: Cosmologie er Divination dans la Chine ancienne. Le compendium des Cinq Agents. Paris 1991.

Kaltenmark, Max: Lao-tzu und der Taoismus. Frankfurt am Main 1981.

Kim, Sung-hae: The gourd and the Cross. Daoism and Christianity in Dialogue. Three Pines Press, St. Petersburg 2014.

Knaul, Livia: Leben und Legende des Ch'en Tuan. Frankfurt am Main, Bern, 1981.

Kohn, Livia: Guarding the One. In: Kohn, Livia (Ed.): Taoist Meditation and Longevity Techniques. Michigan 1989

Kohn, Livia (Ed): Taoist Meditation and Longevity Techniques. Michigan 1989.

Kohn, Livia: The Taoist Experience. New York 1993.

Kohn, Livia (Ed.): Daoism Handbook. Leiden 2000.

Komjathy, Louis: Mapping the Daoist body. Part one: The Neijing Tu in History. In: Journal of Daoist Studies 1 (2008 a), 67-92.

Komjathy, Louis: Handbooks for Daoist Practice; 9 Book of Master Celestial Seclusion. Hongkong (2008 b).

Komjathy, Louis: Mapping the Daoist body. Part two: The Text of the Neijing Tu. In: Journal of Daoist Studies 2 (2009), 64-108.

Komjathy, Louis: Taijiquan. http://www.daoistcenter.org/taijiquan.html abgerufen 27.12.2013.

Komjathy, Louis: The Daoist Tradition. An Introduction. London, New Delhi, New York, Sydney, 2013.

Korischek, Christine: Qigong Fieber und das Trauma der Kulturrevolution. Wien 2009.

Kubny, Manfred: Qi. Lebenskrafkonzepte in China. Definitionen, Theorien und Grundlagen. Heidelberg, 2002.

Lagerwey, John: Taoist Ritual in Chinese Society and History. New York 1987.

Lee, Agnes C.J.: Movement within Stillness and Stillness within Movement: The Contemplative Charakter of T'ai Chi Chuan. In: Ching Feng. Quarterly Notes on Christianity and Chinese Religion and Culture. Vol. XXX, 1987, 25 - 38.

Lee, Tinn Chan: The Wu Style of Tai Chi Chuan. Burbank 1982.

Lehmann, Dirk Otto: Sun Taiji nach Sun Jian Yun. Neckenmarkt 2011.

Liang, Shifeng: Zi fa "wu qin xi" dong gong. Guangzhou 1981.

Liao, Waysun: Die Essenz des T'ai Chi. München 1996.

Liao, Waysun: T'ai Chi Classics. London 1977, 1990.

Linck, Gudula: Yin und Yang. Auf der Suche nach Ganzheit im chinesischen Denken. Bremen 2000.

Little Stephen: The God Taiyi and attending Deities. In: *Taoism and the Arts of China*. Chicago 2000.

Little, Stephen: Taoism and the Arts of China. Chicago 2000

Liu, Sichuan: Im Taijiquan verkörpert sich die daoistische Lehre. Taijiquan als das der Gesellschaft am besten angepasste Produkt des Daoismus. In: Taijiquan und Qigong Journal,

Heft 5, 3/2001.

Liu, Ts'un-Yan: Taoist Self-Cultivation in Ming Thought. In: Self and Society in Ming thought. Ed. DeBary, Theodore. New York and London 1970.

Lo, Vivienne: Spirit of Stone: Technical Considerations in the Treatment of the Jade Body. In: Association for Asian Studies: Abstracts of the Annual 2000 Meeting. San Diego 2000.

Louis, François: The Genesis of an Icon: The Taiji Diagram's Early History. In: Harvard Journal of Asiatic Studies 63.1. 2003

Lu, Gwei-Djien: The Inner Elixir. In: Changing Perspectives in the Hisotry of Science. Essays in Honour of Joseph Needham. Ed. Teich and Young. London 1973.

Lu K'uan Yü (Luk, Charles): The secrets of Chinese Meditation. Self-cultivation by Mind-Control as taught in the Ch'an, Mahayana and Taoist Schools in China. London 1969.

Mazaheri, Simin: Anfänge metaphysischer Spekulation im alten China und im alten Griechenland. Diss. Frankfurt / Main 1992.

Milanowski, Thomas: Die magischen Körper-Geistübungen Chinas und deren Verbindung zum Schamanismus. Zu Historie, Theorie und Praxis des Qigong. Uelzen 2004.

Miller, James: Chinese Religions in contemporary Societies. Santa Barbara 2006.

Ming, Dong Gu: The Taiji Diagram: A Meta-sign in Chinese Thought. In: Journal of Chinese Philosophy 30 (2):195–218 (2003)

Mitchell, Damo: Nei Gong. Taoist Process of Internal Change. Privatdruck: Lotus Nei Gong 2009.

Mollier, Christine: Buddhism and Taoism Face to Face. Honolulu 2008.

Münke, Wogfgang: Die klassische chinesische Mythologie. Stgt. 1976.

Muira, Kuino: The Revival of Qi. In: Kohn, Livia (Ed.): Taoist Meditation and Longevity Techniques. Michigan 1989

Needham, Joseph: Science and Civilisation in China, Vol. 2: History of scientific thought. Cambridge 1970.

Needham, Joseph: Science and Civilisation in China, Vol. 5: Chemistry and Chemical Technology. Part III: Spagyrical Discovery and Invention: Historical Survey, from Cinnabar Elixirs to synthetic Insulin. Cambridge 1976.

Needham, Joseph; Lu, Gwei-Djien: Celestial Lancets. A histoy and rationale of acupuncture and moxa. Cambridge 1980.

Needham, Joseph: Science and Civilisation in China, Vol. 5: Chemistry and Chemical Technology. Part V: Spagyrical Discovery and Invention: Physiological Alchemy.Cambridge u.a. 1983.

Neswald, Sara Elaine: Internal Landscapes. In: Budhhist and Taoist Studies I. Ed. Saso, Michael / Chappell, David. Hawaii 2009.

Nickerson, Peter: Attacking the Fortress. Prolegomenon to the study of Ritual Efficacy in Vernacular Daoism In: Scriptures, Schools and Forms of Practice in Daoism. Wiesbaden 2005.

Oaks, Tim and Sutton, Donald, S.: Introduction. In: Faiths on Display. Religion, tourism and The Chinese State. Ed. Tim Oakes and Donald S. Sutton. Lanham etc. 2010.

Olson, Stuart Alve: The Intrinsic Energies of T'ai Chi Ch'uan. Minnesota 1995.

Ots, Thomas: Stiller Körper - lauter Leib. Aufstieg und Untergang der jungen chinesischen Heilbewegung Kranich-qigong. Univ. Diss. Hamburg 1991.

Oster, Yürgen: Sieben Sterne. Eine Suche nach Bedeutung. Manuskript ohne Seitenzahlen. Textidentisch mit: Oster, Yürgen: Sieben Sterne. Eine Suche nach Bedeutung. In: Taijiquan & Qigong Journal 3/2012.

Overmeyer, Daniel L.: Local Religion in North China in the Twentieth Century. The Structure And Organization of Community Rituals and Beliefs. Leiden, Boston 2009.

Peerenboom, Franklin M.: Cosmogony, the Taoist Way. In: Journal of Chinese Philosophy 17 (1990).

Peng, Wayne: Traditional Zhao Bao Taichi Theory. 1. Tai Chi Theory. http://masterwayne-pengandzhaobaotaiqi.wordpress.com/traditional-zhao-bao-taichi-theory/ abgerufen 3.3.2014.

Penny, Benjamin: Daoism in History. Essays in honour of Liu Ts'un yan. Abington and New York 2006.

Pregadio, Fabrizio: Refining the Form (*lianxing*) in Inner Alchemy (*neidan*). In: Association for Asian Studies: Abstracts of the Annual 2000 Meeting. San Diego 2000.

Pregadio, Fabrizio: The Notion of "Form" and the Ways of Liberation in Daoism. In: In Memoriam Isabelle Robinet. Cahiers d'Extreme Asie 14, 2004.

Pregadio, Fabrizio: Early Daoist Meditation and the Origins of Inner Alchemy. In: Penny, 2006.

Pregadio; Fabrizio: Great Clarity. Daoism and Alchemy in Early Medieval China. Stanford 2006.

Pregadio, Fabrizio (Hg.): Encyclopedia of Taoism. London and New York 2007.

Pregadio, Fabrizio: The Way of the Golden Elixir. A historical Overview of Taoist Alchemy. Golden Mountain View, Golden Elixir Press 2012.

Reiter, Florian: Daoist Chinese Mysticism and its Practical Aspects. Bisher unveröffentlichter Vortrag und Diskussionsbeitrag im Rahmen der internationalen Konferenz: Constructions of Mysticism: Inventions and Interactions across the Borders. Münster 2014.

Rekk, Konstantin: Zifagong. http://zifagong.de/ Abgerufen 11.1.2014.

Robinet, Isabelle: Original contributions of Neidan. In: Kohn, Livia (Ed.): Taoist Meditation and Longevity Techniques. Michigan 1989

Robinet, Isabelle: The Place and Meaning of the Notion of Taiji in Taoist Sources prior to The Ming Dynasty. In: History of Religions. Vol. 29, No. 4, May 1990a. Chicago 1990a. pp 373 - 411.

Robinet, Isabelle: Nature et rôle du Maître spirituel dans le taoisme non liturgique. In: Maître et Disciples dans les traditions religieuses. Michel Meslin (Hg.). Paris, 1990b.

Robinet, Isabelle: Taoist Meditation. The Mao-shan Tradition of Great Purity. New York, 1993a.

Robinet, Isabelle: Mystique et rationalité. Le Langage dans l'alchimie interiéure Taoiste ou l'effort pour dire le contradicoire. In: Proceedings of the first international Conference on Bhartrhari. Asiatische Studien 47 1993b.

Robinet, Isabelle: *Wuji* and *Taiji*. Ultimateless and Great Ultimate", in *The Encyclopedia of Taoism*, ed. Fabrizio Pregadio, Routledge, 2008.

Robinet, Isabelle: The World upside down. Essays on Taoist Internal Alchemy. Golden Mountain View, Golden Elixir Press 2011.

Roth, Harold, D.: Original Tao. Inward Training and the forundation of Taoist Mysticism. New York 1999.

Rousselle, Erwin: Ne Ging Tu. „Die Tafel des inneren Gewebes". Ein taoistisches Meditationsbild mit Beschriftung. In: Rousselle, Erwin: Zur seelischen Führung im Taoismus. Ausgewählte Aufsätze. Darmstadt 1962.

Rump, Ariane: Commentary on the Lao Tzu by Wang Pi. Honolulu, 1987.

Salzman, Mark: Iron and Silk. London 1986.

Saso, Michael: Taoism and the Rite of Cosmic Renewal. Washington 1975.

Saso, Michael: The Gold Pavillon. Taoist Ways to Peace, Healing and Long Life. Boston etc. 1995.

Saso, Michael: Taoist Master Chuang. Eldorado Springs 2000.

Saris, Bart: On Wu style Tai Chi Chuan. 1995. http://www.taiji-bg.com/articles/taijiquan/Bart_Saris_Wu_Style_Taijiquan/bart2.htm abgerufen 26.2.2014.

Schafer, Edward H.: Pacing the Void. Berkeley, Los Angeles, London 1977.

Schipper, Kristofer/Wang Hsiu-huei: Progressive Time Cycles in Taoist Ritual. In: Time, Science, and Society an China and the West. Ed. J. T. Fraser et al. Amherst 1986.

Schipper, Kristofer: The Taoist Body. Berkeley 1993.

Schlicht, Carlos Cobos: Ursprünge der Tradition chinesischer Leibmeisterung (qigong). Ihr Einfluss auf den Daoismus und Chan-Buddhismus am Beispiel der Zwölf Ornamente des Emei Linji Qigong. Bochum / Freiburg 2013.

Seaman, Gary: The dark Emperor: Central Asian Origins in Chinese Shamanism. In: Ancient Traditions. Shamanism in central Asia and the Americas. Pub. Seaman/Day. Niwot, Colorado 1994.

Seidel, Anna: A Taoist Immortal of the Ming Dynasty: Chang San-Feng. In: Self and Society in Ming thought. Ed. DeBary, Theodore. New York and London, 1970.

Seng Ts'an: Hsing Hsin Ming. Bruxelles-Hamburg 1980.

Sekimori, Gaynor: Star Rituals and Nikko Shugendo. In: The Worship of Stars in Japanese Religious Practice. Special double Issue of *Culture and Cosmos*. Vol 10, Nr. 1 + 2, 2006.

Sivin, Nathan: Chinese Alchemy and the Manipulation of Time. In: Sivin, Nathan (Ed.): Science and Technology in East Asia. New York 1977.

Song, Z. J.: T'ai –chi ch'üan. Die Grundlagen. Geschichte und Traditionen. Philosophie des I Ging. Physiologische Wirkungen. München 1991.

Song, Z. J.: T'ai –chi ch'üan. Übungen für Fortgeschrittene. Selbstverteidigung. Qi Gong. Heilverfahren für innere und äußere Verletzungen. München 1994.

Sun, Lutang: A Study of Taijiquan. Trsl. Tim Cartmell. Berkeley 2003.

Sutton, Nigel: Applied Tai Chi Chuan. London 1991.

Sutton, Nigel: Gonfu, Guoshu, Wushu: State Appropriation of the Martial Arts in modern China. In: Journal of Asia Martial Arts. Vol. 2, Nr. 3, 1993.

Tangora, Robert: The internal Structure of Cloud Hands. A gateway to advanced T'ai Chi Practice. Berkeley 2012.

Thiel, P. Jos.: Schamanismus im alten China. In: Sinologica, X, 1968, Nr. 2/3.

Vercammen, Dan: Neijia Wushu, vol. 1. Gent 1989.

Vercammen, Dan: Taijiquan - de klassieke tektraditie. Antwerpen 1999.

Vercammen, Dan: The Way of Qi. Antwerpen 2000.

Vercammen, Dan: Het Mysterie van Taijiquan. Antwerp 2002.

Vercammen, Dan: Jindan. The golden cinnabar. Taoist internal Alchemy. Vol.1. Antwerp 2003.

Vercammen, Dan: Taijiquan. Modernity and Tradition. Antwerp 2005.

Vercammen, Dan: Jin. Taijiquan en Energie. De Weg van de minste Weerstand. Antwerpen 2011.

Verellen, Franciscus: The Dynamic Design. Ritual and contemplative graphics in Daoist Scriptures. In: Penny 2006.

Wagner, Markus Maria: Ziran und Isticheit: Selbstursprünglichkeit bei Laozi und Meister Eckhart, in: Moderne Religionsgeschichte im Gespräch. Festschrift für Christoph Elsas, hg. von Herrmann-Pfandt, Adelheid, Berlin 2010, 525–542.

Wagner, Markus Maria: ›Common Core Paradoxes‹ in der Mystik als kreativer Anstoß für interreligiöse Mediation. In: Peter Dabrock (Hg.) Kreativität verantworten: theologisch-sozialethische Zugänge und Handlungsfelder im Umgang mit dem Neuen. Neukirchen-Vluyn. 2011.

Wagner, Markus Maria: *"Natürlichkeit und der Nutzen des Nutzlosen in Daoistischen Klassikern"*, Vortrag im Rahmen der 8th International Conference on Daoist Studies 2012 http://www.taiji-akademie.de/data/Vortrag_MMW-Daoconf5_2012-06-03.pdf

Walters, Derek: Chinese Astrology. Wellingborough 1987.

Walters, Derek: Chinese Mythology. An Encyclopedia of Myth and Legend. London 1992.

Wang Mu: Foundations of Internal Alchemy. The Taoist Practice of Neidan. Golden Mountain View, Golden Elixir Press 2011.

Wang Peisheng: Wu Style Taijiquan. Hongkong 1983.

Wang Yi'e: Daoism in China. Warren / Beijing 2006.

Watson, Rubie: Abterword. In: Faiths on Display. Religion, Tourism and The Chinese State. Ed. Tim Oakes and Donald S. Sutton. Lanham etc. 2010.

Wells, Marnix: Scholar Boxer. Chang Naizhou's theory of Internal martial Arts and the Evolution of Taijiquan. Berkeley 2005.

Wing-Tsit Chan (Trsl.): Reflections on Things at Hand. The Neo-confucian Anthology Compiled by Chu His and Lü Tsu-Ch'ien. New York and London 1967.

Wile, Douglas: Tai Chi Touchstones: Yang Family Secret Transmissions. New York 1983.

Wile, Douglas: Art of the Bedchamber. New york 1992.

Wile, Douglas: Lost T'ai-Chi Classics from the Late Ch'ing Dynasty. New York 1996.

Wile, Douglas: Taijiquan and Daoism. From Religion to Martial Art and Martial Art To Religion. In: Journal of Asian martial Arts. Vol 16, No. 4, 2007.

Willmont, Dennis: Sacrifice, Ritual & Alchemy. The spiritual Traditions in Taijiquan. In: Journal of Asian Martial Arts, Vol. 6, No. 1, 1997.

Wong, Eva (Hg.): Die Lehren des Tao. Berlin 1998.

Wong, Doc-Fai / Hallander, Jane: Tai Chi Chuan's internal Secrets. Burbank 1991.

Wong, Yuen-Ming: Taijiquan: Heavenly Pattern Boxing. In: Journal of Chinese Martial Studies. Winter 2012, Vol. 2, 28 - 37.

Wong, Shiu-Hon: The Cult of Chang San-Feng. In: Journal of Oiental Studies XVII. Hongkong, 1979.

Wu, Jinghua, Ma, Yuehliang: Wu Style Taichichuan. - Forms, Concepts and Application Of the original Style. Hongkong 1991.

Wu, Kung Cho: Wu Style Tai Chi Chuan. Toronto 1980.

Wu, Tunan: Nei jia quan, tai ji gong, xuan xuan dao. Taibei 1984.

Xu Zhiyi: Wu jia tai ji quan, Jiulong 1958, 1st Ed. 1927. Russ Übs. Moskau 2003. ISBN 5-93712-002-7.

Yang, Jwing-Ming: Tai Chi theory and martial power: Advanced Yang Style Tai Chi Chuan. Boston 1996.

Bibliographie

Yiu Kwong: The research into Techniques and Reasoning of T'ai Chi Ch'uan. Hongkong, 1978.

Young Wa Bu: "Tai Chi Chuan". Unveröffentlichtes Lehrgedicht. Zhang Dainiang: Key Concepts in Chinese Philosophy. Yale 2002.

Zhang, Xiumu: ZHAO BAO CHARACTERISTICS (II). http://www.taijiquandao.com/03paginasingles/04styles/02zhaobao-characteristics-02.htm abgerufen 3.3.2014

Zhao Qing „Hui Guan": Spezielle Ausgabe der Zhao Qing „Hui Guan". Absolventenverzeichnis der Tai Qi Schule für die 10. Jahresfeier. Singapur, 1967.

Zheng, Rongguang: Ba duan jin, tai ji quan, yi jin jing hui kan. Xianggang 1954.

Zimmermann, Dietlind: Qigong Dancing - neue Möglichkeiten entdecken. In: Taijiquan und Qigong Journal. 1/2001.

Der Autor

Markus Maria Wagner M. A. (Wat Maan Kei)

Jahrgang 1967
Studium der Germanistik, Religionswissenschaft und Philosophie in Mainz und Marburg
Forschungsschwerpunkte: Mystik, Epistemologie, Sprachphilosophie, Daoismus, Madhyamika-Buddhismus, Meditation.
Veröffentlichungen zu Mystik, interreligiöser Mediation, Daoismus und Taijiquan.

Wu Stil Taijiquan

Hauptlinien:
[1.]
- Yang Luchan/ Yeung Lo Sim
- Quan You
- Wu Jianquan/Wu Chien Chuan (Sohn, Shanghai/Hongkong)
- Zheng Rongguang/Cheng Wingkwong (Tudi, Hongkong/Malaysia)
- Sim Taichen/Shen Da Zhen (Tudi, Chingwoo Melacca)
- Gerald Hofer (Tudi, Hamburg)
- Wat Maan Kei/Markus Wagner

[2.]
- Yang Luchan
- Quan You
- Wu Jianquan
- Zheng Rongguang
- Zheng Puiki/Cheng Pui Ki (Sohn, Hongkong)
- Lau Waishing (Tudi, Hongkong/Manchester)
- Wat Maan Kei/Markus Wagner

Kontakt

jadehare@gmx.de (mailto:jadehare@gmx.de)
www.taiji-akademie.de

Der Autor führt seine Forschungen weiter und ist dankbar für Ergänzungen, Korrekturen und Informationen zum Themenkomplex!

Auch von Lotus-Press

Klemens J.P. Speer
Zen und Kontemplation - Sitzen in Stille als geistiger Übungs- und Lebensweg

Versunken im Ozean der Stille - für Einsteiger und Übende aller Richtungen, mit einer Einführung von Willigis Jäger

Zen und Kontemplation - zwei Begriffe aus unterschiedlichen Kulturen, die dasselbe meinen: Die Konzentration auf das Innere, eine Art stille Meditation, die Verbindung mit uns selbst, unserem Atem, dem Leben insgesamt. Ziel dieser spirituellen Übungen ist es, die "Allverbundenheit" zu erfahren, sich also mit sich selbst, allen Wesen und auch dem Göttlichen verbunden zu fühlen. Klemens J.P. Speer zeigt hier, wie man auch als Mensch des 21. Jahrhunderts diese uralten Meditationsformen zur persönlichen Entwicklung nutzen kann.

ISBN
- Paperback: 978-3-945430-03-3: € 16,80
- eBook: 978-3-945430-05-7: € 9,99
- eBook Kindle: 978-3-945430-04-0: € 9,99

Dr. Peter Hubral
Mit Wuwei zum Dao: Mit Philía zum Lógos

Mit Wuwei zum Dao ist ein lang überfälliges Buch, welches einem breiten Publikum die Begriffswelt der daoistischen Sicht des Lebens näher bringt und tiefgreifend erläutert. Es richtet sich an Sinologen, Philosophen, an TCM-Ärzte und Interessierte gleichermaßen und ist insbesondere für all die Praktizierenden des Qigong, des Taijiquan und anderer chinesischer Kampfkünste ein Fundus von unschätzbarem Wert. Dr. Peter Hubral greift in seinen Erläuterungen auf einen großen theoretischen und praktischen Erfahrungsschatz zurück.

ISBN
- Paperback: 978-3-935367-01-1: € 16,80
- eBook: 978-3-935367-84-4: € 9,99
- eBook Kindle: 978-3-935367-79-0: € 9,99

Joachim Stuhlmacher
Erste Schritte im Qigong - Grundübungen in der chinesischen Heilgymnastik

Qigong ist eine jahrtausendealte chinesische Heilgymnastik und Meditationsform. Mittlerweile hat es sich auch im Westen als Entspannungstraining, Anti-Stressprogramm, zur Gesundheitsvorsorge und Weg der spirituellen Selbstfindung etabliert. Joachim Stuhlmacher stellt hier die Grundlagen des Qigong verständlich dar und bietet so einen praktischen und leicht nachzuvollziehenden Einstieg in die heilsamen asiatischen Übungen.

ISBN
- Paperback: 978-3-935367-12-7
- eBook: 978-3-935367-93-6
- eBook Kindle: 978-3-935367-92-9

Chen Kaiguo, Zheng Shunchao
Der geheime Meister vom Drachentor

Inmitten der Wirren der Kulturrevolution, die Zehntausenden von Taoisten den Tod bringt, wird der junge Wang Liping von drei daoistischen Meistern zum größten Heiler, Schamanen und Magier Chinas ausgebildet. Dieses Buch erzählt die dramatische Lebensgeschichte Wang Lipings (geb. 1949), des Linienhalters der legendären Drachentorschule des Daoismus. Ein einzigartiger Einblick in die geheime Meisterschulung - spannend wie ein Roman, reich an Wissen und Weisheit.

ISBN
- Paperback: 978-3-935367-47-9

Joachim Stuhlmacher
Kraft aus der Stille - Der Universumsstand

Qigonglehrer Joachim Stuhlmacher leitet auf dieser Doppel-CD Variationen der Standmeditation, der grundlegenden Übung des Qigong, an. Wegen ihrer Einfachheit bieten sie viel Raum für innerkörperliche Erfahrungen: Blockaden erspüren, den Fluss des Blutes und des Qi wahrnehmen, den Geist zur Ruhe kommen lassen, sich selbst erfahren. Sowohl Einsteiger als auch Fortgeschrittene finden hier die richtigen Übungen zur konsequenten Verbesserung ihrer Gesundheit.

Tracks CD 1:
  1. Der Universumsstand "Yin" (35:21 Min.)
  2. Der Universumsstand "Yin instr." (35:21 Min.)

Tracks CD 2:
  1. Der Universumsstand "Yang leicht" (21:37 Min.)
  2. Der Universumsstand "Yang" (51:18 Min.)

ISBN
- Doppel-CD: 978-3-935367-35-6 (auch als mp3-Download erhältlich)

Joachim Stuhlmacher
Der kleine himmlische Kreislauf

Anleitung zur grundlegenden Übung der daoistischen "Inneren Alchemie"

Der kleine himmlische Kreislauf ist die wohl bekannteste daoistische Übung, die es bei uns gibt. Der Qigonglehrer Joachim Stuhlmacher führt, auf dem Hintergrund von mehr als 20 Jahren Erfahrung mit Qigong, in diese wichtige Übung der Inneren Alchemie ein. Neben der klass. Variante werden auch Variationen und vorbereitende Übungen erläutert und angeleitet, ohne die ein sinnvolles Praktizieren kaum möglich ist.

ISBN
- Doppel-CD: 978-3-935367-45-5 (auch als mp3-Download erhältlich)

Hilmar Hajek & Andreas Seebeck
Alle 2 Minuten ein Ping - Musik für die Behandlung mit alternativen Heilmethoden

Viele alternative Heilmethoden wie z.B. das japanische Heilströmen (Jin Shin Jyutsu), Reiki, das autogene Training oder der Healing Code, arbeiten mit Übungsabschnitten oder Handpositionen, die über bestimmte Zeiträume gehalten werden. Um den Kopf frei von Gedanken an die Uhr zu halten, erklingt hier alle zwei Minuten ein Ping zu der entspannenden Musik von Hilmar Hajek. So ist es viel leichter, mit der Aufmerksamkeit ganz bei der Übung zu bleiben.
Wir wünschen all denen viel Spaß an unserem Ping, die für ihre Übungspraxis auch schon eine Alternative zur Uhr gesucht haben.

ISBN
- CD: 978-3-935367-56-1 (auch als mp3-Download erhältlich)

www.lotus-press.com

www.ingramcontent.com/pod-product-compliance
Lightning Source LLC
Chambersburg PA
CBHW070725160426
43192CB00009B/1320